企业科技创新探索

——以浙江省建设投资集团为例

主 编　施　炯　刘建伟

副主编　沈午卫　陈洁如

浙江工商大学出版社
ZHEJIANG GONGSHANG UNIVERSITY PRESS

·杭州·

图书在版编目 (CIP) 数据

　　企业科技创新探索：以浙江省建设投资集团为例 / 施炯, 刘建伟主编. — 杭州：浙江工商大学出版社, 2021.6

　　ISBN 978-7-5178-4555-3

　　Ⅰ.①企… Ⅱ.①施… ②刘… Ⅲ.①建筑企业集团 – 企业创新 – 研究 – 浙江 Ⅳ.①F426.9

　　中国版本图书馆CIP数据核字(2021)第127168号

企业科技创新探索 —— 以浙江省建设投资集团为例
QIYE KEJI CHUANGXIN TANSUO —— YI ZHEJIANGSHENG JIANSHE TOUZI JITUAN WEI LI

施　炯　刘建伟 主编　　沈午卫　陈洁如 副主编

责任编辑 张　玲
封面设计 熊德强
责任印制 包建辉
出版发行 浙江工商大学出版社
　　　　　（杭州市教工路 198 号　邮政编码 310012）
　　　　　（E-mail：zjgsupress@163.com）
　　　　　（网址：http://www.zjgsupress.com）
　　　　　电话：0571-88904980　传真：0571-88831806
排　版 杭州余杭区良渚余东图文制作室
印　刷 杭州良诸印刷有限公司
开　本 710mm×1000mm　1/16
印　张 15.75
字　数 256千
版 印 次 2021年6月第1版　2021年6月第1次印刷
书　号 ISBN 978-7-5178-4555-3
定　价 42.00元

《企业科技创新探索》编委会

主编单位：浙江省建设投资集团有限公司（简称：浙建集团）

参编单位：浙江省建工集团有限责任公司（简称：浙江建工）

浙江省一建建设集团有限公司（简称：浙江一建）

浙江省二建建设集团有限公司（简称：浙江二建）

浙江省三建建设集团有限公司（简称：浙江三建）

新疆塔建三五九建工有限责任公司（简称：三五九建工）

浙江省工业设备安装集团有限公司（简称：浙江安装）

浙江省大成建设集团有限公司（简称：浙江大成）

浙江省建材集团有限公司（简称：浙江建材）

浙江省建设工程机械集团有限公司（简称：浙江建机）

浙江省武林建筑装饰集团有限公司（简称：浙江武林）

浙江建投环保工程有限公司（简称：浙建环保）

浙建集团海外部（简称：海外部）

浙建集团总承包公司（简称：总承包公司）

浙建集团工程公司（简称：工程公司）

浙江省建设投资集团有限公司
简 介

　　浙江省建设投资集团（以下简称浙建集团）是浙江省成立最早的国有企业之一，也是浙江省最大的建筑业企业集团。前身是中国人民解放军第三野战军第七兵团 21 军，于 1949 年 7 月 11 日成立浙江建筑公司（时为政府管理部门），先后经历了浙江省城市建设局、浙江省建筑工程局、浙江省建筑工业厅、浙江省基本建设局、浙江省建筑工程总公司等 15 次变革，2018 年 12 月 24 日重组为浙江省建设投资集团有限公司。

　　历经 70 余年的发展，浙建集团已成为产业链完整、专业门类齐全、市场准入条件良好的大型企业集团。截至 2020 年底，浙建集团拥有各类资质 41 类 155 项（行业内最高等级资质 26 类 66 项），其中，建筑工程施工总承包特级资质 4 项、公路工程施工总承包特级资质 1 项、甲级设计资质 14 项。同时拥有对外经营权、外派劳务权和进出口权，是浙江省建筑业走向世界参与国际建筑和贸易市场竞争的重要窗口，生产经营业务遍布国内 32 个省区市和阿尔及利亚、白俄罗斯、日本、柬埔寨等 30 多个国家和地区。

　　浙建集团多年来综合经济技术指标保持全国各省区市同行领先地位，连续入选美国《工程新闻纪录》（ENR）全球 250 家最大国际承包商、中国承包商 60 强、中国企业 500 强、浙江省百强企业和纳税百强企业。

　　浙建集团始终心系大局，发挥专业优势，积极履行"政治、经济、社会"三大责任。20 世纪 50 年代，浙建集团承担了杭钢、衢化、镇海炼化等浙江大部分老工业企业和城乡基础设施的建设任

务；20 世纪六七十年代，承担了浙江省的对外援建任务，完成科威特、朝鲜、几内亚和塞拉利昂等国家的 31 个经援项目。浙建集团积极参加 2006 年苍南救灾与灾后重建，被省委、省政府授予"浙江省抗台救灾先进集体"；积极参与 2008 年抗震救灾援建，出色完成了 10 个对口支援青川灾后重建项目，占浙江省援建任务总量的 1/3，荣获全国汶川地震灾后恢复重建先进集体。近年来，浙建集团积极参与保障性安居工程、新型城镇化、"五水共治"、美丽乡村建设，支援新疆、西藏建设工作；并承担了浙江音乐学院、G20 杭州峰会工程、桐乡乌镇国际互联网大会永久会址、杭州火车东站、杭州市民中心、西湖文化广场等重点重大工程建设任务。浙建集团有从业人员 20 多万人，支撑起 20 万家庭几十万人口的生存发展，有力服务支持国家就业政策。

浙建集团荣获"全国五一劳动奖状""全国文明单位""全国先进建筑施工企业"等多项国家级、省部级称号，拥有 1 家博士后科研工作站和 7 家省级企业技术中心，共获国家发明专利、实用新型专利、国家级工法、全国建筑业新技术应用示范工程等 500 多项国家级技术进步成果。截至 2020 年底，浙建集团获中国建设工程鲁班奖 53 项、国家优质工程奖 75 项、中国土木工程詹天佑奖 6 项、省（部）级优质工程 541 项；自参评以来，连续 28 年蝉联浙江省建设工程钱江杯；承建的华能玉环电厂还入选了中华人民共和国成立 60 周年"百项经典暨精品工程"，系浙江省唯一入选的精品工程。

前　言

科技引领发展，创新成就未来。

2015 年以来，浙江省建设投资集团在认真总结实践经验的基础上，创造性地提出了"五个转"（转理念、转市场、转方向、转模式、转方式），"四个强企"（变革强企、创新强企、人才强企、文化强企），"三大市场"（政府市场、两外市场、大业主市场）等创新发展理念，指引全体员工用全新视角去分析市场、解决问题、克难攻坚；着力强化科技创新的主体地位，加大新技术、新产品的研发力度，推进产业结构转型升级；以品牌优势立足市场，打造完整产业链，不断提升企业品牌影响力与核心竞争力。

为总结科技发展历程，巩固科技发展成果，推动科技创新发展，浙建集团编写了《企业科技创新探索—以浙江省建设投资集团为例》，主要内容包括：科技创新体系建设、科技创新人才、核心技术、科技进步奖、科研课题研发、标准、工法、专利、示范工程、创优夺杯、质量管理（QC）成果、标志性工程。

由于原始资料保存（提供）不完善，加上时间仓促、水平有限，书中难免存在疏漏之处，敬请读者批评指正。

编委会

2021 年 3 月

目　录

1　科技创新体系建设

3　核心技术

10 创优夺杯

11 质量管理(QC)成果

12 标志性工程

1 科技创新体系建设

近年来，浙建集团通过整合内外资源，积极构建以企业为主体、以市场为导向、产学研用相结合的科技创新体系，不断深化技术委员会的决策平台作用，不断强化技术中心的执行平台作用，不断发挥专家咨询委员会的支撑平台作用，不断强化母子公司各类科技创新平台的研发平台作用。浙建集团与浙江大学、同济大学、重庆大学、北京工业大学、浙江工业大学、宁波大学、中国建筑科学研究院有限公司等 10 多个国内知名高校、企业建立了产学研合作关系，通过整合内外资源、集成创新要素，在新型建筑工业化、智能建造、绿色建筑与节能环保、工程装备等领域开展了核心技术攻关，以战略性、前瞻性、关键性重大技术研发驱动集团转型升级，打造企业核心竞争力。

截至 2020 年底，浙建集团拥有博士后科研工作站 1 个、浙江省院士专家工作站 1 个、浙江省企业技术中心 7 个、浙江省企业研究院 4 个、浙江省工程研究中心 2 个、高新技术企业 7 家、浙江省高新技术企业研究开发中心 1 个，构建了较为完善的企业科技创新平台。

1.1　技术委员会

为了更好地推动浙建集团的技术开发工作，充分发挥"科学技术是第一生产力"的作用，加强集团系统内技术进步的统筹规划、指导、协调作用，2004 年 8 月 5 日浙建集团发文成立技术委员会。其后，根据实际工作需要和人员变化情况，及时调整。

1.2　博士后科研工作站

1.2.1　机构设立

2008 年 6 月 19 日，人力资源和社会保障部批准浙江省建设投资集团设立博士后科研工作站。

1.2.2 日常管理

为加强对博士后科研工作站的管理,推动博士后科研工作站的有效运作,2010年8月17日浙建集团发文成立博士后工作站管理委员会(下设博士后工作站管理办公室和学科专家指导委员会)。其后,根据实际工作需要和人员变化情况,及时调整。

1.2.3 科研人员进、出站情况

2010年12月,喻军博士进站工作,2013年11月出站。

2011年5月,鲁嘉博士进站工作,2013年11月出站。

2014年12月,孔德玉博士进站工作,2017年6月出站。

2020年3月,顾春平博士进站工作。

2020年4月,李泽深博士进站工作。

1.3 院士专家工作站

2015年,浙江省建工集团与浙江大学董石麟院士合作建立了院士工作站。

2016年10月,杭州市院士专家工作站建设协调小组发文,认定浙江省建工集团的院士工作站为"2016年杭州市院士工作站"。

1.4 浙江省企业技术中心

1.4.1 浙江省建工集团技术中心

2005年11月,浙江省经济贸易委员会等机构联合认定浙江省建工集团技术中心为"省级企业技术中心"(第1—8批)。

1.4.2 浙江省二建建设集团技术中心

2008年4月,浙江省经济贸易委员会等机构联合认定浙江省二建建设集团技术中心为"省级企业技术中心"(第13批)。

1.4.3 浙江省一建建设集团技术中心

2008年11月,浙江省经济贸易委员会等机构联合认定浙江省一建建设集团技术中心为"省级企业技术中心"(第14批)。

1.4.4 浙江省三建建设集团技术中心

2009 年 10 月，浙江省经济和信息化委员会等机构联合认定浙江省三建建设集团技术中心为"省级企业技术中心"（第 16 批）。

1.4.5 浙江省工业设备安装集团技术中心

2009 年 10 月，浙江省经济和信息化委员会等机构联合认定浙江省工业设备安装集团技术中心为"省级企业技术中心"（第 16 批）。

1.4.6 浙江省建设投资集团技术中心

2012 年 10 月，浙江省经济和信息化委员会等机构联合认定浙江省建设投资集团技术中心为"省级企业技术中心"（第 19 批）。

1.4.7 浙江省大成建设集团技术中心

2017 年 11 月，浙江省经济和信息化委员会等机构联合认定浙江省大成建设集团技术中心为"省级企业技术中心"（第 24 批）。

1.5 浙江省企业研究院

1.5.1 浙江省建机工程机械研究院

2015 年 1 月，浙江省科学技术厅等机构联合认定浙江省建设工程机械集团所属的浙江省建机工程机械研究院为"省级企业研究院"。

1.5.2 浙江省建设智能建筑工业化研究院

2017 年 8 月，浙江省科学技术厅等机构联合认定浙江省建设投资集团所属的浙江省建设智能建筑工业化研究院为"省级企业研究院"。

1.5.3 浙江省建工工程研究院

2017 年 8 月，浙江省科学技术厅等机构联合认定浙江省建工集团所属的浙江省建工工程研究院为"省级企业研究院"。

1.6 浙江省工程研究中心

1.6.1 电力高塔抱杆浙江省工程研究中心

2012 年 6 月，浙江省发展和改革委员会致函浙江省建设机械集团，同意建设电力高塔抱杆浙江省工程研究中心。

1.6.2 智能建造浙江省工程研究中心

2020 年 12 月，浙江省发展和改革委员会发文认定浙江省建工集团所属的智能建造浙江省工程研究中心为"2020 年度省级工程研究中心"。

1.7 高新技术企业

浙江省建设机械集团、浙江建投环保工程有限公司、浙江建工创生建材科技有限公司、苏州市天地民防建筑设计研究院有限公司、浙江省建材集团建筑产业化有限公司、浙江省建材集团浙西建筑产业化有限公司、台州东部建材科技有限公司，先后被认定为高新技术企业（均在有效期内），详见表 1-1。

表 1-1 高新技术企业汇总

序号	企业名称	所属单位	首次认定时间
1	浙江省建设机械集团	浙江建机	2015-09-17
2	浙江建投环保工程有限公司	浙建环保	2018-11-30
3	浙江建工创生建材科技有限公司	浙江建工	2020-12-01
4	苏州市天地民防建筑设计研究院有限公司	浙江三建	2020-12-02
5	浙江省建材集团建筑产业化有限公司	浙江建材	2020-12-01
6	浙江省建材集团浙西建筑产业化有限公司		
7	台州东部建材科技有限公司		

1.8 浙江省高新技术企业研究开发中心

2010 年 12 月，浙江省科学技术厅发文认定浙江建机工程机械省级高新技术企业研究开发中心符合省级高新技术企业研究开发中心建设条件，并予以公布。

1.9 质量管理体系

1.9.1 浙建集团总部推行情况

2006 年，浙建集团总部首次取得了浙江公信认证有限公司颁发的"质量管理体系认证证书"。

至 2020 年底，浙建集团总部已连续 15 年保持证书有效。

1.9.2　浙建集团子公司推行情况

（1）浙江建工

1997 年，浙江建工首次取得了浙江质量体系审核中心颁发的"质量管理体系认证证书"。

至 2020 年底，浙江建工已连续 24 年保持证书有效。

（2）浙江一建

1996 年，浙江一建首次取得了浙江公信认证有限公司颁发的"质量管理体系认证证书"。

至 2020 年底，浙江一建已连续 25 年保持证书有效。

（3）浙江二建

1994 年，浙江二建首次取得了中质协质量保证中心颁发的"质量管理体系认证证书"。

至 2020 年底，浙江二建已连续 27 年保持证书有效。

（4）浙江三建

1996 年，浙江三建首次取得了浙江公信认证有限公司颁发的"质量管理体系认证证书"。

至 2020 年底，浙江三建已连续 25 年保持证书有效。

（5）浙江安装

1998 年，浙江安装首次取得了浙江公信认证有限公司颁发的"质量管理体系认证证书"。

至 2020 年底，浙江安装已连续 23 年保持证书有效。

（6）浙江大成

1999 年，浙江大成首次取得了浙江公信认证有限公司颁发的"质量管理体系认证证书"。

至 2020 年底，浙江大成已连续 22 年保持证书有效。

（7）浙江建材

1999 年，浙江建材首次取得了北京三千质量认证有限公司颁发的"质量管理体系认证证书"。

至 2020 年底，浙江建材已连续 22 年保持证书有效。

（8）浙江武林

1999 年，浙江武林首次取得了浙江公信认证有限公司颁发的"质量管理体系认证证书"。

至 2020 年底，浙江武林已连续 22 年保持证书有效。

（9）浙建环保

2016 年，浙建环保首次取得了北京中经科环质量认证有限公司颁发的"质量管理体系认证证书"。

至 2020 年底，浙建环保已连续 5 年保持证书有效。

1.10 政府质量奖

1.10.1 （设区市）市级政府质量奖

2020 年 12 月 28 日，宁波市人民政府发文授予浙江省二建建设集团有限公司"2020 年宁波市人民政府质量奖"。

1.10.2 区级政府质量奖

浙江建工、浙江建机、浙江大成、浙江二建、浙江一建、浙江建材、浙江三建、浙江安装先后获得区级政府质量奖，详见表 1-2。

表 1-2　区级政府质量奖汇总

序号	企业名称	授予单位	授予年份
1	浙江建工	杭州市西湖区	2016 年
2	浙江建机	杭州市下城区	2018 年
3	浙江大成	杭州市西湖区	
4	浙江二建	宁波市镇海区	2019 年
5	浙江一建	杭州市西湖区	2020 年
6	浙江建材	杭州市拱墅区	
7	浙江三建	杭州市上城区	
8	浙江安装		

1.11 浙建集团"十三五"期间取得的主要成果

1.11.1 科技创新体系建设方面

（1）博士后科研工作站研究人员

招收博士后科研工作站研究人员 2 名，占历年总数（5 名）的 40%，详见 1.2。

（2）浙江省企业技术中心

被认定为"省级企业技术中心"的有 1 家，占历年总数（7 家）的 14.3%，详见 1.4。

（3）浙江省企业研究院

被认定为"省级企业研究院"的有 2 家，占历年总数（3 家）的 66.7%，详见 1.5。

（4）浙江省工程研究中心

被认定为"省级工程研究中心"的有 1 家，占历年总数（2 家）的 50%，详见 1.6。

（5）高新技术企业

被认定为"高新技术企业"的有 6 家，占历年总数（7 家）的 85.7%，详见 1.7。

（6）政府质量奖

获得"（设区市）市级政府质量奖"的有 1 家，详见 1.10.1。

获得"区级政府质量奖"的有 8 家，占历年总数（8 家）的 100%，详见 1.10.2。

1.11.2 科技创新人才方面

（1）享受国务院政府特殊津贴人员

享受国务院政府特殊津贴人员 2 名，占历年总数（17 名）的 11.8%，详见 2.1.1。

（2）浙江省有突出贡献中青年专家

首次获得"浙江省有突出贡献中青年专家"称号 1 名，详见 2.1.3。

（3）浙江省建设科学技术奖"重大贡献奖"

获得"浙江省建设科学技术奖'重大贡献奖'"1 名，详见 2.1.4。

（4）（在职）正高级工程师

新增（在职）正高级工程师 105 人，占历年总数（146 人）的 71.9%，详见 2.1.6。

1.11.3　核心技术方面

（1）国际领先技术

拥有国际领先技术 4 项，其中自主研发技术 3 项、参与研发技术 1 项，详见 3.1。

（2）国际先进技术

拥有国际先进技术 4 项，其中自主研发技术 3 项、参与研发技术 1 项，详见 3.2。

1.11.4　科技进步奖方面

（1）华夏建设科学技术奖

获得"华夏建设科学技术奖"2 项（其中二等奖 1 项、三等奖 1 项），详见 4.2.2。

（2）教育部科学技术进步奖

获得"教育部科学技术进步奖"二等奖 1 项，详见 4.3。

（3）浙江省科学技术进步奖

获得"浙江省科学技术进步奖"三等奖 1 项，详见 4.4。

（4）西藏自治区科学技术奖

获得"西藏自治区科学技术奖"二等奖 1 项，详见 4.5。

（5）浙江省建设科学技术奖

获得"浙江省建设科学技术奖"11 项（其中一等奖 4 项、二等奖 4 项、三等奖 3 项），详见 4.6。

1.11.5　科研课题研发方面

（1）科技部科研课题

2 项"科技部科研课题"通过验收，详见 5.1。

（2）住房和城乡建设部科研课题

3 项"住房和城乡建设部科研课题"通过验收，详见 5.2.2。

（3）浙江省科技厅科研课题

5 项"浙江省科技厅科研课题"通过验收，详见 5.4.2。

1.11.6　标准编制方面

（1）国家标准

参编国家标准 13 项，详见 6.1.1。

主编国家建筑标准设计图集 1 项，详见 6.1.2。

（2）行业标准

参编建设行业标准 2 项，详见 6.2.1。

主编机械行业标准 1 项，详见 6.2.2。

参编电力行业标准 1 项，详见 6.2.3。

参编建材行业标准 1 项，详见 6.2.5。

（3）地方标准

完成浙江省地方标准编制 22 项（主编 7 项、参编 15 项），详见 6.3.1。

完成四川省地方标准编制 1 项（参编），详见 6.3.2。

完成青海省地方标准编制 1 项（参编），详见 6.3.3。

完成江西省地方标准编制 1 项（参编），详见 6.3.4。

1.11.7　省级工法方面

（1）浙江省省级工法

新增（有效）浙江省省级工法 44 项，详见 7.2.1。

（2）四川省省级工法

新增（有效）四川省省级工法 1 项，详见 7.2.2。

（3）湖北省省级工法

新增（有效）湖北省省级工法 2 项，详见 7.2.3。

（4）青海省省级工法

新增（有效）青海省省级工法 5 项，详见 7.2.5。

（5）江苏省省级工法

新增（有效）江苏省省级工法 1 项，详见 7.2.7。

1.11.8　专利方面

（1）国际专利

新增（有效）授权德国专利（实用新型）3 项，详见 8.1.2。

（2）中国专利

新增（有效）授权发明专利 60 项，详见 8.2.1。

1.11.9　示范工程方面

（1）住房和城乡建设部评定的示范工程

获得"建筑工程科技示范工程"1 项，详见 9.1.3。

获得"绿色施工科技示范工程"10项，详见9.1.4。

（2）浙江省住房和城乡建设厅评定的示范工程

获得"浙江省建筑业新技术应用示范工程"21项，详见9.3。

（3）其他省（区、市）厅评定的示范工程

获得江苏省住房和城乡建设厅评定的示范工程2项、湖北省住房和城乡建设厅评定的示范工程3项，详见9.4。

1.11.10 创优夺杯方面

（1）中国建设工程鲁班奖

获得国内工程（主承建）"鲁班奖"10项，占历年总数（30项）的33.3%；获得国内工程（参建）"鲁班奖"5项，占历年总数（20项）的25.0%；获得境外工程"鲁班奖"3项，占历年总数（3项）的100%。详见10.1.1。

（2）国家优质工程奖

获得国内工程"国家优质工程奖"（金质奖）5项，占历年总数（15项）的33.3%；获得国内工程"国家优质工程奖"（银质奖）19项，占历年总数（59项）的32.2%；获得境外工程"国家优质工程奖"1项，占历年总数（1项）的100%，详见10.1.2。

（3）中国土木工程詹天佑奖

获得中国土木工程詹天佑奖4项，占历年总数（6项）的66.7%，详见10.1.3。

（4）浙江省"钱江杯"（优质工程）

获得浙江省"钱江杯"（优质工程）64项，占历年总数（406项）的15.8%，详见10.3.1。

（5）其他省（区、市）省级优质工程

获得其他省（区、市）省级优质工程奖34项，占历年总数（102项）的33.3%，详见10.3.2。

2 科技创新人才

截至 2020 年底，浙建集团共有在册员工 20775 人，其中专业技术人员 16213 人，占员工总数的 78.04%；具有中高级职称 5957 人，占专业技术人员的 36.74%；硕士及以上学历 439 人，占员工总数的 2.11%；一级建造师 1926 人（已注册 1693 人）。

2.1 科技人才

2.1.1 享受国务院政府特殊津贴人员

截至 2020 年底，浙建集团享受国务院政府特殊津贴人员共 17 人，其中在职 3 人（详见表 2-1）、退休 14 人（详见表 2-2）。

（1）（在职）享受国务院政府特殊津贴人员

表 2-1　（在职）享受国务院政府特殊津贴人员汇总

序号	姓名	性别	专业	所属单位	授予时间
1	王竹林	男	焊接	浙建环保	2009 年
2	李 军	男	焊接	浙江安装	2016 年
3	陈春雷	男	建筑工程	浙江二建	2018 年

（2）（退休）享受国务院政府特殊津贴人员

表 2-2　（退休）享受国务院政府特殊津贴人员汇总

序号	姓名	性别	专业	所属单位	授予时间
1	陈葆真	男	建筑工程	集团总部	1991 年
2	陈君浩	男	建筑工程	浙江二建	
3	孙宜宜	女	建筑工程	浙江一建	1992 年
4	骆锡耀	男	安装工程	浙江安装	
5	王叔平	男	建筑工程	浙江建材	
6	徐可安	男	建筑工程	原建安技校	
7	周利民	男	建筑工程	集团总部	1993 年
8	屠建国	男	建筑工程		
9	蔡泽芳	男	建筑工程		
10	曹时中	男	建筑工程		
11	周宏盘	男	建筑工程	浙江二建	
12	钱大治	男	安装工程	浙江安装	1999 年
13	吴通荣	男	机械工程	浙江建机	
14	邵凯平	男	建筑工程	浙江一建	2016 年

2.1.2　建设部先进科技工作者

1986年,浙建集团有5人获得"建设部先进科技工作者"光荣称号(详见表2-3)。

表2-3　建设部先进科技工作者汇总

序号	姓名	性别	单位	在职情况	授予时间
1	叶惠中	男	浙江建工		
2	孙宜宜	女	浙江一建		
3	俞增民	男	浙江三建	退休	1986年
4	陈书庆	男	浙江大成		
5	骆锡耀	男	浙江安装		

2.1.3　浙江省有突出贡献中青年专家

2019年,金睿获"浙江省有突出贡献中青年专家"称号。

2.1.4　浙江省建设科学技术奖"重大贡献奖"

2018年,吴飞获浙江省建设科学技术奖"重大贡献奖"。

2.1.5　浙江省151人才工程培养人员

截至2020年底,浙建集团有12人入选"浙江省151人才工程培养人员"名单,其中第二层次培养人员1人(详见表2-4)、第三层次培养人员11人(详见表2-5)。

(1)第二层次培养人员

表2-4　"浙江省151人才工程"第二层次培养人员汇总

序号	姓名	性别	出生年月	所学专业	所属单位	获得年份
1	金睿	男	1975年10月	建筑与土木工程	浙江建工	2014年

(2)第三层次培养人员

表2-5　"浙江省151人才工程"第三层次培养人员汇总

序号	姓名	性别	出生年月	所学专业	所属单位	获得年份
1	魏强	男	1974年2月	建筑设计	集团总部	2007年
2	向雄伟	男	1971年6月	结构工程	集团总部	2009年
3	崔峻	男	1969年2月	工业管理工程	浙江一建	
4	丁明晖	男	1975年9月	建筑学	集团总部	2011年
5	吴康新	男	1981年12月	工程管理		
6	方国庆	男	1972年8月	起重运输与工程机械	浙江安装	
7	袁震	男	1977年9月	土木工程	浙江建工	2013年
8	胡康虎	男	1973年3月	建筑与土木工程	浙江建材	
9	缪方翔	男	1977年10月	土木工程	浙江建工	2015年
10	李维波	女	1979年9月	机械设计及理论	浙江建机	
11	于航波	男	1978年10月	矿物学	浙江大成	

2.1.6 正高级工程师

2020 年，浙建集团通过正高级工程师职称评审的有 38 人（详见表 2-6）。

截至 2020 年底，浙建集团共有在职正高级工程师 146 人（详见表 2-6），（退休、调离）正高级工程师 59 人。

（1）（在职）正高级工程师（含原教授级高级工程师）

表 2-6 （在职）正高级工程师汇总

序号	姓名	性别	出生年月	专业	所属单位
2003 年评审通过：1 人					
1	吴 飞	男	1962 年 9 月	建筑工程	集团总部
2004 年评审通过：1 人					
2	陈春雷	男	1963 年 11 月	建筑工程	浙江二建
2007 年评审通过：1 人					
3	崔 峻	男	1969 年 2 月	建筑工程	浙江一建
2009 年评审通过：3 人					
4	郑 晖	男	1969 年 10 月	建筑工程	集团总部
5	施 炯	男	1967 年 7 月	施工管理	
6	潘树杰	男	1964 年 11 月	土木工程	海外部
2010 年评审通过：3 人					
7	金 睿	男	1975 年 10 月	建筑工程	浙江建工
8	王晓明	男	1963 年 5 月	工程管理	浙江建材
9	沈洪波	男	1962 年 9 月	施工管理	浙建实业
2011 年评审通过：4 人					
10	向雄伟	男	1971 年 6 月	结构工程	工程公司
11	黄 钿	男	1965 年 10 月	建筑工程	浙江一建
12	沈观富	男	1968 年 10 月	安装工程	浙江安装
13	胡康虎	男	1973 年 3 月	市政工程管理	浙江建材
2012 年评审通过：7 人					
14	郑锦华	男	1966 年 10 月	建筑施工	集团总部
15	陈洁如	女	1968 年 6 月	建筑工程	
16	陈金祥	男	1963 年 4 月	建筑工程管理	海外部
17	吕步逸	男	1973 年 11 月	建筑工程管理	浙江建工
18	俞 列	男	1967 年 12 月	建筑工程	浙江一建
19	吴应强	男	1967 年 11 月	建筑施工	浙江三建
20	楼应平	男	1970 年 7 月	建筑工程	浙江建材
2013 年评审通过：8 人					
21	蒋 莹	男	1963 年 7 月	建筑工程管理	集团总部
22	毛红卫	女	1966 年 11 月	建筑工程管理	

序号	姓名	性别	出生年月	专业	所属单位
23	魏　强	男	1974 年 2 月	建筑设计	工程公司
24	钱　建	男	1968 年 1 月	建筑工程管理	浙江建工
25	陈国平	男	1967 年 3 月	建筑施工	
26	丁民坚	男	1974 年 5 月	建筑工程管理	浙江二建
27	张　锋	男	1970 年 11 月	建筑工程管理	浙江安装
28	陈　平	男	1969 年 7 月	建筑工程管理	浙建商贸
2014 年评审通过：7 人					
29	陆优民	男	1967 年 7 月	建筑工程管理	浙江建工
30	饶益民	男	1964 年 10 月	建筑工程	
31	印　静	男	1973 年 11 月	建筑施工	浙江一建
32	黄超群	男	1974 年 10 月	建筑工程	浙江二建
33	汪　前	男	1969 年 11 月	建筑工程	浙江三建
34	方国庆	男	1972 年 8 月	建筑机械	浙江安装
35	于利生	男	1963 年 5 月	建筑工程管理	浙建环保
2015 年评审通过：6 人					
36	侯建松	男	1971 年 12 月	暖通设计	工程公司
37	徐拥建	男	1974 年 9 月	建筑工程管理	浙江建工
38	李惠萍	女	1969 年 11 月	建筑工程管理	
39	诸永明	男	1965 年 12 月	建筑工程管理	浙江一建
40	丁士龙	男	1970 年 2 月	建筑施工	浙江大成
41	黄　刚	男	1968 年 8 月	建筑工程管理	浙江武林
2016 年评审通过：9 人					
42	赵敬法	男	1974 年 2 月	建筑工程管理	集团总部
43	孟　红	女	1966 年 7 月	建筑设计	工程公司
44	袁　震	男	1977 年 9 月	建筑工程管理	浙江建工
45	徐锡平	男	1971 年 6 月	建筑工程管理	
46	施文剑	男	1973 年 10 月	建筑工程管理	
47	周智广	男	1972 年 6 月	建筑工程管理	浙江二建
48	王国强	男	1963 年 5 月	建筑工程管理	
49	熊耀民	男	1963 年 9 月	建筑工程	三五九建工
50	余立成	男	1974 年 11 月	建筑电气	浙江安装
2017 年评审通过：19 人					
51	陈　悦	女	1970 年 2 月	建筑施工	集团总部
52	毛建江	男	1966 年 3 月	建筑结构	工程公司
53	丁明晖	男	1975 年 9 月	建筑设计	
54	常　波	男	1981 年 12 月	建筑工程管理	浙江建工
55	缪方翔	男	1977 年 10 月	建筑工程管理	
56	杨东升	男	1974 年 12 月	建筑工程管理	
57	曹　伟	男	1971 年 8 月	建筑工程管理	
58	陈文虎	男	1967 年 2 月	建筑施工	

续表

序号	姓名	性别	出生年月	专业	所属单位
59	胡 晨	男	1966 年 1 月	建筑工程管理	浙江建工
60	方合庆	男	1971 年 9 月	暖通工程	
61	焦 挺	男	1979 年 1 月	建筑工程管理	浙江一建
62	杨建斌	男	1972 年 4 月	建筑工程管理	浙江二建
63	陈海燕	女	1976 年 2 月	工程管理	
64	赵银海	男	1975 年 10 月	建筑工程管理	
65	舒伯乐	男	1973 年 9 月	建筑工程管理	浙江安装
66	徐平原	男	1975 年 9 月	公路工程	浙江大成
67	于航波	男	1978 年 10 月	建筑施工	
68	张士平	男	1973 年 10 月	建筑工程管理	浙江武林
69	徐 燏	男	1973 年 6 月	建筑工程管理	
	**2019 年评审通过：39 人**				
70	俞 宏	男	1964 年 8 月	建筑施工	集团总部
71	钟亚军	男	1978 年 8 月	建筑结构	工程公司
72	张 楠	女	1979 年 2 月	建筑结构	
73	王瑞霞	女	1973 年 11 月	建筑电气	
74	卓建明	男	1969 年 12 月	建筑工程管理	浙江建工
75	沈西华	男	1979 年 3 月	建筑工程管理	
76	沈 斌	男	1966 年 11 月	建筑工程管理	
77	吴小伟	男	1973 年 5 月	建筑施工	
78	余鸿雁	男	1967 年 1 月	建筑施工	
79	户万涛	男	1978 年 1 月	建筑工程管理	
80	秦 学	男	1971 年 5 月	建筑工程管理	
81	胡 强	男	1980 年 12 月	建筑工程管理	
82	缪志伟	男	1962 年 11 月	建筑工程管理	
83	屠纪松	男	1971 年 5 月	建筑安装	
84	柴如飞	男	1981 年 11 月	建筑工程管理	
85	柴建森	男	1973 年 4 月	建筑工程管理	浙江一建
86	杨震伟	男	1972 年 7 月	建筑施工	
87	王洪军	男	1970 年 7 月	建筑施工	
88	周旭光	男	1971 年 1 月	建筑工程管理	浙江二建
89	吴义忠	男	1964 年 6 月	建筑工程管理	
90	盛黎麟	男	1963 年 5 月	建筑工程管理	
91	沈 燕	女	1974 年 9 月	建筑施工	
92	孔祥仁	男	1964 年 3 月	建筑工程管理	
93	褚鹏飞	男	1971 年 10 月	建筑工程管理	
94	郑海锋	男	1976 年 11 月	建筑施工	
95	叶肖敬	男	1976 年 7 月	建筑工程管理	浙江三建
96	李 劲	男	1964 年 5 月	建筑工程管理	浙江安装
97	傅小平	男	1971 年 8 月	建筑施工	

序号	姓名	性别	出生年月	专业	所属单位
98	屈振伟	男	1975年12月	给排水	浙江安装
99	王学平	男	1968年9月	市政道路（桥梁）	浙江大成
100	任威	男	1976年6月	路桥施工及管理	
101	方仙兵	男	1968年8月	建筑机械	浙江建机
102	张顺利	男	1976年10月	建筑结构	浙江武林
103	张根坚	男	1970年7月	建筑工程管理	
104	张志浩	男	1967年3月	建筑施工	
105	纪延魁	男	1972年5月	建筑装饰	
106	王贤权	男	1973年1月	建筑施工	浙建商贸
107	王竹林	男	1969年11月	建筑工程管理	浙建环保
108	捷捷	女	1978年10月	建筑工程管理	浙建实业
2020年评审通过：38人					
109	沈德法	男	1965年1月	建筑工程管理	集团总部
110	朱汐	男	1967年6月	建筑施工	总承包公司
111	冯星火	男	1961年5月	建筑施工	
112	丁世龙	男	1978年11月	建筑施工	
113	谢玉军	男	1975年9月	建筑工程管理	工程公司
114	金晓冬	男	1973年5月	安全生产管理	浙江建工
115	王智春	男	1968年9月	建筑施工	
116	李四林	男	1975年10月	建筑施工	
117	洪其建	男	1972年3月	建筑施工	
118	宣震宏	男	1971年8月	建筑施工	
119	楼云仙	女	1969年6月	建筑施工	
120	王晓春	男	1976年3月	建筑施工	
121	朱国鹏	男	1979年8月	建筑工程管理	
122	毕俊	男	1980年10月	建筑工程管理	
123	吴玉彪	男	1982年9月	建筑工程管理	
124	朱东伟	男	1968年8月	建筑施工	浙江二建
125	娄忠辉	男	1972年9月	建筑施工	
126	楼少敏	男	1964年8月	建筑施工	
127	唐立明	男	1976年3月	建筑施工	
128	吴庆兵	男	1975年8月	建筑施工	
129	王友庆	男	1973年1月	建筑施工	
130	葛卫平	男	1964年11月	建筑施工	
131	常志忠	男	1972年10月	建筑电气（建筑智能化）	
132	孙小明	男	1975年11月	建筑工程管理	
133	王仁兴	男	1966年4月	建筑工程管理	
134	金泽	男	1978年11月	建筑施工	浙江三建
135	朱浙汉	男	1978年10月	建筑施工	
136	张纯为	男	1967年10月	建筑工程管理	

序号	姓名	性别	出生年月	专业	所属单位
137	严华兴	男	1964年11月	建筑施工	三五九建工
138	吴立伟	男	1967年4月	建筑施工	浙江安装
139	冯喜春	男	1962年4月	给排水	
140	沈炜	男	1982年3月	市政道路（桥梁）	浙江大成
141	严伟飞	男	1979年7月	建筑施工	
142	叶启军	男	1973年2月	建筑工程管理	浙江建材
143	向明	男	1963年1月	建筑施工	
144	王汉炜	男	1983年1月	建筑电气（建筑智能化）	浙江建机
145	袁立峰	男	1967年1月	建筑工程管理	浙江武林
146	徐旻	男	1970年10月	建筑装饰	

（2）（退休、调离）正高级工程师

高道升、孙宜宜、陈君浩、周修达、徐梅亭、钱大治、俞增民、王叔平、屠建国、蔡泽芳、吴通荣、丁国琦、顾仲文、曹时中、赵兴荣、周利民、雷震震、龚耀祖、徐山谦、俞玉寅、钱纪春、骆锡耀、陈天民、刘志宏、吴恩宁、李倩、黄菊英、鲁超、吕国辉、陈玉跃、杨振骁、邵凯平、毛剑宏、高兴夫、朱双珠、周志君、姜天鹤、秦敏、傅慈英、金振、陈敏、陈冀峻、李宏伟、汤旭明、沈漪红、郑小平、冯永红、王家红、廉俊、安志华、王凯栋、姜维、金光炎、张幸祥、李元武、韩连奎、徐伟、杨涛、葛主强。

2.2 技术能手

2.2.1 国家级技术能手

截至2020年底，浙建集团共有国家级技术能手16人，其中"全国技术能手"8人（详见表2-7）、"全国首届建筑青工技术能手"1人、"全国建设行业技术能手"2人、"中央企业技术能手"1人、"全国青年岗位能手"2人（详见表2-8）、"新中国成立七十周年建筑工匠"2人（详见表2-9）。

（1）全国技术能手

表2-7 全国技术能手汇总

序号	姓名	性别	出生年月	专业	所属单位	获得年份
1	王竹林	男	1969年11月	焊工	浙建环保	1995年

序号	姓名	性别	出生年月	专业	所属单位	获得年份
2	李 军	男	1962年2月	焊工	浙江安装	1995年
3	田志刚	男	1974年12月	钢筋工	浙江建材	2007年
4	彭家学	男	1983年10月	涂装工	浙江二建	2017年
5	华国樟	男	1973年7月	管工	浙江安装	
6	朱马灿	男	1962年11月	木工	浙江武林	
7	李 敏	男	1989年2月	防水工	浙江三建	2019年
8	潘小健	男	1970年1月	钢筋工	浙江建材	

注：该称号由人力资源和社会保障部授予。

（2）全国首届建筑青工技术能手

1983年11月，建设部授予浙江建工（原浙江省第四建筑工程公司）孙召友"全国首届建筑青工技术能手"称号。

（3）全国建设行业技术能手

2003年8月，建设部授予浙江省二建建设集团马瑞龙、浙江省工业设备安装集团沈振伟"全国建设行业技术能手"称号。

（4）中央企业技术能手

2007年，国务院国资委授予浙江省二建建设集团黄胜利"中央企业技术能手"称号。

（5）全国青年岗位能手

表2-8 全国青年岗位能手汇总

序号	姓名	性别	出生年月	专业	所属单位	授予时间
1	田志刚	男	1974年12月	钢筋工	浙江建材	2007年
2	夏友谊	男	1982年6月	管道工	浙江二建	2018年

注：该称号由共青团中央授予。

（6）新中国成立七十周年建筑工匠

表2-9 新中国成立七十周年建筑工匠汇总

序号	姓名	性别	出生年月	专业	所属单位	授予时间
1	杨华平	男	1962年2月	焊工	浙江安装	2019年
2	潘小健	男	1970年1月	钢筋工	浙江建材	

注：该称号由中国建筑协会授予。

2.2.2 省级技术能手

2020 年，浙建集团有 3 人获"浙江省青年岗位能手"称号（详见表 2-13）。

截至 2020 年底，浙建集团共有省级技术能手 46 人，其中"浙江省技术能手"17 人（详见表 2-10）、"浙江省操作技术能手"7 人（详见表 2-11）、"浙江省建设行业技术能手"4 人（详见表 2-12）、"浙江省首届十佳青年岗位能手"1 人、"浙江省青年岗位能手"23 人（详见表 2-13）。

（1）浙江省技术能手

表 2-10　浙江省技术能手汇总

序号	姓名	性别	专业	所属单位	授予时间
1	陈百令	男	电工	浙江建材	2000 年
2	丁兰英	女	设计师	浙江武林	2004 年
3	张 洋	女	设计师	浙江武林	2006 年
4	胡卡波	男	焊工	浙江安装	2008 年
5	沈益东	男	焊工		
6	黄小建	男	电工	浙江安装	2013 年
7	夏友谊	男	管道工	浙江二建	
8	华国樟	男	管工	浙江安装	2015 年
9	吴恒锦	男	电工		
10	范奇益	男	电工		
11	钱玥磊	男	电工		
12	朱马灿	男	木工	浙江武林	
13	屠海芳	男	通风工	浙江建工	2016 年
14	徐 伟	男	焊工	浙江安装	
15	夏文兵	男	焊工		
16	洪建峰	男	焊工		
17	沈 建	男	混凝土工	浙江建材	

注：该称号由浙江省人力资源和社会保障厅授予。

（2）浙江省操作技术能手

表2-11　浙江省操作技术能手汇总

序号	姓名	性别	专业	所属单位	授予时间
1	杨华平	男	焊工	浙江安装	1993年
2	洪志平	男	焊工		
3	刘苏伟	男	焊工		
4	何　良	男	建筑工程	浙江二建	1999年
5	马瑞龙	男	架子工	浙江二建	2001年
6	王爱民	男	架子工		
7	丁云纲	男	架子工		

注：该称号由浙江省劳动和社会保障厅授予。

（3）浙江省建设行业技术能手

表2-12　浙江省建设行业技术能手汇总

序号	姓名	性别	专业	所属单位	授予时间
1	徐洪明	男	管道工	浙江二建	2015年
2	毛必法	男	镶嵌工		
3	缪国宏	男	焊工	浙江安装	
4	谢攀攀	男	建筑工程技术	浙江建材	2016年

注：该称号由浙江省住房和城乡建设厅授予。

（4）浙江省首届十佳青年岗位能手

1996年7月，共青团浙江省委、浙江省计划与经济委员会、浙江省劳动厅联合授予浙江省工业设备安装公司李军"浙江省首届十佳青年岗位能手"称号。

（5）浙江省青年岗位能手

表2-13　浙江省青年岗位能手汇总

序号	姓名	性别	专业	所属单位	授予时间
1	郑锦华	男	建筑工程	浙江大成	1997年
2	施　炯	男	建筑工程	浙江建工	1999年
3	张　键	男	建筑工程		
4	俞　列	男	建筑工程	浙江一建	
5	应静波	男	建筑工程	浙江建工	2002年
6	陈金龙	男	建筑工程	浙江一建	

序号	姓名	性别	专业	所属单位	授予时间
7	张培乔	男	建筑工程	浙江二建	2002 年
8	吕 巍	男	建筑工程	浙江一建	2004 年
9	金 睿	男	建筑工程	浙江建工	2005 年
10	倪小平	男	计算机信息技术	浙江建工	2009 年
11	张云建	男	建筑工程	浙江安装	2010 年
12	贺平贤	男	建筑工程	浙江安装	2012 年
13	周 英	男	焊工	浙江安装	2013 年
14	郝玉龙	男	建筑工程	浙江建工	2016 年
15	夏文兵	男	焊工	浙江安装	
16	谢攀攀	男	建筑工程技术	浙江建材	
17	虞 舒	女	政工	浙江三建	2017 年
18	缪国宏	男	管工	浙江安装	
19	程辛辛	男	焊工	浙江安装	2018 年
20	王小兵	男	焊工		
21	李 敏	男	防水工	浙江三建	2020 年
22	龚 健	男	建筑工业化	浙建建材	
23	邓亚芬	女	建筑材料		

注：该称号由共青团浙江省委授予。

2.3 技师、工匠

2.3.1 浙江省首席技师

截至 2020 年底，浙建集团共 2 人被授予"浙江省首席技师"称号（详见表 2-14）。

表 2-14　浙江省首席技师汇总

序号	姓名	性别	出生年月	专业	所属单位	授予时间
1	田志刚	男	1974 年 12 月	钢筋工	浙江建材	2011 年
2	杨华平	男	1962 年 2 月	焊工	浙江安装	2013 年

注：该称号由浙江省人力资源和社会保障厅授予。

2.3.2 浙江省技能大师工作室领办人

2020 年，浙建集团有 1 人入选"浙江省技能大师工作室领办人"名单（详见表 2-15）。

截至 2020 年底，浙建集团共有 5 人入选"浙江省技能大师工作室领办人"名单（详见表 2-15）。

表 2-15　浙江省技能大师工作室领办人汇总

序号	工作室名称	领班人	专业	所属单位	命名时间
1	杨华平技能大师工作室	杨华平	焊工	浙江安装	2013 年
2	田志刚技能大师工作室	田志刚	钢筋工	浙江建材	
3	华国樟技能大师工作室	华国樟	管工	浙江安装	2018 年
4	吴恒锦技能大师工作室	吴恒锦	电气设备安装调试	浙江安装	2019 年
5	李敏技能大师工作室	李　敏	防水工	浙江三建	2020 年

注：该称号由浙江省人力资源和社会保障厅授予。

2.3.3　省级工匠

2020 年，浙建集团有 3 人入选"浙江建设工匠"名单。

截至 2020 年底，浙建集团共有 24 人入选省级工匠名单，其中"浙江工匠"6 人（详见表 2-16）、"浙江建设工匠"18 人（详见表 2-17）。

（1）浙江工匠

表 2-16　浙江工匠汇总

序号	姓名	性别	出生年月	专业	所属单位	命名时间
1	金　睿	男	1975 年 10 月	建筑	浙江建工	2017 年
2	杨华平	男	1962 年 2 月	焊工	浙江安装	
3	李　军	男	1962 年 2 月	焊工		2018 年
4	田志刚	男	1974 年 12 月	钢筋工	浙江建材	
5	华国樟	男	1973 年 7 月	管工	浙江安装	2019 年
6	潘小健	男	1974 年 12 月	钢筋工	浙江建材	

注：该称号由浙江省总工会授予。

（2）浙江建设工匠

表 2-17　浙江建设工匠汇总

序号	姓名	性别	出生年月	专业	所属单位	命名时间
1	金　睿	男	1975 年 10 月	建筑	浙江建工	2017 年
2	吴旗连	男	1957 年 5 月	焊工		
3	俞　锋	男	1971 年 3 月	木工		
4	汪能亮	男	1992 年 10 月	钢筋工		

序号	姓名	性别	出生年月	专业	所属单位	命名时间
5	屠海芳	男	1976 年 12 月	通风工	浙江建工	2017 年
6	王少卿	男	1965 年 7 月	泥工	浙江一建	
7	彭家学	男	1983 年 10 月	涂装工	浙江二建	
8	夏友谊	男	1982 年 6 月	管道工	浙江二建	2018 年
9	华国樟	男	1973 年 7 月	管工	浙江安装	
10	吴恒锦	男	1973 年 3 月	电气工	浙江安装	
11	田志刚	男	1974 年 12 月	钢筋工	浙江建材	
12	沈 建	男	1977 年 12 月	试验工	浙江建材	
13	李 敏	男	1989 年 2 月	防水工	浙江三建	
14	夏文兵	男	1983 年 12 月	焊工	浙江安装	2019 年
15	潘小健	男	1970 年 1 月	钢筋工	浙江建材	
16	陆优民	男	1967 年 7 月	建筑	浙江建工	
17	聂伍军	男	1970 年 2 月	泥工	浙江三建	2020 年
18	汪卫良	男	1977 年 8 月	钢筋工	浙江建材	

注：该称号由浙江省住房和城乡建设厅、浙江省建设建材工会授予。

2.3.4 最美浙江人·最美工匠

截至 2020 年底，浙建集团共有 5 人被授予最美浙江人·最美工匠称号（详见表 2-18）。

表 2-18 最美浙江人·最美工匠汇总

序号	姓名	性别	出生年月	专业	所属单位	命名时间
1	杨华平	男	1962 年 2 月	焊工	浙江安装	2018 年
2	李 军	男	1962 年 2 月	焊工	浙江安装	
3	田志刚	男	1974 年 12 月	钢筋工	浙江建材	
4	华国樟	男	1973 年 7 月	管工	浙江安装	2019 年
5	潘小健	男	1970 年 1 月	钢筋工	浙江建材	

注：该称号由浙江省委宣传部、浙江省总工会授予。

2.3.5 浙江金蓝领

截至 2020 年底，浙建集团共有 16 人入选浙江金蓝领名单（详见表 2-19）。

表 2-19　浙江金蓝领汇总

序号	姓名	性别	出生年月	专业	所属单位	授予时间
1	夏友谊	男	1982 年 6 月	管道工	浙江二建	2015 年
2	毛必法	男	1972 年 2 月	镶嵌工		
3	华国樟	男	1973 年 7 月	管工	浙江安装	
4	吴恒锦	男	1973 年 3 月	电气工		
5	范奇益	男	1973 年 12 月	电气工		
6	钱玥磊	男	1982 年 6 月	电气工		
7	朱马灿	男	1962 年 11 月	木工	浙江武林	2016 年
8	徐　伟	男	1978 年 3 月	焊工	浙江安装	2017 年
9	夏文兵	男	1983 年 12 月	焊工		
10	洪建峰	男	1975 年 7 月	焊工		
11	董高峰	男	1986 年 3 月	混凝土工	浙江建材	2018 年
12	管　超	男	1986 年 5 月	防水工	浙江建工	2019 年
13	付世淋	男	1977 年 8 月	泥工	浙江一建	
14	聂伍军	男	1970 年 2 月	泥工	浙江三建	
15	李　敏	男	1989 年 2 月	防水工		
16	马海浪	男	1978 年 6 月	手工木工	浙江武林	

注：该称号由浙江省总工会授予。

2.4　其他类别人才

2.4.1　浙江省"万人计划"人员

根据浙江省人力资源和社会保障厅公布的浙江省"万人计划"名单，截至 2020 年底，浙建集团共有 2 人入选（详见表 2-20）。

表 2-20　浙江省"万人计划"人员汇总

序号	姓名	性别	出生年月	专业	所属单位	入选时间
1	李　军	男	1962 年 2 月	焊工	浙江安装	2018 年
2	田志刚	男	1974 年 12 月	钢筋工	浙江建材	2019 年

2.4.2　浙江省"百千万"高技能领军人才培养工程人员

根据浙江省人力资源和社会保障厅公布的浙江省"百千万"高技能领军人才培养工程人员名单，截至 2020 年底，浙建集团共有 29 人入选，其中第一层次"杰出技能人才"2人（详见表2-21）、第二层次"拔尖技能人才"8人（详见表2-22）、第三层次"优秀技能人才"19人（详见表2-23）。

（1）第一层次"杰出技能人才"

表2-21　第一层次"杰出技能人才"汇总

序号	姓名	性别	出生年月	专业	所属单位	入选时间
1	李 军	男	1962年2月	焊工	浙江安装	2018年
2	田志刚	男	1974年12月	钢筋工	浙江建材	2019年

（2）第二层次"拔尖技能人才"

表2-22　第二层次"拔尖技能人才"汇总

序号	姓名	性别	出生年月	专业	所属单位	入选时间
1	程泰德	男	1970年2月	木工	浙江建工	2018年
2	戴竺杪	男	1991年8月	工程测量	浙江建工	2018年
3	夏友谊	男	1982年6月	管道工	浙江二建	2018年
4	吴恒锦	男	1973年3月	电气工	浙江安装	2018年
5	华国樟	男	1973年7月	管工	浙江安装	2018年
6	杨华平	男	1962年2月	焊工	浙江安装	2018年
7	田志刚	男	1974年12月	钢筋工	浙江建材	2018年
8	沈益东	男	1974年6月	焊工	浙江安装	2019年

（3）第三层次"优秀技能人才"

表2-23　第三层次"优秀技能人才"汇总

序号	姓名	性别	出生年月	专业	所属单位	入选时间
1	胡卡波	男	1982年5月	焊工	浙江安装	2018年
2	沈益东	男	1974年6月	焊工	浙江安装	2018年
3	夏文兵	男	1983年12月	焊工	浙江安装	2018年
4	范奇益	男	1973年12月	电气工	浙江安装	2018年
5	刘苏伟	男	1964年11月	焊工	浙江安装	2018年
6	钱玥磊	男	1982年6月	电气工	浙江安装	2018年
7	洪建峰	男	1975年7月	焊工	浙江安装	2018年
8	黄小建	男	1974年9月	焊工	浙江安装	2018年
9	潘小健	男	1974年12月	钢筋工	浙江建材	2018年
10	沈 建	男	1977年12月	试验工	浙江建材	2018年
11	泮田富	男	1973年9月	冷作钣金工	浙江建机	2018年
12	朱马灿	男	1962年11月	木工	浙江武林	2018年

序号	姓名	性别	出生年月	专业	所属单位	入选时间
13	王竹林	男	1969 年 11 月	焊工	浙建环保	2018 年
14	许 飙	男	1968 年 12 月	电工		
15	李 敏	男	1989 年 2 月	防水工	浙江三建	2019 年
16	程辛辛	男	1991 年 1 月	焊工	浙江安装	
17	胡尔彪	男	1970 年 11 月	铆工	浙江建机	
18	吕 江	男	1974 年 6 月	焊工		
19	马海浪	男	1978 年 6 月	手工木工	浙江武林	

2.4.3 浙江省国有企业"五个一"人才工程人才

根据浙江省国资委公布的全省国有企业"五个一"人才工程人才名单，2020 年浙建集团有 16 人入选，其中"杰出出资人"1 人（详见表 2-24）、"杰出经理人"1 人（详见表 2-25）、"杰出党建人才"2 人（详见表 2-26）、"杰出创新创业人才"6 人（详见表 2-27）、"杰出技能标兵"6 人（详见表 2-28）。

截至 2020 年底，浙建集团共有 85 人入选全省国有企业"五个一"人才工程人才名单，其中"杰出出资人"5 人（详见表 2-24）、"杰出经理人"4 人（详见表 2-25）、"杰出党建人才"6 人（详见表 2-26）、"杰出创新创业人才"36 人（详见表 2-27）、"杰出技能标兵"34 人（详见表 2-28）。

（1）杰出出资人

表 2-24 杰出出资人汇总

序号	姓 名	所属单位	获得批次/获得时间	备注
1	崔 峻	浙江一建	第一批/2018 年 5 月	—
2	蒋 莹	浙江二建		调任集团总部
3	向 明	浙江建材	第二批/2018 年 12 月	—
4	丁卫星	浙江武林		调任浙江三建
5	陈海燕	浙江二建	第三批/2020 年 3 月	

（2）杰出经理人

表 2-25 杰出经理人汇总

序号	姓 名	所属单位	获得批次/获得时间	备注
1	曹 伟	浙江三建	第一批/2018 年 5 月	调任浙江建工
2	朱 汐	集团总部（总承包公司）	第二批/2018 年 12 月	—
3	张 锋	浙江安装		
4	陈国平	浙江建工	第三批/2020 年 3 月	调任浙江大成

（3）杰出党建人才

表 2-26 杰出党建人才汇总

序号	姓 名	所属单位	获得批次/获得时间	备注
1	施永斌	集团总部	第一批/2018 年 5 月	—
2	叶凤英	浙江大成		—
3	姚振钢	集团总部	第二批/2018 年 12 月	—
4	陈传见			—
5	沈伟新	集团总部	第三批/2020 年 3 月	—
6	玄兆达			—

（4）杰出创新创业人才

表 2-27 杰出创新创业人才汇总

序号	姓 名	所属单位	获得批次/获得时间	备注
1	侯建松	工程公司		—
2	丁明晖	工程公司		—
3	金 睿	浙江建工		—
4	沈西华			—
5	常 波			—
6	袁 震			—
7	陈 淼	浙江一建		—
8	朱中华			—
9	申屠培新	浙江二建		—
10	张洁洋		第一批/2018 年 5 月	—
11	吴应强	浙江三建		—
12	金宏亮	浙建地产		调任集团总部
13	傅小平	浙江安装		—
14	沈观富			—
15	于航波	浙江大成		—
16	丁士龙			—
17	俞联锋	浙江建材		—
18	李维波	浙江建机		—
19	徐广军	浙江武林		—

序号	姓名	所属单位	获得批次/获得时间	备注
20	张少华	海外部		—
21	汪琪	总承包公司		调任集团总部
22	钟亚军	工程公司		—
23	李惠萍	浙江建工		—
24	丁宏亮			—
25	朱珉	浙江一建	第二批/2018年12月	—
26	周旭光	浙江二建		—
27	刘勇	浙江三建		—
28	陈建江	浙江安装		—
29	李礼仁	浙江建材		—
30	金鹤翔	浙江建机		—
31	张楠	工程公司		调任浙江建材
32	段玉洁	浙江建工		—
33	石彤宇	浙江二建	第三批/2020年3月	—
34	金泽	浙江三建		—
35	舒伯乐	浙江安装		—
36	王汉炜	浙江建机		—

（5）杰出技能标兵

表2-28　杰出技能标兵汇总

序号	姓名	所属单位	获得批次/获得时间	备注
1	俞锋	浙江建工		—
2	徐永传			—
3	程泰德		第一批/2018年5月	—
4	汪龙杰	浙江一建		—
5	戴竺杪			—
6	於仲吉	浙江二建		—

序号	姓 名	所属单位	获得批次/获得时间	备注
7	夏友谊	浙江二建	第一批/2018 年 5 月	—
8	彭家学			—
9	吴恒锦	浙江安装		—
10	华国樟			—
11	徐 伟			—
12	杨华平			—
13	周少华	浙江大成		—
14	朱马灿	浙江武林		—
15	田志刚	浙江建材		—
16	泮田富	浙江建机		—
17	屠海芳	浙江建工	第二批/2018 年 12 月	—
18	付世淋	浙江一建		—
19	李明明	浙江二建		—
20	聂伍军	浙江三建		—
21	胡卡波	浙江安装		—
22	沈益东			—
23	刘苏伟			—
24	范奇益			—
25	黄小建			—
26	夏文兵			—
27	潘小健	浙江建材		—
28	吕 江	浙江建机		—
29	汪能亮	浙江建工	第三批/2020 年 3 月	—
30	李 敏	浙江三建		—
31	程辛辛	浙江安装		—
32	钱玥磊			—
33	王小兵			—
34	冯明水	浙江建材		—

3 核心技术

截至 2020 年底，浙建集团拥有核心技术 275 项，其中国际领先技术 4 项（自主研发技术 3 项、参与研发技术 1 项）、国际先进技术 4 项（自主研发技术 3 项、参与研发技术 1 项）、国内领先技术 108 项、国内先进技术 159 项。

3.1 国际领先技术

截至 2020 年底，浙建集团拥有国际领先技术 4 项，其中自主研发技术 3 项、参与研发技术 1 项。

3.1.1 超大型高铁枢纽整体施工技术（自主研发技术）

杭州火车东站站房工程总建筑面积 155569 平方米，建筑高度 39.3 米，地上 2 层（站台层和高架层、商业夹层）、地下 1 层（出站层），合同总造价约 28 亿元，由浙江省建工集团有限责任公司施工总承包。工程于 2009 年 9 月 26 日开工，2013 年 6 月 30 日竣工。

图 3-1 杭州火车东站（效果图）

杭州火车东站设计标准高、施工难度大，是一项汇集高铁、普铁、磁悬浮、地铁、城市公交、出租车等多种交通方式零距离换乘的智能化、人性化工程。沪昆、沪杭、杭甬、宁杭、杭长等5条铁路线交会于此,为全国八大铁路客运枢纽之一,其规模超过上海虹桥站和南京南站,规模之大位于亚洲铁路枢纽站房前列。

2014年1月28日,中央电视台科教频道《走近科学》栏目对杭州火车东站建设情况进行了专题报道:"中国的工程建设者在杭州市的中心地带用了4年的时间,克服种种困难和挑战,终于建成了一座现代化的超大型火车客运站……这是中国最具空间想象力的建筑之一,高速铁路、普速铁路、地铁、城市公交、运河水运足以使它成为当今世界最复杂的交通枢纽……32万平方米的站房、34条股道、18座站台,足以使它在全亚洲的超大型火车客运站中名列前茅……"

在施工过程中,浙江省建工集团通过科研攻关,形成了"站房与城市枢纽同步的特大型铁路站房绿色建造新技术""新型复杂空间框架结构""站房屋盖新型结构""椭圆锥台斜柱深化设计及加工工艺""加强型金属屋面系统设计""整体结构1:20模型试验""节点试验装置及部分破坏节点""测点布置及结构健康监测系统架构"等多项创新技术,取得授权发明专利10项、省级工法4项。工程荣获2014年度中国建设工程鲁班奖、2018年度中国土木工程詹天佑奖。

2020年6月19日,浙江省建工集团牵头完成的"杭州火车东站工程技术创新和实践成果",通过浙江省技术经纪人协会组织的专家鉴定(由肖绪文院士、江欢成院士领衔),鉴定意见:"该项目成果内容丰富、创新性强,总体达到国际先进水平。其中特大型铁路站房工程总承包'三同步'建造技术、新型复杂空间结构的设计与施工技术达到国际领先水平。"

3.1.2 地下工程平衡稳定理论与关键技术及工程应用(自主研发技术)

2016年8月30日,浙江省大成建设集团牵头承担的"地下工程平衡稳定理论与关键技术及工程应用"项目,通过浙江省高新技术企业协会组织的专家验收(由孙钧院士、王梦恕院士领衔),验收意见:"项目研究成果总体上达到了国际领先水平。"

该项技术已在杭新景高速公路、甬台温高速公路黄土岭隧道等项目中成功应用。

3.1.3 特高压铁塔的组立关键技术研究及专用设备开发(自主研发技术)

2008年,浙江省建设机械集团研发了国内最大的T2D750专用组塔设备(最大吊装高度406米、最大起重量22吨、最大工作半径33.5米),成功应用于世界最高(截至2017年11月)的370米舟山跨海铁塔的组立。经过几年的研发和推广应用，国家电网公司、浙江省送变电工程公司和国内 20 多家省级送变电公司使用了浙江省建设机械集团的系列产品，该产品已逐步成为我国特高压线路铁塔组立的主要设备，在国内特高压施工领域的市场份额占比超过 90%。

2016 年 12 月 28 日，浙江省建设机械集团承担了"浙江舟山 500kV 联网输变电工程（金塘岛—册子岛）"两座 380 米世界最高输电双子塔"特大跨越输电铁塔组立专用设备"研发。通过技术原创研发，浙江省建设机械集团自主开发了一种用于超大吨位多油缸实时调平的新型套架，攻克了超大吨位顶升技术，解决了抱杆长时间、大吨位垂直性顶升且保持同步性的难题；采用伺服控制技术和运动控制器系统，满足了抱杆连续同步顶升要求，抱杆顶升实现自动化、智能化。

2019 年 12 月 31 日，浙江省建设机械集团完成的"特大跨越输电铁塔组立专用设备关键技术研究及应用(1260t·m 特大型座地双平臂电力抱杆)"课题，通过浙江火炬科技评估中心组织的专家评审，评审意见："相关技术处于国际同类技术的先进水平。"

"特高压铁塔的组立关键技术研究及专用设备开发"项目，2013 年获浙江省科学技术进步奖三等奖、浙江省建设科学技术二等奖，成功入选"2014 年浙江省装备制造业重点领域首台（套）产品"。

"特大跨越输电铁塔组立专用设备（1260t·m 特大型座地双平臂电力抱杆）"项目，成功入选"2020 年度浙江省装备制造业重点领域首台（套）产品"。

3.1.4 长距离钢支撑两端耦合伺服成套技术（参与研发技术）

2020 年 11 月 2 日，上海市机械施工集团牵头、浙江省一建建设集团参与（排名第 6）完成的"长距离钢支撑两端耦合伺服成套技术"成果，通过上海市土木工程学会组织的专家鉴定（由叶可明、梁文灏、肖绪文院士领衔），鉴定意见："项目研究成果总体达到国际先进水平，其中软土基坑支撑伺服系统微变形控制技术达到国际领先水平。"

3.2 国际先进技术

截至 2020 年底，集团拥有国际先进技术 4 项，其中自主研发技术 3 项、参与研发技术 1 项。

3.2.1 大型空分装置施工技术（自主研发技术）

浙江省工业设备安装集团从 1983 年开始涉足空分装置安装领域，从当初的 3000Nm³/h 制氧到如今的 90000Nm³/h 制氧、从冶金行业的外压缩空分到煤化工行业的内压缩空分，通过与国际著名空分设备公司（法国液化空气公司、德国林德冷冻机械制造公司、美国空气制品与化学品公司等）、国内知名空分设备公司（杭州制氧机集团股份有限公司、开封空分集团有限公司等）的长期合作，积累了 300 多套空分装置安装经验。近年来，每年完成的空分装置安装业务量占到国内市场份额的 10%左右，成功跻身全球一流空分装置安装企业行列。

2009 年，完成了宝钢集团有限公司 60000Nm³/h 制氧空分装置（国产首套）安装；2013 年，与美国空气制品与化学品公司合作完成了河南新乡 XLX A2000 空分项目 65000Nm³/h 制氧空分装置安装；2013 年，与德国林德冷冻机械制造公司合作完成了陕西宝钢气体有限公司 84000Nm³/h 制氧空分装置安装；2015 年，与法国液化空气公司合作完成了中天合创鄂尔多斯煤炭深加工示范项目 4×82000Nm³/h 制氧空分装置安装，均裸冷一次成功、出氧一次成功。

2018 年，完成了河南心连心化肥有限公司 80000Nm³/h 制氧空分装置安装工程；2020 年，完成了江西杭氧气体有限公司 2×80000Nm³/h 空分供气项目安装工程，均裸冷一次成功、出氧一次成功。

2020 年 9 月，与德国林德冷冻机械制造公司合作承建镇海炼化扩建项目 2×90000Nm³/h 配套空分装置安装工程。

针对大型空分装置的核心设备冷箱重量重、体积大、高度高、冷箱内空间小、高空作业多以及压缩机转速高、功率大、禁油、机间管道需无应力连接等问题，浙江省工业设备安装集团组织科研攻关，先后取得了国家级工法 1 项、省级工法 4 项、实用新型专利 2 项，获得中国安装工程优质奖 1 项、全国化学工业优质工程奖 1 项、石油优质工程（境外工程）金质奖 1 项，进一步巩固了在行业内的优势地位。

3.2.2 高寒高海拔地区预应力钢筋混凝土正圆形拱塔斜拉桥施工技术（自主研发技术）

拉萨市柳东大桥桥长 2755 米、桥宽 31 米，是国内高寒高海拔地区首座预应力钢筋混凝土正圆形拱塔斜拉桥（介于斜拉桥和连续梁桥之间的一种组合体系桥型），具有索塔高度低、主梁刚度大、索集中布置等特点，力学性能良好。

拉萨市柳东大桥由浙江省大成建设集团施工总承包，工程于 2016 年 2 月 18 日开工，2019 年 2 月 4 日竣工。

图 3-2 施工中的拉萨市柳东大桥

（1）高寒地区预应力钢筋混凝土圆形拱塔施工技术

2018 年 12 月 13 日，浙江省大成建设集团完成的"高寒地区预应力钢筋混凝土圆形拱塔施工技术"课题，通过中国公路建设行业协会组织的专家评审，评审意见："课题研究成果总体达到国际先进水平。"

（2）高海拔地区矮塔斜拉桥塔梁同步施工技术

2019 年 6 月 20 日，浙江省大成建设集团完成的"高海拔地区矮塔斜拉桥塔梁同步施工技术研究"课题，通过中国公路建设行业协会组织的专家评审，评审意见："该项目研究成果总体上达到了国际先进水平。"

3.2.3 适用于超远距离泵送的低强度自密实混凝土与泵送技术（自主研发技术）

2020 年 12 月 30 日，浙江省建材集团完成的"适用于超远距离泵送的低强度自密实混凝土与泵送技术研究"课题，通过浙江省技术经纪人协会组织的省级鉴定，鉴定意见："总体技术达到国际先进水平。"

该项技术已在杭州千岛湖引水工程中成功应用。

3.2.4 固体废物热解技术（参与研发技术）

2011 年初，浙江省工业设备安装集团与德国泰格奇瑞有限公司（国际知名环保设备工程公司）签订了固废热解处理大型装备国产化技术合作和知识产权保护等协议，获得其固废热解技术在中国的独家技术许可证（日本三菱重工除外）。经过一年多的前期准备工作，浙江省工业设备安装集团取得了欧盟 CE（PED 承压设备指令）认证，具备热解技术的成套设备制造和施工安装能力，国产化率达到90%以上（密封材料和专用轴承需进口）。

在引进消化吸收的基础上，浙江省建设投资集团新组建的浙江建投环保工程有限公司（原浙江省工业设备安装集团环保公司）对热解技术进行了再创新，成功研制了 1 台热解试验装置，可以对垃圾、垃圾飞灰（危废）、污泥及油泥进行热解试验；为克拉玛依油田研制了 2 台移动式热解炉（60 吨/天）样机（电加热、天然气加热各 1 台），解决了密封材料和专用轴承需由德国进口的难题。

3.3 国内领先技术

2020 年，集团新增国内领先技术 33 项，其中：装配式建筑建造技术 6 项（详见表 3-1）、BIM 技术和信息化技术 2 项（详见表 3-2）、地基基础和地下空间技术 1 项（详见表 3-3）、新型模板支撑体系 4 项（详见表 3-6）、钢筋与混凝土技术 4 项（详见表 3-7）、绿色建造技术 4 项（详见表 3-8）、机电安装技术 2 项（详见表 3-9）、建筑机械研发制造技术 8 项（详见表 3-10）、公路道桥建造技术 2 项（详见表 3-11）。

截至 2020 年底，集团拥有国内领先技术 108 项，其中：装配式建筑建造技术 20 项（详见表 3-1）、BIM 技术和信息化技术 6 项（详见表 3-2）、地基基础和地下空间技术 11 项（详见表 3-3）、钢结构技术 3 项（详见表 3-4）、建筑装饰一体化技术 6 项（详见表 3-5）、新型模板支撑体系 7 项（详见表 3-6）、钢筋与混凝土技术 16 项（详见表 3-7）、绿色建造技术 10 项（详见表 3-8）、机电安装技术 6 项（详见表 3-9）、建筑机械研发制造技术 21 项（详见表 3-10）、公路道桥建造技术 2 项（详见表 3-11）。

3.3.1 装配式建筑建造技术

表 3-1 （国内领先）装配式建筑建造技术汇总

序号	名称	所属单位	认定年份
1	PC 构件自动化生产线	浙江建材	2017 年前
2	预制围墙生产技术		
3	PC 彩色挂板生产技术		
4	装配式智慧工厂管理平台		
5	预制装配式清水混凝土外墙板		
6	PC 构件一次性翻转驳运的翻身架及运输专用架具		
7	高性能湿拌砂浆调节剂		
8	装配式建筑成套建造技术	浙江建工	
9	建筑工业化关键集成技术		
10	预制装配式建筑芯片后置式技术		
11	装配式建筑组合式可调节支撑架施工技术		
12	预制装配式建筑构件吊装支撑角码工具研发应用技术		
13	基于 BIM 和物联网的装配式建筑建造过程关键技术	浙江建工	2019 年
14	PC 外墙装饰挂板工程	浙江建材	
15	杭州装配式建筑项目管理平台	浙江建工	2020 年
16	一种基于优化算法的预制构件堆场优化系统及其优化方法		
17	建筑钢结构机器人切割搬运焊接一体化工作站关键技术研究		
18	大型预制清水混凝土外墙挂板的工艺技术研究与生产应用	浙江建材	
19	一种批量化生产 PC 构件设备及 PC 构件生产方法		
20	一种基于预制混凝土工艺制作排水墙体的方法		

3.3.2 BIM 技术和信息化技术

表 3-2 （国内领先）BIM 技术和信息化技术汇总

序号	名称	所属单位	认定年份
1	BIM 机电安装应用技术	浙江安装	2017 年前
2	智慧建造配套技术	浙江建工	
3	施工企业信息化管理系统集成应用	浙江三建	
4	基于 BIM 技术的施工现场安全质量管控技术	浙江三建	2018 年
5	基于安全帽的建筑工人安全行为智能管理研究	浙江建工	2020 年
6	BIM 技术在双曲空心屋面楼盖施工体系中的应用	浙江二建	

3.3.3 地基基础和地下空间技术

表 3-3 （国内领先）地基基础和地下空间技术汇总

序号	名称	所属单位	认定年份
1	支腿式地下连续墙施工技术	浙江大成	2017 年前
2	复杂应力条件下深厚软土地区深大基坑全过程控制技术		
3	复杂环境下超深地下连续墙刚性连接悬吊钢筋笼施工技术	浙江大成 浙江三建	
4	盾构施工技术	浙江大成	
5	超长地下室外墙板混凝土裂缝控制研究与应用技术	浙江二建	
6	超大面积深基坑分期施工控制技术	浙江建工	
7	城市中心复杂环境的 30 米超深地下空间施工技术	浙江一建	
8	大直径钻孔灌注桩、预制方桩拔除施工技术		
9	跌级式超大超深基坑安全统筹施工技术	浙江一建 浙江大成	
10	隔离桩控制基坑开挖对近接运营隧道影响的物理模型试验及工程验证	浙江二建	2019 年
11	结合 BIM 技术清除旧有建筑桩基施工	浙江三建	2020 年

3.3.4 钢结构技术

表 3-4 （国内领先）钢结构技术汇总

序号	名称	所属单位	认定年份
1	复杂空间结构施工关键技术	浙江建工	2017 年前
2	巨型钢结构体系施工成套技术		
3	复杂多层焊接球网架施工技术	浙江一建	

3.3.5 建筑装饰一体化技术

表 3-5 （国内领先）建筑装饰一体化技术汇总

序号	名称	所属单位	认定年份
1	分层法制作双曲面不锈钢幕墙的施工技术	浙江建工	2017 年前
2	装配式幕墙安装技术	浙江武林	
3	幕墙门窗加工管理信息系统技术		
4	大面积竖向钢拉索安装技术		
5	全装修施工技术		
6	基于建筑工业化与信息化深度融合的新型门窗生产管理系统研发与应用	浙江武林	2019 年

3.3.6 新型模板支撑体系

表 3-6 （国内领先）新型模板支撑体系汇总

序号	名称	所属单位	认定年份
1	塑料模板早拆成套体系研发应用技术	浙江建工	2017年前
2	用于已有建筑的悬挑架研发应用技术		
3	悬吊式钢平台施工技术	浙江武林	
4	40m 以上超高超限支模架设计及深化研究	集团总部	2020 年
5	一种带抽拉式通道的悬挑卸料平台和施工技术		
6	一种抽拉可调式卫生间混凝土翻边钢模技术		
7	超百米双薄壁变截面高墩液压自爬模和盘扣支架组合施工技术	浙江大成	

3.3.7 钢筋与混凝土技术

表 3-7 （国内领先）钢筋与混凝土技术汇总

序号	名称	所属单位	认定年份
1	超缓凝水泥基材料水化硬化调控关键技术	集团总部	2017年前
2	折线先张法 50m 预应力混凝土 T 梁施工技术	浙江大成	
3	特大型冷却塔综合施工技术	浙江二建	
4	超高层建筑体系施工成套技术	浙江建工	
5	清水结构施工技术		
6	电厂工业建筑综合施工技术		
7	C100 高强高性能混凝土的研究和工程应用技术	浙江三建	
8	双曲弧面垂直肋形清水混凝土外墙板施工技术	浙江一建	
9	体育馆预应力整体施工技术		
10	陡峭坡地台阶式联体建筑施工技术		
11	国际会议中心综合施工技术	浙江三建	2019 年
12	1482m 超远距离泵送混凝土	浙江建材	
13	三段折线式布置竖向预应力结构施工技术研究	集团总部	2020 年
14	一种用于建筑安装的减震装置技术	浙江建工	
15	一种屋瓦黏土原料高效安全筛选搅拌装置技术		
16	海岛地区异性清水混凝土应用技术	浙江一建	

3.3.8 绿色建造技术

表 3-8 （国内领先）绿色建造技术汇总

序号	名称	所属单位	认定年份
1	南方典型地域绿色农房建造关键技术	集团总部	2017 年前
2	高星级绿色建筑施工技术	浙江建工	
3	轻钢基层坡屋面干挂仿古瓦施工技术	浙江二建	2018 年
4	多功能蓄能发光涂料喷涂施工技术研究	浙江大成	2019 年
5	MBBR 技术用于农村生活污水处理的研究与应用	浙建环保	
6	有机废弃物的资源化处理系统的应用研究		
7	古建筑在现代建筑中的设计施工技术研究	集团总部	2020 年
8	一种工地用临时栏杆降尘喷淋系统	浙江建工	
9	废水分流分质处理利用工艺方法的研究应用	浙建环保	
10	多功能高性能污水处理站的研究与应用		

3.3.9 机电安装技术

表 3-9 （国内领先）机电安装技术汇总

序号	名称	所属单位	认定年份
1	风管工厂化预制技术	浙江安装	2017 年前
2	管道工厂化预制技术		
3	核电主泵测试台管道焊接技术		
4	免登高吊杆安装施工技术	浙江三建	2018 年
5	一种建筑排烟系统用加压风机安装技术	浙江二建	2020 年
6	高原光热发电超高吸热塔安装技术	浙江安装	

3.3.10 建筑机械研发制造技术

表 3-10 （国内领先）建筑机械研发制造技术汇总

序号	名称	所属单位	认定年份
1	QTZ500（ZJT550）平头塔式起重机	浙江建机	2017 年前
2	ZJ5910/ZJ6010 塔式起重机		
3	特高压铁塔组立专用设备		
4	面向装配式建筑施工的系列化塔式起重机		
5	SC200/200TP1 施工升降机		
6	T2D750 双动臂式电力抱杆		
7	T2T480 双平臂式电力抱杆		

序号	名称	所属单位	认定年份
8	T2T100 电力抱杆	浙江建机	2017 年前
9	T2T45 座地双平臂抱杆（高原型）		
10	输电线路工程液压装配式跨越专用架		
11	ZJ5710 塔式起重机		
12	SC80 超高层电力井筒专用滑线式单笼施工升降机	浙江建机	2019 年
13	T2D48 座地双摇臂电力抱杆		
14	建筑起重机械安全管理体制机制研究	浙江三建	2020 年
15	ZJ6113 塔式起重机	浙江建机	
16	T2T120S 总线控制型双平臂抱杆		
17	QTZ315（ZJ7533/ZJ7530）塔式起重机		
18	SC200/200SP45 智能快速施工升降机		
19	T2T36 双平臂落地抱杆		
20	QTZP160（ZJT6516）平头塔式起重机		
21	一种塔式起重机标准节主弦杆钻孔工装技术		

3.3.11　公路道桥建造技术

表 3-11　（国内领先）公路道桥建造技术

序号	名称	所属单位	认定年份
1	悬臂现浇桥梁菱形挂篮施工安全监测系统研究技术	浙江大成	2020 年
2	高河床全卵石激流段大型双壁钢套箱围堰施工关键技术研究		

3.4　国内先进技术

2020 年，浙建集团新增国内先进技术 15 项，其中装配式建筑建造技术 2 项（详见表 3-12）、BIM 技术和信息化技术 2 项（详见表 3-13）、地基基础和地下空间技术 3 项（详见表 3-14）、钢结构技术 1 项（详见表 3-15）、建筑装饰一体化技术 1 项（详见表 3-16）、新型模板支撑体系 1 项（详见表 3-17）、机电安装技术 3 项（详见表 3-20）、公路道桥建造技术 2 项（详见表 3-22）。

截至 2020 年底，浙建集团拥有国内先进技术 159 项，其中装配式建筑建造技术 12 项（详见表 3-12）、BIM 技术和信息化技术 4 项（详见表 3-13）、地基基础和地下空间技术 25 项（详见表 3-14）、钢结构技术 5 项（详见表 3-15）、建筑装饰一体化技术 12 项（详见表 3-16）、新型模板支撑体系 5 项（详见表 3-17）、钢筋与混凝土技术 42 项（详见表 3-18）、绿色建造技术 15 项（详见表 3-19）、机电安装技术 14 项（详见表 3-20）、建筑机械研发制造技术 10 项（详见表 3-21）、公路道桥建造技术 9 项（详见表 3-22）、建筑设计技术 6 项（详见表 3-23）。

3.4.1 装配式建筑建造技术

表 3-12　（国内先进）装配式建筑建造技术汇总

序号	名称	所属单位	认定年份
1	共挤 UV 层聚碳酸酯 PC 耐力板海上桥梁 C 形风障条制作、安装技术	浙江二建	2017 年前
2	钢筋加工棚及其施工技术		
3	一种嵌填式预制混凝土外墙板及其吊装技术	集团总部	
4	装配式建筑预埋钢梁锚固装置式悬挑脚手架施工技术	浙江建工	2018 年
5	预制装配式建筑结构免支撑施工技术	浙江建工	2019 年
6	装配式建筑窗台披水板施工技术		
7	装配式 PC 构件门窗系统安装技术		
8	一种装配式建筑悬挑外加锚箍技术		
9	预制混凝土楼梯检测施工技术	浙江一建	
10	自动立体预制板放置架	浙江建材	
11	BZS 模盒空心楼板施工技术	集团总部	2020 年
12	现浇加强型 BDF 复合箱体空心楼板的施工技术	浙江建工	

3.4.2 BIM 技术和信息化技术

表 3-13　（国内先进）BIM 技术和信息化技术汇总

序号	名称	所属单位	认定年份
1	船舷式结构清水混凝土数字化施工技术	浙江一建	2017 年前
2	基于 BIM 模拟施工下旋转楼梯施工技术	浙江建工	2019 年
3	基于 BIM 大截面空间异型清水混凝土施工技术	浙江一建	2020 年
4	基于信息化监测手段联络通道融沉控制注浆施工技术研究	浙江大成	

3.4.3　地基基础和地下空间技术

表3-14　（国内先进）地基基础和地下空间技术汇总

序号	名称	所属单位	认定年份
1	隧道模应用技术	集团总部	2017年前
2	地下室集水井带压封堵技术		
3	石方开挖机械破碎工艺技术		
4	一种针对溶洞地区的桩砼灌注技术	浙江建工	
5	一种铁路既有线地下箱涵的施工技术		
6	基坑土方的施工技术		
7	一种针对软土地区大型沉井的施工技术		
8	钻孔压浆桩施工技术	浙江一建	
9	逆作法一桩一柱的施工技术及其校正装置		
10	可供大小塔吊转换的共用基础		
11	钻孔咬合桩施工技术	浙江三建	
12	基坑内塔吊基础逆作法施工技术		
13	格构式钢柱塔吊基础座的施工技术		
14	上覆软弱地层大型空溶腔钻孔灌注桩施工技术	浙江大成	
15	硬质基岩下桥梁桩基无浆施工技术		
16	滑坡体基坑法明洞进洞施工技术		
17	结合BIM技术清除旧有建筑桩基施工技术	浙江三建	2018年
18	SMW工法桩型钢定位模具插入施工技术	浙江三建	2019年
19	地表铺砂式填砂竹节管桩施工技术研究	浙江大成	
20	临近既有隧道开挖控制爆破振动施工技术研究		
21	全卵石高河床急流段大型双壁钢套箱围堰施工技术研究		
22	全套管长螺旋钻孔气压反循环压灌咬合桩施工技术研究		
23	地下室外墙W双槽夹具支模施工技术	集团总部	2020年
24	基坑临边防护与喷淋装置一体化设施施工技术	浙江建工	
25	复合地层地下连续墙成槽施工技术研究	浙江大成	

3.4.4 钢结构技术

表 3-15　（国内先进）钢结构技术汇总

序号	名称	所属单位	认定年份
1	在框架式钢结构上安装连接梁的施工技术及施工装置	浙江二建	2017 年前
2	钢梁连接式平台的施工装置及施工技术		
3	大跨度钢梁框架连接式平台的施工装置及施工技术		
4	一种型钢插入定位装置及其施工技术	浙江三建	
5	大跨度网架高效精准定位施工技术	浙江建工	2020 年

3.4.5 建筑装饰一体化技术

表 3-16　（国内先进）建筑装饰一体化技术汇总

序号	名称	所属单位	认定年份
1	室内墙基布裱涂施工技术	浙江建工	2017 年前
2	刚性点支式玻璃幕墙施工技术		
3	一种泡沫砼-大孔率页岩砖外墙自保温体系施工技术		
4	浮筑地面施工技术		
5	室内防静电屏蔽网系统的施工技术		
6	外墙外保温施工技术	浙江一建	
7	冷库现喷聚氨酯隔热层施工技术		
8	仿石材铝板的拼装结构及技术		
9	卫生间地漏石材套割打磨施工技术		
10	激光整平机整平地面施工技术	浙江三建	2018 年
11	幕墙板块装配挂装施工工法	浙江武林	
12	开放式陶土板幕墙施工技术	浙江武林	2020 年

3.4.6 新型模板支撑体系

表 3-17　（国内先进）新型模板支撑体系汇总

序号	名称	所属单位	认定年份
1	高空超大截面重载梁满堂架施工技术	浙江一建	2017 年前
2	烟囱外模拉索薄钢板支模体系施工技术	浙江二建	
3	超高超重大跨度结构 HR 重型门架与钢筋砼临时结构联合支模架设计与施工技术	浙江三建	
4	高耸钢筋砼筒体结构电动升模及施工升降机成套施工技术	浙江二建	2019 年
5	降板式卫生间防渗漏定型化吊模施工技术	浙江建工	2020 年

3.4.7 钢筋与混凝土技术

表 3-18 （国内先进）钢筋与混凝土技术汇总

序号	名称	所属单位	认定年份
1	高强无收缩灌浆料应用技术	集团总部	2017 年前
2	高层钢结构建筑钢筋砼筒体内支外爬施工技术	浙江建工	
3	有粘结及无粘结立体式预应力施工技术		
4	平桥塔架、升降机、泵车在冷却塔施工中的组合应用施工技术		
5	制备白色饰面清水混凝土组合物的配方技术		
6	掺有矿渣粉的制备白色饰面清水混凝土的组合物		
7	一种适用于超高海拔严寒地区的外墙涂料配方及制备技术		
8	一种超高层钢管柱内混凝土浇筑施工技术		
9	一种双曲线钢筋混凝土冷却塔筒壁施工测量技术		
10	一种基础螺栓孔的预留设施工技术		
11	一种地下室外墙劲性柱的防水施工技术		
12	异形双曲面木纹清水混凝土墙组合模板的施工技术		
13	高层钢结构建筑钢筋砼筒体的施工技术		
14	结构转换层型钢砼大梁挂模施工技术		
15	一种混凝土柱子的支模技术		
16	液压整体提升施工技术	浙江一建	
17	地下室底板后浇带施工技术		
18	异型构件安装施工技术		
19	一种绳形肋痕质感面清水混凝土墙的施工技术		
20	一种船舷式清水混凝土墙板及其施工技术		
21	体育馆看台斜梁及其施工技术		
22	变截面预应力斜梁的施工技术		
23	后包钢管混凝土柱施工技术	浙江二建	
24	圆形预应力混凝土池壁无缝施工技术		
25	高耸钢筋砼筒体结构无井架电动升模施工技术		
26	低张拉控制应力下小直径单元拉索施工技术		
27	大截面清水混凝土框架梁无内穿螺栓型钢支模施工技术		
28	高耸钢筋砼筒体结构电动升模施工技术		
29	清水混凝土的施工技术		
30	低张拉控制应力下单丝拉索的张拉和锚固装置及安装技术		

序号	名称	所属单位	认定年份
31	超长混凝土墙体构造技术	浙江二建	
32	倒置式保温防水屋面施工技术	浙江三建	2017 年前
33	外斜柱支模施工技术		
34	一种现浇钢筋混凝土空心楼板和筒芯内模固定技术		
35	转换层超重钢桁架高空吊装施工技术		
36	大型等径高耸筒体结构（烟囱、排气筒）气顶倒装施工技术	浙江安装	
37	折线先张法 50m 预应力混凝土 T 梁施工技术	浙江大成	
38	特大型冷却塔筒壁三脚架翻模及综合运输体系成套施工技术	浙江二建	2019 年
39	高大筒仓结构装配式大钢模板清水混凝土施工技术		
40	超厚基础底板新型止水钢筋支架施工技术	浙江三建	
41	地下室内衬墙 PVC 排水板防水构造施工技术		
42	高寒地区预应力钢筋混凝土圆形拱塔施工技术	浙江大成	

3.4.8 绿色建造技术

表 3-19　（国内先进）绿色建造技术汇总

序号	名称	所属单位	认定年份
1	骨架式膜结构施工技术	浙江建工	2017 年前
2	铁路线上方牵引法安装防护平网的施工技术		
3	体育馆复杂结构体系施工过程中结构健康监测施工技术	浙江一建	
4	悬瓦幕墙施工技术		
5	饰面瓦片墙施工技术	浙江二建	
6	大面积仿古瓦片砖墙的施工技术		
7	复杂施工环境下的塔吊拆除技术	浙江三建	
8	管桩高压养护节能装置及其使用技术	浙江建材	
9	一种地面砖用透水保水剂		
10	城镇化污水处理技术	浙建环保	
11	区域水环境智慧管理平台		
12	轨道物流传输系统施工技术	浙江二建	
13	冷库保温墙板施工技术	浙江建工	2019 年
14	设备机房防磁屏蔽施工技术		
15	城镇污水硫铁耦合脱氮技术工程化应用研究	浙建环保	

3.4.9 机电安装技术

表 3-20 （国内先进）机电安装技术汇总

序号	名称	所属单位	认定年份
1	工艺管道工厂化预制技术	浙江安装	2017 年前
2	一管多束钢烟囱气顶技术		
3	管道沟槽式卡箍连接施工技术		
4	不锈钢固体料仓双料斗施工技术		
5	等直径钢制高囱气顶倒装技术		
6	一种带有防磨盖的等离子体裂解煤淬冷装置		
7	多功能接管法兰自动焊割机		
8	小直径 TA2 钛合金管氩弧焊焊接接头全罩氩气浸没式保护	浙江安装	2018 年
9	随砌随埋砌体中配电箱安装	浙江三建	2019 年
10	高原光热发电超高吸热塔安装施工技术	浙江安装	
11	三螺杆调整预埋垫铁安装技术		
12	连续重整装置反再框架超高钢结构模块化安装技术	浙江安装	2020 年
13	悬挂式钢烟囱液压钢绞线提升施工技术		
14	汽轮发电机组油循环冲洗技术		

3.4.10 建筑机械研发制造技术

表 3-21 （国内先进）建筑机械研发制造技术汇总

序号	名称	所属单位	认定年份
1	一种臂架起重机基础技术	浙江建机	2017 年前
2	一种塔式起重机上支座的塔顶耳板定位工装及焊接装置		
3	塔机用供电线技术		
4	双侧力矩控制装置及其控制技术		
5	直测式力矩信号测量装置技术		
6	用于塔式起重机的管理系统		
7	用于塔机的 GPRS 监控系统		
8	自顶升塔式起重机顶升保护装置及其控制技术		
9	可拆卸自动倾翻式物料提升机		
10	一种用于塔式起重机拉杆的半自动工装	浙江建机	2019 年

3.4.11 公路道桥建造技术

表 3-22 （国内先进）公路道桥建造技术汇总

序号	名称	所属单位	认定年份
1	公路路堑段边坡防护客土吹附施工技术	浙江大成	2017 年前
2	SBS 改性沥青混凝土路面施工技术		
3	花瓶墩盖梁无支架施工技术		
4	高大柱形建筑体中心坐标无棱镜全站仪定位测量技术		
5	隧道凹槽式钢边橡胶止水带变形缝施工技术	浙江建工	2019 年
6	高海拔地区矮塔斜拉桥塔梁同步施工技术	浙江大成	
7	预应力钢筋混凝土圆形拱塔施工技术		
8	非致密性渗透式滑坡山体边坡防护施工技术研究	浙江大成	2020 年
9	临近建筑物硬岩路堑边坡盘锯开挖施工技术研究		

3.4.12 建筑设计技术

表 3-23 （国内先进）建筑设计技术汇总

序号	名称	所属单位	认定年份
1	高层钢结构设计	集团总部	2017 年前
2	PC 结构设计		
3	深基坑支护设计		
4	大跨度空间结构设计		
5	海绵城市—低影响开发技术(LID 技术)设计		
6	绿色建筑设计		

4 科技进步奖

2020 年，浙建集团获得"华夏建设科学技术奖"1 项、"西藏自治区科学技术奖"1 项、"浙江省建设科学技术奖"4 项、"中国施工企业管理协会科学技术奖"2 项、"中国电力建设企业协会科技进步奖"2 项、"浙江省建筑业行业协会科学技术创新成果奖"1 项、"浙江省岩土力学与工程学会科学技术奖"1 项、"浙江省安全生产科学技术奖"1 项。

截至 2020 年底，浙建集团共获得"全国科学大会奖"2 项、"住房和城乡建设部科技进步奖"8 项（其中建设部科技进步二等奖 1 项、华夏建设科学技术奖 3 项、科技进步先进集体 4 项）、"教育部科学技术进步奖"1 项、"浙江省科学技术进步奖"21 项、"西藏自治区科学技术奖"1 项、"浙江省建设科学技术奖"27 项、国家级协会（学会）评定的科学技术奖 56 项、省级协会（学会）评定的科学技术奖 14 项。

4.1 全国科学大会奖

4.1.1 管道"水浮法"施工工艺

1978 年，浙江安装（原浙江省工业设备安装公司）完成的"管道'水浮法'施工工艺"，荣获"全国科学大会奖"。

4.1.2 混凝土空心砌块建筑、冷拔低碳钢丝预应力混凝土中小构件、混凝土空心砌块成型机

1978 年，浙江建材（原浙江省基本建设局预制厂）完成的"混凝土空心砌块建筑、冷拔低碳钢丝预应力混凝土中小构件、混凝土空心砌块成型机"，荣获"全国科学大会奖"。

4.2 住房和城乡建设部科技进步奖

4.2.1 建设部科技进步二等奖

1991年6月,浙江安装(原浙江省工业设备安装公司)完成的"240m烟囱钢内筒气顶倒装法施工工艺",荣获"一九九〇年建设部科技进步二等奖"。

4.2.2 华夏建设科学技术奖

2020年,浙建集团获得"华夏建设科学技术奖(三等奖)"1项(详见表4-1)。

截至2020年底,浙建集团共获得"华夏建设科学技术奖"3项(详见表4-1)。

表4-1 华夏建设科学技术奖汇总

序号	受奖项目	奖项等级	受奖单位排名	受奖者及排名	年份
1	混凝土结构工程施工规范	一等奖	9.浙江三建	8.李宏伟	2015年
2	特大型铁路综合交通枢纽结构施工关键技术研究	二等奖	1.浙江建工	1.吴 飞　2.金 睿 5.沈西华　6.陈文虎 8.徐拥建　9.常 波	2019年
3	工业化建筑项目管理平台	三等奖	浙江建工	1.金 睿　2.胡 强 3.段玉洁　7.陈敏璐 9.尹井鑫　10.马锦涛 11.陆 瑶　12.靳 宁 13.傅黄利　14.梁其雍 15.朱志明	2020年

4.2.3 科技进步先进集体

(1)全国施工技术进步先进企业

1990年11月,浙江安装(原浙江省工业设备安装公司)荣获"全国施工技术进步先进企业"称号。

(2)全国建筑业新技术应用先进集体

1998年11月,浙江三建(原浙江省第三建筑工程公司)荣获"全国建筑业新技术应用先进集体" 称号。

(3)全国建设技术创新工作先进单位

2000年12月,浙江三建(原浙江省长城建设集团股份有限公司)荣获"全国建设技术创新工作先进单位" 称号。

(4)"十五"全国建设科技进步先进集体

2006 年 7 月，浙江省建设投资集团荣获"'十五'全国建设科技进步先进集体" 称号。

4.3 教育部科学技术进步奖

2016 年 2 月，浙江建工完成的"钢管扣件式支撑架半刚性分析设计理论与安全控制技术及工程应用"，荣获"教育部科学技术进步奖" 二等奖。

4.4 浙江省科学技术进步奖

截至 2020 年底，浙建集团共获得"浙江省科学技术进步奖"21 项，其中一等奖 2 项（详见表 4-2）、二等奖 1 项（详见表 4-3）、三等奖 15 项（详见表 4-4）、四等奖 1 项（详见表 4-5）、优秀奖 2 项（详见表 4-6）。

4.4.1 一等奖

表 4-2 浙江省科学技术进步奖（一等奖）汇总

序号	受奖项目	受奖单位排名	受奖者及排名	年份
1	复杂应力条件下深厚软土地区深大基坑全过程控制技术及应用	4.浙江大成	6.谢旭忠　7.姜天鹤	2014 年
2	面向海绵城市建设的生态铺装关键技术及其应用	5.浙江建材	——	2015 年

4.4.2 二等奖

表 4-3 浙江省科学技术进步奖（二等奖）汇总

序号	受奖项目	受奖单位	受奖者及排名	年份
1	240m 烟囱钢内筒气顶倒装法施工工艺	浙江安装	1.骆锡耀　2.王有发　3.黄安康 4.何铁生　5.唐挺进	1990 年

4.4.3 三等奖

表 4-4 浙江省科学技术进步奖（三等奖）汇总

序号	受奖项目	受奖单位排名	受奖者及排名	年份
1	QT15 塔式起重机	2.浙江建机	1.吴通荣	1981 年
2	软土地基处理技术研究-装配式预应力空心桩	2.浙江建材 3.浙江大成	1.王叔平　2.章履远	1990 年
3	（双拱架）多层大跨度厂房设计与施工	3.浙江建材	1.王叔平	

续表

序号	受奖项目	受奖单位排名	受奖者及排名	年份
4	屋面渗漏通病防治	浙江三建	1. 俞增民　2. 胡　骏 3. 顾剑英　4. 屠德潮 5. 夏德龙	1996 年
5	高耸砼结构电动升模的研制和应用	浙江二建	1. 吴建三　2. 陈君浩 3. 江忠理　4. 周志君 5. 张幸祥	1998 年
6	解百商城两墙合一及地下室半逆作法施工	浙江三建	1. 俞增民　2. 李宏伟 3. 李　敏　4. 顾剑英 5. 景士云	2001 年
7	高空大跨度预应力结构支模技术	浙江三建	1. 李宏伟　2. 何邦顺 3. 王　萌　4. 陈思清 5. 李元武　6. 方尚飞 7. 李志飙	2007 年
8	浙江电力生产调度大楼	2. 浙江建工	4. 吴　飞　5. 金　睿	
9	高层建筑钢管混凝土结构体系成套施工技术	浙江建工	1. 吴　飞　2. 金　睿 3. 常　波　4. 胡　强 5. 袁　震　6. 黄先颎 7. 钱　昀	2010 年
10	地下工程平衡稳定理论与应用	浙江大成	11. 石文广	
11	杭州湾大桥风障拉索锚固体系与施工工艺研发	1. 浙江二建 3. 浙江一建	1. 陈春雷　2. 沈漪红 3. 吴利民　4. 张幸祥 5. 邵凯平　6. 周东波	2011 年
12	高空大跨度清水混凝土拱壳结构施工技术	浙江建工	1. 吴　飞　2. 金　振 3. 金　睿　4. 钱　建 5. 饶益民　6. 黄金毅 7. 钱　昀　8. 张霞军 9. 王立虎	2013 年
13	特高压铁塔的组立关键技术研究及专用设备开发	浙江建机	1. 方国庆　2. 金鹤翔 3. 李维波　4. 叶进其 5. 宋小青　6. 王汉炜 7. 俞宏智	
14	带支腿地下连续墙的设计、计算及应用研究	3. 浙江大成 4. 浙江一建	5. 姜天鹤	2015 年
15	地下工程平衡稳定理论与关键技术及工程应用	1. 浙江大成	—	2018 年

4.4.4　四等奖

表 4-5　浙江省科学技术进步奖（四等奖）汇总

序号	受奖项目	受奖单位	受奖者及排名	年份
1	QT20 塔式起重机	浙江建机	1. 吴通荣　2. 吴恩宁　3. 谢乃普 4. 刘路德　5. 倪孝君	1989 年

4.4.5 优秀奖

表4-6　浙江省科学技术进步奖（优秀奖）汇总

序号	受奖项目	受奖单位排名	受奖者及排名	年份
1	升降式爬架的研制	浙江建工	1.顾仲文　2.陈玉良　3.施　炯 4.方剑明	1994年
2	QTZ40/60塔式起重机	1.浙江建机	1.吴恩宁　2.包焕林　3.张庆民 4.董岳军　5.李加明	1997年

4.5　西藏自治区科学技术奖

浙江大成（排名第4）完成的"交通工程结构变形协调控制技术及工程应用"，获得2019年度"西藏自治区科学技术奖"（二等奖），受奖者：李常琏（排名第8）、朱磊（排名第9）。

4.6　浙江省建设科学技术奖

2020年，浙建集团获得"浙江省建设科学技术奖"4项，其中一等奖1项（详见表4-7）、二等奖1项（详见表4-8）、三等奖2项（详见表4-9）。

截至2020年底，浙建集团共获得"浙江省建设科学技术奖"27项，其中一等奖4项（详见表4-7）、二等奖12项（详见表4-8）、三等奖11项（详见表4-9）。

4.6.1　一等奖

表4-7　浙江省建设科学技术奖（一等奖）汇总

序号	受奖项目	受奖单位排名	受奖者及排名	年份
1	大型地下空间结构逆作法设计与施工关键技术研究	4.集团总部	5.鲁　嘉	2016年
2	面向建设行业技术技能人才培养的"智慧工场"探索与实践	2.浙江建工	10.金　睿	
3	新建杭州东站扩建工程东站站房	浙江建工	1.吴　飞　2.金　睿 5.沈西华　6.陈文虎 8.常　波　10.徐拥建	2017年
4	工业化建筑项目管理平台	1.浙江建工	1.金　睿　2.胡　强 3.段玉洁　7.陈敏璐 10.马锦涛 11.陆　瑶 12.靳　宁	2020年

4.6.2 二等奖

表 4-8 浙江省建设科学技术奖（二等奖）汇总

序号	受奖项目	受奖单位排名	受奖者及排名	年份
1	双水泥船浮式平台水上钻孔桩施工新工艺	浙江大成	1.章履远　2.郑锦华 3.陈国平　4.邵哲慧 5.高祥明	1995年
2	高层建筑软土地基大直径钻孔灌注桩应用技术研究	2.浙江大成	4.章履远	1996年
3	高耸砼结构电动升模的研制和应用	浙江二建	1.吴建三　2.陈君浩 3.江忠理　4.周志君 5.张幸祥	1998年
4	高空大跨度清水混凝土拱壳结构施工技术	浙江建工	1.吴　飞　2.金　振 3.金　睿　4.钱　建 5.饶益民　6.黄金毅 7.钱　昀　8.张霞军 9.王立虎	2013年
5	特高压铁塔的组立关键技术研究及专用设备开发	浙江建机	1.方国庆　2.金鹤翔 3.李维波　4.叶进其 5.宋小青　6.王汉炜 7.俞宏智　8.方仙兵 9.周立宏	
6	软土地基上超大超深地下结构与围护的设计计算方法及施工技术研究	3.浙江建工	4.吴　飞　9.陆优民	2014年
7	乐清市体育中心一场两馆主体结构施工技术	1.浙江建工	1.金　振　2.金　睿 3.俞福利　4.徐　伟 5.吴小伟　6.陈玲秋 7.刘中华　8.安爱军 9.潘国华	2015年
8	带支腿地下连续墙的设计、计算及应用研究	3.浙江大成 4.浙江一建	5.姜天鹤　8.丁士龙 9.于航波	
9	浙江省建筑工程信息模型技术应用导则	2.浙江建工	2.金　睿　10.屠剑飞	2017年
10	巨型钢结构体系施工成套技术	浙江建工	1.金　睿　2.沈德法 3.施　炯　4.陆优民 5.徐锡评　6.袁　震 7.孙永祥　8.毕　波 9.程　骥　10.楼应平 11.冯　秩　12.陈星安	2019年
11	浙江省住宅全装修设计技术导则、全装修住宅室内装饰工程质量验收规范研究	3.浙江建工	3.金　睿	
12	建筑信息模型（BIM）应用统一标准	2.浙江建工	2.金　睿	2020年

4.6.3 三等奖

表 4-9   浙江省建设科学技术奖（三等奖）汇总

序号	受奖项目	受奖单位排名	受奖者及排名	年份
1	浙江省公共租赁住房装饰装修对策研究	3. 浙江一建 4. 浙江建工	5. 金　睿 6. 邵凯平	2012 年
2	逆作法"一桩一柱"垂直度二点定位技术	浙江一建	1. 黄　钽　2. 邵凯平 3. 陈建国　4. 汪　灏	
3	预拌混凝土废水、废渣试验和再利用技术研究	4. 浙江建材	6. 陈　敏	2013 年
4	大深度地下连续墙施工环境影响分析与防治对策研究	集团总部	1. 鲁　嘉　2. 叶启军 3. 胡康虎　4. 施　炯 6. 姜天鹤　7. 邵凯平	
5	绿色施工能耗监测与评估技术	1. 浙江建工 3. 集团总部	1. 金　睿　3. 袁　震 4. 杜耀进　5. 沈德法 6. 施　炯	2014 年
6	TK6800G 直测力矩式塔机综合保护器	1. 浙江建机	1. 王汉炜　2. 李维波 3. 倪红胜　6. 方仙兵 7. 项华芬	
7	城市中心复杂环境的 30 米超深地下空间施工技术	浙江一建	1. 俞　宏　2. 王家红 3. 邵凯平　4. 冯永红 5. 王　伟　6. 冯志法 7. 王凯栋	2015 年
8	浙江省党政机关办公用房维修与改造技术研究	5. 浙江武林	7. 黄　刚	
9	船舷式结构清水混凝土数字化施工技术	浙江一建	1. 诸永明　2. 姚贤良 3. 林　武　4. 王凯栋 5. 寿炳康　6. 徐庆友 7. 袁　锋	2016 年
10	建筑工程绿色监理实施研究	3. 浙江建工	5. 魏　峰	
11	气旋型网球中心主体结构关键技术	浙江一建	1. 崔　峻　2. 焦　挺 3. 朱　珉　4. 柯步敏 5. 钟逸晨　6. 寿炳康 7. 李学亮　8. 许　克	2020 年

4.7 国家级协会（学会）评定的科学技术奖

2020 年，浙建集团获得"中国施工企业管理协会科学技术奖" 2 项、"中国电力建设企业协会科技进步奖" 2 项。

截至 2020 年底，浙建集团共获得国家级协会（学会）评定的科学技术奖 56

项，其中中国施工企业管理协会评定的科学技术奖 8 项、中国建筑业协会评定的
科学技术奖 3 项、"中国电力建设企业协会科技进步奖" 11 项、"中国公路学会
科学技术奖" 1 项、中国公路建设行业协会科学技术奖 1 项、"全国建筑装饰行
业科技创新成果" 10 项、中国安装协会评定的科学技术奖 21 项、"中国安全生
产协会安全科技进步奖" 1 项。

4.7.1 中国施工企业管理协会评定的科学技术奖

2020 年，浙江三建、浙江建机各获得"中国施工企业管理协会科学技术奖"
（二等奖）1 项（详见表 4-10）。

截至 2020 年底，浙建集团共获得中国施工企业管理协会评定的科学技术奖 8
项，其中"中国施工企业管理协会科学技术奖" 7 项（详见表 4-10）、"工程建
设行业互联网发展优秀实践案例" 1 项。

（1）中国施工企业管理协会科学技术奖

表 4-10　中国施工企业管理协会科学技术奖汇总

序号	受奖项目	奖项等级	受奖单位	年份
1	高层建筑钢骨混凝土核心筒-框架结构施工技术	二等奖	浙江一建	2009 年
2	大跨度索膜结构整体提升施工技术			
3	大型机组发电厂工程施工技术	二等奖	浙江二建	2015 年
4	特大型冷却塔综合施工技术	二等奖	浙江二建	2017 年
5	超长地下室外墙板混凝土裂缝控制关键技术的研究与应用	二等奖	浙江二建	2019 年
6	杭州国际会议中心综合施工技术	二等奖	浙江三建	2020 年
7	T2T45 座地双平臂抱杆（高原型）		浙江建机	

（2）工程建设行业互联网发展优秀实践案例

2018 年，浙江三建完成的"施工企业信息化管理系统集成应用"，获中国施
工企业管理协会"2017 年度工程建设行业互联网发展优秀实践案例"。

4.7.2 中国建筑业协会评定的科学技术奖

截至 2020 年底，浙建集团共获得中国建筑业协会评定的科学技术奖 3 项，其
中中国建设工程施工技术创新成果奖 2 项（详见表 4-11）、全国建筑业企业管理
现代化创新成果奖 1 项。

（1）中国建设工程施工技术创新成果奖

表 4-11　中国建设工程施工技术创新成果奖汇总

序号	受奖项目	奖项等级	受奖单位	年份
1	高空大跨度清水混凝土拱壳结构施工技术	三等奖	浙江建工	2015 年
2	乐清市体育中心一场两馆主体结构施工技术	三等奖	浙江建工	2016 年

（2）全国建筑业企业管理现代化创新成果奖

2017 年，浙江三建完成的"施工企业信息化管理系统集成应用"获得"全国建筑业企业管理现代化创新成果奖"（二等奖）。

4.7.3　中国电力建设企业协会科技进步奖

2020 年，浙江二建获得"中国电力建设企业协会科技进步奖"（三等奖）2项（详见表 4-12）。

截至 2020 年底，浙建集团共获得"中国电力建设企业协会科技进步奖"11项（详见表 4-12），均为浙江二建完成。

表 4-12　中国电力建设企业协会科技进步奖汇总

序号	受奖项目	奖项等级	年份
1	超长地下墙板混凝土裂缝控制关键技术的研究	二等奖	2018 年
2	垃圾仓屋面大跨度桁架施工技术研究和应用	三等奖	
3	机械粉刷在垃圾焚烧发电厂中的应用研究项目		
4	高耸烟囱液压提升翻模施工技术研究和应用		
5	裂缝自愈型防水混凝土在垃圾焚烧电厂的应用	一等奖	2019 年
6	垃圾发电厂防臭施工技术研究	二等奖	
7	垃圾发电厂垃圾渗滤液池防渗漏施工技术	三等奖	
8	垃圾焚烧发电项目土建施工技术研究		
9	垃圾坑裂缝控制技术研究与应用		
10	高压旋喷桩在软土地基加固中的施工技术	三等奖	2020 年
11	垃圾焚烧发电飞灰处理及防渗技术研究与应用		

4.7.4　中国公路学会科学技术奖

2018 年，浙江大成（排名第 4）完成的"'一带一路'复杂气候环境下沥青混合料路用性能评价新技术"获得"中国公路学会科学技术奖"（二等奖）。

4.7.5 中国公路建设行业协会科学技术奖

2019 年,浙江大成完成的"矮塔斜拉桥塔梁同步施工关键技术研究"获得"中国公路建设行业协会科学技术奖"(三等奖)。

4.7.6 全国建筑装饰行业科技创新成果

截至 2020 年底,浙建集团共获得"全国建筑装饰行业科技创新成果"8 项(详见表 4-13),均为浙江一建完成。

表 4-13 全国建筑装饰行业科技创新成果汇总

序号	受奖项目	年份
1	R 型曲面隔墙石材干挂施工技术	
2	大型石材地面拼花施工技术	
3	多曲面大型吊顶施工应用技术	2013 年
4	卫生间地漏石材套割打磨施工工法	
5	悬瓦幕墙施工工法	
6	镜面不锈钢替代镜面玻璃吊顶的施工工法	
7	肋形绳痕质感面清水混凝土墙面	2015 年
8	磷镁混凝土预制构件组合围墙	

4.7.7 中国安装协会评定的科学技术奖

截至 2020 年底,浙建集团共获得中国安装协会评定的科学技术奖 21 项,其中"科学技术进步奖"10 项(详见表 4-14)、"科技成果"11 项(详见表 4-15),均为浙江安装完成。

(1)科技进步奖

表 4-14 中国安装协会科学技术进步奖汇总

序号	受奖项目	奖项等级	年份
1	240m 烟囱钢内筒气顶倒装法施工工艺	一等奖	
2	ZW-630 中频加热液压推弯式弯管机	二等奖	1991 年
3	微机情报资料档案管理系统	成果奖	
4	计量器具管理程序		
5	一管多束钢烟囱气顶施工技术		
6	1kV 及以下配线工程施工与验收规范(GB 50575—2010)	三等奖	2011 年
7	建筑电气照明装置施工与验收规范(GB 50617—2010)		
8	核电主泵测试台高压合金钢主管道安装施工工法	三等奖	2015 年
9	悬挂式钛复合板烟囱气顶施工技术	三等奖	2017 年
10	跨海管带机模块化安装施工技术	三等奖	2019 年

（2）科技成果

表 4-15　中国安装协会科技成果汇总

序号	受奖项目	奖项等级	年份
1	全国通用安装预算软件	二等奖	1989 年
2	300m³高炉设备吊装		
3	扇形活动龙门支架干煤棚施工工艺	三等奖	
4	杭州玻璃厂浮法生产线锡槽结构、跨加工、砌筑施工工艺	鼓励奖	
5	通用设备安装计量网络图		
6	北仑电厂三管束 240m 钢烟囱同步气顶安装工艺	一等奖	2000 年
7	助手吊装方案设计系统计算机应用软件	二等奖	2002 年
8	回转门式桅杆吊装聚酯重型设备	二等奖	2004 年
9	钛-钢复合板焊接技术	三等奖	2006 年
10	工艺管道工厂化预制工法	一等奖	2009 年
11	安装工程施工工艺标准	二等奖	

4.7.8　中国安全生产协会安全科技进步奖

2019 年，浙江建机完成的"特高压酒杯型铁塔组立专用设备研发及产业化"获得"中国安全生产协会安全科技进步奖"（三等奖）。

4.8　省级协会（学会）评定的科学技术奖

2020 年，浙建集团获得省级协会（学会）评定的科学技术奖 3 项，其中"浙江省建筑业行业协会科学技术创新成果奖" 1 项（详见表 4-16）、"浙江省岩土力学与工程学会科学技术奖" 1 项（详见表 4-17）、"浙江省安全生产科学技术奖" 1 项（详见表 4-18）。

截至 2020 年底，浙建集团共获得省级协会（学会）评定的科学技术奖 14 项，其中"浙江省建筑业行业协会科学技术创新成果奖" 8 项（详见表 4-16）、"浙江省岩土力学与工程学会科学技术奖" 2 项（详见表 4-17）、"浙江省安全生产科学技术奖" 3 项（详见表 4-18）、"浙江省特种设备科技创新成果奖" 1 项。

4.8.1　浙江省建筑业行业协会科学技术创新成果奖

2020 年，浙建集团获得"浙江省建筑业行业协会科学技术创新成果奖"（三等奖）1 项，详见表 4-16。

截至 2020 年底，浙建集团共获得"浙江省建筑业行业协会科学技术创新成果奖"8 项（详见表 4-16）。

表 4-16　浙江省建筑业行业协会科学技术创新成果奖汇总

序号	受奖项目	奖项等级	受奖单位	年份
1	BIM 技术在双曲空心屋面楼盖施工体系中的应用	一等奖	浙江二建	2019 年
2	杭州国际会议中心综合施工技术		浙江三建	
3	T2T45 座地双平臂抱杆（高原型）		浙江建机	
4	工业化建筑项目管理平台	二等奖	浙江建工	
5	PC 结构体系成套建造技术	三等奖	浙江建工	
6	PC 构件制作工等 8 项职业技能考评团体标准		浙江建材	
7	双轨推进式跨越架		浙江建机	
8	隔离桩控制基坑开挖对近接运营隧道影响的物理模型试验及工程验证	三等奖	浙江二建	2020 年

4.8.2　浙江省岩土力学与工程学会科学技术奖

2020 年，浙江三建获得浙江省岩土力学与工程学会评定的"浙江省岩土力学与工程学会科学技术奖"1 项（详见表 4-17）。

截至 2020 年底，浙建集团共获得浙江省岩土力学与工程学会评定的"浙江省岩土力学与工程学会科学技术奖"2 项（详见表 4-17）。

表 4-17　浙江省岩土力学与工程学会科学技术奖汇总

序号	受奖项目	奖项等级	受奖单位	年份
1	城市高密集区地铁运营期地面长期沉降防控关键技术与应用	一等奖（技术发明奖）	浙江大成	2019 年
2	深厚软土地区深大基坑开挖对既有隧道变形的影响及控制技术	三等奖（科技进步奖）	浙江三建	2020 年

4.8.3 浙江省安全生产科学技术奖

2020 年，浙建集团总部获得浙江省安全生产科学技术学会评定的"浙江省安全生产科学技术奖"1 项（详见表 4-18）。

截至 2020 年底，浙建集团获得浙江省安全生产科学技术学会评定的"浙江省安全生产科学技术奖"3 项（详见表 4-18）。

表 4-18　浙江省安全生产科学技术奖汇总

序号	受奖项目	奖项等级	受奖单位	年份
1	输电线路工程液压装配式跨越专用装置架体机构及材料研究	二等奖	浙江建机	2017 年
2	复杂施工环境下的塔吊安全拆除技术	二等奖	浙江三建	2018 年
3	一种新型电梯井防坠网结构	三等奖	集团总部	2020 年

4.8.4　浙江省特种设备科技创新成果奖

2017 年，浙江建机完成的"ZJ6010 塔式起重机研制"获得浙江省特种设备安全与节能协会评定的"浙江省特种设备科技创新成果"（二等奖）。

5 科研课题研发

5.1 科技部科研课题

截至 2020 年底,浙建集团参与科技部科研课题研发项目 2 项,均已通过验收。

5.1.1 美丽乡村绿色农房建造关键技术研究与示范

2015 年 7 月,"十二五"国家科技支撑计划"美丽乡村绿色农房建造关键技术研究与示范"项目(编号:2015BAL03B00)、"绿色农房技术集成研究与综合示范"课题(编号:2015BAL03B01),正式立项。

浙建集团参与"绿色农房技术集成研究与综合示范"课题(编号:2015BAL03B01)相关子课题研究,负责课题任务 4/(4)"南方典型地域绿色农房建造与环境营建及设施体系综合示范之综合工程示范(7 个村庄示范,20 个村庄宣传推广)"、参与课题任务 2"绿色农房工业化结构建造及环境营建技术体系集成与示范"。

项 目 编 号:2015BAL03B00

项 目 名 称:美丽乡村绿色农房建造关键技术研究与示范

项目组织单位:住房和城乡建设部

课 题 编 号:2015BAL03B01

课 题 名 称:绿色农房技术集成研究与综合示范

课题承担单位:北京工业大学

课 题 任 务 2:绿色农房工业化结构建造及环境营建技术体系集成与示范

参 与 单 位:浙江省建设投资集团有限公司

课题任务4/(4):南方典型地域绿色农房建造与环境营建及设施体系综合
示范之综合工程示范(7 个村庄示范、20 个村庄宣传推广)

承 担 单 位:浙江省建设投资集团有限公司

课题起止日期:2015 年 7 月 1 日至 2017 年 12 月 31 日

2018 年 4 月 3 日，住房和城乡建设部建筑节能与科技司组织了"十二五"国家科技支撑计划"美丽乡村绿色农房建造关键技术研究与示范"项目（编号：2015BAL03B00）、"绿色农房技术集成研究与综合示范"（编号：2015BAL03B01）课题验收会，验收意见："研究成果具有显著的创新性和推广应用价值。"

5.1.2 基于 BIM 和物联网的装配式建筑建造过程关键技术研究与示范

2016 年 7 月，浙江省建工集团承担的"十三五"国家重点研发计划项目"基于 BIM 的预制装配建筑体系应用技术"（项目编号：2016YFC0702000）所属课题五"基于 BIM 和物联网的装配式建筑建造过程关键技术研究与示范"（课题编号：2016YFC0702005），正式立项。

课题名称：基于 BIM 和物联网的装配式建筑建造过程关键技术研究与示范

所属项目：基于 BIM 的预制装配建筑体系应用技术

所属专项：绿色建筑及建筑工业化

项目牵头承担单位：中国建筑科学研究院有限公司

课题承担单位：浙江省建工集团有限责任公司

课题负责人：吴飞

执行期限：2016 年 7 月至 2019 年 6 月

2019 年 9 月 8 日，中国建筑科学研究院有限公司组织专家对"十三五"国家重点研发计划项目"基于 BIM 的预制装配建筑体系应用技术"（项目编号：2016YFC0702000）所属课题五"基于 BIM 和物联网的装配式建筑建造过程关键技术研究与示范"（课题编号：2016YFC0702005）进行了课题绩效评价，建议："进一步推广课题成果在建造全过程应用。"

5.2 住房和城乡建设部科研课题

5.2.1 在研科研课题

截至 2020 年底，浙建集团共有在研住房和城乡建设部科研课题 2 项，其中浙建集团为主申请科研课题 1 项（详见表 5-1）、浙建集团参与合作科研课题 1 项（详见表 5-2）。

（1）浙建集团为主申请科研课题

表 5-1　（在研/住建部）集团为主申请科研课题汇总

序号	课题名称	申请单位	项目负责人	立项年份
1	装配式建筑体系集成化创新应用研究与示范	浙江建工	金　睿	2018 年

（2）浙建集团参与合作科研课题

表 5-2　（在研/住建部）集团参与合作科研课题汇总

序号	课题名称	申请单位	参与单位	立项年份
1	基于BIM和物联网的装配式智慧工厂管理平台研发及应用	中国建筑科学研究院	浙江建材	2018 年

5.2.2　通过验收科研课题

2020 年，浙江三建完成的"建筑起重机械安全管理体制机制研究"（浙建集团为主申请）通过验收，详见表 5-3。

截至 2020 年底，浙建集团共有 9 项住房和城乡建设部科研课题通过验收，其中浙建集团为主申请科研课题 7 项（详见表 5-3）、浙建集团参与合作科研课题 2 项（详见表 5-4）。

（1）浙建集团为主申请科研课题

表 5-3　（通过验收/住建部）浙建集团为主申请科研课题汇总

序号	课题名称	申请单位	项目负责人	验收年份
1	建筑业信息化关键技术研究与应用	浙江建工	金　睿	2012 年
2	基于 BIM 的施工技术集成系统研究与开发		吴　飞	
3	深大基坑地下连续墙施工对周边土工环境的影响研究与防治对策分析	集团总部	鲁　嘉	2014 年
4	建筑施工企业精细化成本管理系统	浙江建工	李惠萍	2015 年
5	基于建筑施工企业电子签章集成系统软件研发与应用	浙江建工	吴　飞	2016 年
6	施工企业信息化管理系统集成应用	浙江三建	李宏伟	2017 年
7	建筑起重机械安全管理体制机制研究	浙江三建	李宏伟	2020 年

（2）浙建集团参与合作科研课题

表 5-4　（通过验收/住建部）浙建集团参与合作科研课题汇总

序号	课题名称	申请单位	合作单位	验收年份
1	YHJM100/50型液压互爬式附着升降脚手架	无锡申欧工程设备有限公司	浙江建工	2008 年
2	建筑产业现代化发展纲要研究	浙江省建筑业管理局	集团总部	2014 年

5.3 教育部科研课题

2020 年，浙建集团新立项教育部科研课题（集团为主申请）1 项，详见表 5-5。

表 5-5 （在研/教育部）集团为主申请科研课题汇总表

序号	课题名称	申请单位	项目负责人	立项年份
1	校企合作人才培养机制的研究	浙江建工	褚鑫良	2020 年

5.4 浙江省科技厅科研课题

5.4.1 在研科研课题

2020 年，浙建集团新立项"浙江省科技厅科研课题"7 项，其中浙建集团为主申请科研课题（新产品试制计划项目）5 项（详见表 5-7）、浙建集团参与合作科研课题 2 项（重点研发计划项目 1 项、基础公益研究计划项目 1 项，详见表 5-8、表 5-9）。

截至 2020 年底，浙建集团共有在研浙江省科技厅科研课题 11 项，其中浙建集团为主申请科研课题 7 项（详见表 5-6、表 5-7）、浙建集团参与合作科研课题 4 项（详见表 5-8、表 5-9）。

（1）浙建集团为主申请科研课题

①重点研发计划项目

表 5-6 （在研/科技厅）浙建集团为主申请科研课题（重点研发计划项目）汇总

序号	课题名称	申请单位	立项年份
1	传统产业智能融合技术研究及应用——基于 BIM 和机器人的 H 形钢智能自动化生产线关键技术研究与应用	浙江建工	2018 年
2	市政、工业废水高效处理与循环利用关键技术、装备研究及应用示范——市政废水高效处理与循环利用应用示范	浙建环保	2019 年

②新产品试制计划项目

表 5-7 （在研/科技厅）浙建集团为主申请科研课题（新产品试制计划项目）汇总

序号	课题名称	申请单位	立项年份
1	ZJ6018C 超高独立高度（大截面）塔机	浙江建机	2020 年
2	ZJ7020A 可空中截臂尖头塔机		
3	双摇臂电力抱杆安全监控系统		
4	一种不立塔模块化成型塔机套架		
5	T2D96 双摇臂抱杆		

（2）浙建集团参与合作科研课题

①重点研发计划项目

表 5-8 （在研/科技厅）浙建集团参与合作科研课题（重点研发计划项目）汇总

序号	课题名称	申请单位	合作单位	立项年份
1	装配式工业化建筑安全评价关键技术及应用——装配式混凝土工业化建筑安全评价关键技术及应用	浙江工业大学	集团总部	2017 年
2	流域水污染综合整治集成技术及示范——千岛湖典型小流域水污染综合整治集成技术及示范	浙江农林大学	浙建环保	2018 年
3	资源环境科技关键技术、装备研发及应用示范——面向污水清洁排放的 MBR 膜材料与装备关键技术及工程示范	浙江开创环保	浙建环保	2020 年

②基础公益研究计划项目

表 5-9 （在研/科技厅）浙建集团参与合作科研课题（基础公益研究计划项目）汇总

序号	课题名称	申请单位	合作单位	立项年份
1	钢纤维改性橡胶混凝土智能路面应用研究	浙江大学	浙江大成	2020 年

5.4.2 通过验收科研课题

2020 年，浙建集团共有 3 项浙江省科技厅科研课题（新产品试制计划项目）通过验收（均为浙建集团为主申请科研课题），详见表 5-12。

截至 2020 年底，浙建集团共有 5 项浙江省科技厅科研课题通过验收（均为集团为主申请科研课题），其中重点研发计划项目 1 项（详见表 5-10）、基础公益研究计划项目 1 项（详见表 5-11）、新产品试制计划项目 3 项（详见表 5-12）。

（1）重点研发计划项目

表 5-10 浙建集团为主申请科研课题(重点研发计划项目)汇总

序号	课题名称	申请单位	项目负责人	验收年份
1	特高压"酒杯型"铁塔组立专用设备研发及产业化	浙江建机	吴恩宁	2018 年

（2）基础公益研究计划项目

表 5-11 浙建集团为主申请科研课题(基础公益研究计划项目)汇总

序号	课题名称	申请单位	项目负责人	验收年份
1	基于声电转换机制的地铁降噪技术研究	集团总部	叶启军	2016 年

（3）新产品试制计划项目

表 5-12 浙建集团为主申请科研课题(新产品试制计划项目)汇总

序号	课题名称	申请单位	项目负责人	验收年份
1	ZJ6113 塔式起重机	浙江建机	金鹤翔	2020 年
2	T2T120S 总线控制型双平臂抱杆			
3	QTZ315(ZJ7533/ZJ7530)塔式起重机		李维波	

5.5 浙江省住房和城乡建设厅科研课题

5.5.1 浙江省建设科研项目

（1）在研科研项目

2020 年，浙建集团新立项浙江省建设科研项目 25 项，其中浙建集团为主申请科研课题 23 项(详见表 5-13)、浙建集团参与合作科研课题 2 项(详见表 5-14)。

截至 2020 年底，浙建集团共有在研浙江省建设科研项目 78 项，其中浙建集团为主申请科研课题 72 项（详见表 5-13）、浙建集团参与合作科研课题 6 项（详见表 5-14）。

①浙建集团为主申请科研课题

表 5-13 （在研/建设科研项目）浙建集团为主申请科研课题汇总

序号	课题名称	申请单位	（内部）合作单位	项目负责人
	2017 年底前立项：21 项			
1	加筋水泥土桩锚支护技术环境效应研究及优化设计	集团总部	浙江大成	胡康虎
2	塑料模板早拆体系成套技术研究		浙江建工	施 炯
3	建筑施工过程仿真技术的应用		浙江建工 浙江安装	高兴夫
4	建筑工业化体系研究		—	高荆民
5	地下工程三维地质体构造与属性参数一体化动态建模研究	浙江建工	集团总部	方承宗
6	BIM 技术在复杂地下工程中的综合研究与应用		集团总部	方承宗
7	建筑结构工程质量信息模型建设		—	常 波
8	钢筋混凝土结构钢筋工程深化设计研究		—	徐拥建
9	隔离桩控制基坑开挖对近接运营隧道影响的物理模型试验及工程验证	浙江二建	—	郑海峰
10	杭州中大圣马广场商业用房项目钢结构施工技术		—	秦乾虎

序号	课题名称	申请单位	（内部）合作单位	项目负责人
11	结合 BIM 技术的高空钢结构整体提升施工技术	浙江三建	—	袁　俊
12	城市复杂环境条件下深基坑施工对周边既有构筑物的影响因素分析与防治对策研究	浙江大成	—	姜天鹤
13	复杂环境下超深地下连续墙刚性连接悬吊钢筋笼施工工艺研究		浙江三建	姜天鹤
14	大断面现浇箱梁顶板裂缝机理分析与治理措施研究		—	沈　炜
15	大直径长距离全断面高强度硬岩盾构掘进关键技术研究		—	丁士龙
16	临近既有运营隧道新建隧道施工技术研究		—	朱唯儿
17	悬臂现浇桥梁菱形挂篮施工安全监测系统研究		—	吕锡岭
18	ZJ6612/6613 系列塔式起重机	浙江建机	—	殷　明
19	双轨推进式跨越架		—	金鹤翔
20	T2T45 座地双平臂抱杆（高原型）		—	周立宏
21	PC 外墙装饰挂板工程	浙江建材	—	王狄龙
2018 年立项：12 项				
22	基于小城镇环境综合整治和乡村振兴战略的探索研究	集团总部	—	丁世龙
23	基于投资建设项目收尾管理的研究		—	丁世龙
24	装配式建筑施工技术管理与信息化应用		—	金　睿
25	异形清水混凝土施工技术	浙江一建	—	王继平
26	异形多曲面（饰面）清水砼劲钢框架施工技术研究与应用	浙江二建	—	李明明
27	基于渐进式位移退让阻挡型预制框架填充墙板结构抗震防倒塌研究		—	周旭光
28	装配式预制混凝土外墙挂板干式连接施工技术	浙江三建	—	吴应强
29	装配式 PC 叠合梁板构件与现浇结构连接节点优化		—	吴应强
30	滑坡体与抗滑桩长期服役状态同步监测研究	浙江大成	—	沈　炜
31	基于信息化技术软土基坑工程变形规律及控制技术研究		—	丁士龙
32	T2D48 座地双摇臂抱杆	浙江建机	—	周立宏
33	SC80 超高层电力井筒专用滑线式单笼施工升降机		—	方文权
2019 年立项：16 项				
34	预制装配单元式外围护（墙体、保温隔热、装饰）系统一体化技术	集团总部	—	张　楠
35	新型装配式交错桁架体系合理结构布置分析		—	李泽深
36	PC 结构深化设计的标准化研究应用		—	金　睿
37	建筑业新技术应用示范工程组织与实施的研究		—	金　睿
38	建筑企业 BIM 中心评价标准的研究		—	金　睿
39	大型预制清水混凝土外墙挂板（竖条板）施工技术	浙江一建	—	章程辉
40	具有自清洁功能的再生骨料清水混凝土制备关键技术与应用	浙江二建	—	李明明

序号	课题名称	申请单位	（内部）合作单位	项目负责人
41	预应力柱垂直张拉施工技术	浙江三建	—	储国华
42	结合BIM技术设置悬挑外架与装配式PC结构一体化施工技术		—	徐丙丁
43	杭州全民健身中心综合施工技术		—	郭天志
44	基于BIM技术的艺术穿孔铝板节点优化技术		—	郭天志
45	市政桥梁矮塔斜拉桥施工及控制关键技术研究	浙江大成	—	严伟飞
46	长螺旋气压反循环压灌咬合桩施工工艺和应用研究		—	杨涛
47	高河床全卵石急流段大型双壁钢套箱围堰施工关键技术研究		—	杨涛
48	大型预制清水混凝土外墙挂板的工艺技术研究与生产应用	浙江建材	—	俞联锋
49	T2D36小截面快速式座地双摇臂抱杆	浙江建机	—	周立宏
2020年立项：23项				
50	规模化养殖场排污系统设计及施工技术研究	集团总部	—	徐海江
51	一次成型大跨度楼地面耐磨地坪施工技术研究	浙江建工	—	梅献忠
52	钢结构智能制造管理平台		—	尤可坚
53	既有场馆有机更新改造适用技术	浙江一建	—	金天红
54	大跨度钢网架机库屋盖整体提升技术		—	于康
55	环境-荷载耦合作用下大型混凝土结构水池壁板的开裂风险分析及施工控制技术研究	浙江二建	—	周智广
56	沿海地区工程塔式起重机运营安全监测与评估系统研发		—	梁陆军
57	装配式混凝土叠合板结构新型工具式支撑体系技术研究	浙江三建	—	韩祖民
58	大直径筒仓滑模整体拖带提升锥壳钢桁架施工技术研究		—	金泽
59	屋面网架结构局部拼装配合整体提升施工关键技术研究及应用		—	杨赛赛
60	石化装置超高层异形重型钢构模块集成技术研究	浙江安装	—	汪小中
61	基于S30408+Q345R复合钢板储罐安装技术研究与应用		—	李增平
62	钢箱梁步履式多点自平衡顶推施工关键技术研究	浙江大成	—	严伟飞
63	超百米双薄壁变截面高墩液压自爬模和盘扣支架组合施工技术研究		—	张彬
64	渗流作用下地铁联络通道冷冻法施工参数优化分析研究		—	郭智刚
65	装配式建筑混凝土叠合楼板模具通用化研究与应用	浙江建材	—	黄海炯
66	钢筋网智能绑扎机器人研制		—	向明
67	T2D96双摇臂抱杆	浙江建机	—	金鹤翔
68	液压同步倒装顶升跨越架		—	金鹤翔
69	QTZP315(ZJT7531)平头塔式起重机		—	金鹤翔
70	基于BIM技术的装配式装修构件连接节点开发与研究	浙江武林	—	黄刚
71	垃圾中转站污水处理工艺的研究	浙建环保	—	方佩珍
72	农村污水处理终端提升改造的研究		—	方佩珍

②浙建集团参与合作科研课题

表 5-14   （在研/建设科研项目）浙建集团参与合作科研课题汇总

序号	课题名称	申请单位	合作单位	立项年份
1	建筑深基坑贝雷架栈桥施工技术研究	华煜建设	浙江大成	2018 年
2	地下结构浮力形成机理及抗浮技术	浙江省建筑设计研究院	浙江建工	
3	再造浙江建筑业企业核心竞争力促进浙江建筑业高质量发展	浙江省建筑业管理总站	浙江建工	2019 年
4	全装配式钢结构交错桁架体系关键技术研究	浙江省建筑设计研究院		
5	桩锚撑联合支护体系在软弱土深大基坑中的应用技术研究	浙江省建筑设计研究院	浙江建工	2020 年
6	新型地质聚合物涂料的研制及其海工应用	浙江建设职业技术学院	浙江一建	

（2）通过验收科研课题

2020 年，浙建集团共有 12 项浙江省建设科研项目通过验收，均为浙建集团为主申请科研课题（详见表 5-15）。

截至 2020 年底，浙建集团共有 127 项浙江省建设科研项目通过验收，其中浙建集团为主申请科研课题 119 项（详见表 5-15）、浙建集团参与合作科研课题 8 项（详见表 5-16）。

①浙建集团为主申请科研课题

表 5-15   浙建集团为主申请科研课题汇总

序号	课题名称	申请单位	（内部）合作单位	项目负责人
	2016 年底前通过验收：90 项			
1	软土地基非对称深大基坑施工对周边土工环境的影响与防治对策	集团总部	—	喻　军
2	大深度地下连续墙施工环境影响分析与防治对策研究		浙江大成	鲁　嘉
3	结构转换层施工技术	浙江建工	—	顾仲文
4	深基围护大直径圆环内支撑施工技术		—	顾仲文
5	杭州铁路客站综合施工新技术		—	顾仲文

序号	课题名称	申请单位	（内部）合作单位	项目负责人
6	高层后加钢结构电梯井及后切背栓石材幕墙新工艺	浙江建工	—	顾仲文
7	扣件式钢管支模承重脚手架施工风险分析与应用		—	顾仲文
8	高空大跨度钢结构桁架施工技术		—	金 睿
9	型钢混凝土柱结构施工技术		—	吴 飞
10	深基坑钢结构支撑结构体系		—	吴 飞
11	高层建筑钢管混凝土结构体系成套施工技术		—	吴 飞
12	建筑门窗现场检测技术与标准研究		—	吴 飞
13	高空大跨度超长清水混凝土拱桥结构施工技术		—	金 振
14	新型墙体材料在节能示范住宅项目中的应用		—	金 睿
15	绿色施工能耗监测与评估技术		集团总部	金 睿
16	乐清市体育中心一场两馆主体结构施工技术		—	金 振
17	高层钢结构住宅工业装配式体系施工技术研究		—	金 睿
18	大型跨线路站房铁路路基过渡段填筑泡沫轻质土沉降控制与施工技术研究		—	常 波
19	大型枢纽站房基坑围护体系成套施工技术研究		—	沈西华
20	特大型铁路综合交通枢纽结构施工技术研究		—	吴 飞
21	建筑装饰通病防治（轻钢龙骨纸面石膏板吊顶防裂）	浙江一建		王效文
22	30m 跨钢桁架支撑的钢骨混凝土箱形梁施工技术			王洪军
23	80m 跨 600 吨钢通廊液压整体提升施工技术			王 伟
24	大跨度索膜结构整体提升			蔡晶泽
25	高层建筑钢骨混凝土核心筒—钢框架结构施工技术			王洪军
26	高层建筑面砖饰面胶粉聚苯颗粒外墙外保温施工技术			汪建华
27	屋面绿化工程用于生物法净化餐饮油烟废气技术的可行性研究		—	於建明
28	逆作法"一桩一柱"垂直度二点定位技术		集团总部	黄 钽
29	钻孔压浆桩施工技术		—	王 伟
30	施工现场预制拼装式轻钢结构加工棚研究		—	邵凯平
31	双曲弧面垂直肋形清水混凝土外墙板施工技术		—	毛以卫
32	大直径钻孔灌注桩、预制方桩拔除施工技术		—	冯永红
33	城市中心复杂环境的 30m 超深地下空间施工技术		—	俞 宏

序号	课题名称	申请单位	（内部）合作单位	项目负责人
34	三维多向多曲率弧形扭转建筑施工技术	浙江一建	—	王继平
35	船舷式结构清水混凝土数字化施工技术		—	诸永明
36	体育馆预应力整体施工技术		—	李学亮
37	复杂多层焊接球网架施工技术		—	许 克 李学亮
38	体育馆复杂结构体系施工过程中结构健康监测施工技术运用		—	李学亮
39	高空超大截面重载梁满堂架施工技术		—	李学亮
40	跌级式超大超深基坑安全统筹施工技术		浙江建工 浙江大成	王凯栋
41	陡峭坡地台阶式联体建筑施工技术		—	王洪军
42	BIM 模式在施工安全教学中的应用研究	—	浙江建工	王凯栋
43	软土地基深基坑支护与施工技术研究和应用	浙江二建	浙江大成	陈春雷
44	杭州湾大桥风障拉索锚固体系与施工工艺研发		浙江一建	陈春雷
45	华能玉环百万机组发电厂工程施工技术		—	陈春雷
46	超长地下室无缝钢筋砼结构成套技术的研究与应用		浙江一建	楼少敏
47	特大型冷却塔施工技术		—	陈春雷
48	高空大截面外斜柱支模施工技术	浙江三建	—	李宏伟
49	C100 高强高性能混凝土的研究和工程应用		—	吴应强
50	复杂施工环境下的塔吊拆除技术		—	吴应强
51	支腿式地下连续墙施工技术	浙江大成	浙江一建 集团总部	姜天鹤
52	折线先张法 50m 预应力混凝土 T 梁施工技术		—	姜天鹤
53	带支腿地下连续墙的设计、计算及应用研究		—	袁 静
54	ZJ6516 塔式起重机	浙江建机	—	方国庆
55	QTZ500(ZJT550) 平头塔式起重机		—	方国庆
56	ZJ5910 塔式起重机		—	李维波
57	TK6800G 直测力矩式塔机综合保护器		—	韩连奎
58	SCD200/200E 施工升降机		—	金鹤翔
59	HQX3506 陶粒泡沫混凝土砌块生产线		—	宋小青

序号	课题名称	申请单位	（内部）合作单位	项目负责人
60	HZS75 混凝土搅拌站		—	叶进其
61	HZN75 混凝土搅拌站		—	叶进其
62	T2T65 电力抱杆验收证书		—	金鹤翔
63	LB-3 电力抱杆验收证书		—	金鹤翔
64	T2T100 电力抱杆验收证书		—	金鹤翔
65	ZJD160 塔式起重机		—	金鹤翔
66	T2T480 电力抱杆		—	俞宏智
67	T2T120 电力抱杆		—	周立宏
68	ZJD50 塔式起重机		—	叶进其
69	QTZ100(ZJ6015) 塔式起重机		—	俞宏智
70	SCD200/200T 施工升降机		—	叶进其
71	LB-4 轻便型座地式抱杆		—	周立宏
72	QTZP100(ZJT6111) 平头塔式起重机		—	李维波
73	QTZ315(ZJ7035) 塔式起重机		—	俞宏智
74	ZJ6010 塔式起重机	浙江建机	—	何罗波
75	JJQ-50-F 超载防护型绞磨机		—	王汉炜
76	SC200/200TPS(TP1) 节能高效型施工升降机		—	叶进其
77	T4D85 电力抱杆		—	叶进其
78	T2T160 电力抱杆		—	金鹤翔
79	SC200TP2H 滑线式施工升降机		—	叶进其
80	塔机无线定位通信系统		—	倪红胜
81	ZJ6112 塔式起重机		—	何罗波
82	T2DG100 双摇臂座地抱杆		—	周立宏
83	大型超高 T2TG480 特高压铁塔组立专用设备		—	金鹤翔
84	QTZ63(ZJ5012) 塔式起重机		—	俞宏智
85	ZJ6519 塔式起重机		—	何罗波
86	输电线路工程液压装配式跨越专用装置架体机构及材料研究		—	周立宏
87	ZJ7019/7020/7022 系列塔式起重机		—	俞宏智
88	ZJ6018/6019/6020 系列塔式起重机		—	殷　明

序号	课题名称	申请单位	（内部）合作单位	项目负责人
89	SC200KP1 施工升降机（高效节能出口型）	浙江建机	浙江建材	方文权
90	面向装配式建筑施工的系列化塔式起重机研发		—	俞宏智
2017 年通过验收：1 项				
91	巨型钢结构体系施工成套技术	浙江建工	集团总部	金 睿
2018 年通过验收：6 项				
92	杭州中大圣马广场商业用房项目钢结构施工技术	浙江二建	—	秦乾虎
93	BIM 技术在双曲空心屋面楼盖施工体系中的应用		—	陈海燕
94	基于 BIM 技术的施工现场安全质量管控技术	浙江三建	—	李宏伟
95	双轨推进式跨越架		—	金鹤翔
96	ZJ6612/6613 系列塔式起重机	浙江建机	—	殷 明
97	T2T45 座地双平臂抱杆（高原型）		—	周立宏
2019 年通过验收：10 项				
98	基于小城镇环境综合整治和乡村振兴战略的探索研究	集团总部	—	朱 汐
99	基于投资建设项目收尾管理的研究	集团总部	—	冯星火
100	基于建筑施工行业人力资源管理系统的开发与应用	浙江建工	—	吴 飞
101	隔离桩控制基坑开挖对近接运营隧道影响的物理模型试验及工程验证	浙江二建	—	周旭光
102	杭州国际会议中心综合施工技术	浙江三建	—	吴应强
103	工程安全生产标准化管理应用和推广		—	吴应强
104	SC80 超高层电力井筒专用滑线式单笼施工升降机	浙江建机	—	叶进其
105	T2D48 座地双摇臂电力抱杆		—	童 琦
106	PC 外墙装饰挂板工程	浙江建材	—	王狄龙
107	基于建筑工业化与信息化深度融合的新型门窗生产管理系统研究研发与应用	浙江武林	—	黄 刚
2020 年通过验收：12 项				
108	古建筑在现代建筑中的设计施工技术研究	集团总部	—	朱 汐
109	三段折线式布置竖向预应力结构施工技术研究		—	丁世龙
110	40m 以上超高超限支模架设计及深化研究		—	冯星火
111	杭州装配式建筑项目管理平台	浙江建工	—	段玉洁

续表

序号	课题名称	申请单位	（内部）合作单位	项目负责人
112	建筑钢结构机器人切割搬运焊接一体化工作站关键技术研究	浙江建工	—	尤可坚
113	基于安全帽的建筑工人安全行为智能管理研究		—	吴　飞
114	结合BIM技术清除旧有建筑桩基施工	浙江三建	—	袁　俊
115	物联网视频系统在生产管理中的应用技术		—	袁　俊
116	悬臂现浇桥梁菱形挂篮施工安全监测系统研究	浙江大成	—	沈　炜
117	高河床全卵石急流段大型双壁钢套箱围堰施工关键技术研究		—	严伟飞
118	大型预制清水混凝土外墙挂板的工艺技术研究与生产应用	浙江建材	—	向　明
119	农村生活污水处理设施运维管理部门与运维单位双方权利与义务的课题研究	浙建环保	集团总部	方佩珍

②浙建集团参与合作科研课题

表5-16　浙建集团参与合作科研课题汇总

序号	课题名称	申请单位	合作单位	验收年份
1	软土地基上超深超大地下室结构与围护的设计计算方法及施工技术研究	浙江省建筑设计研究院	浙江建工	2008年
2	工业遗产改建为国家级博物馆综合技术应用	杭州市京杭运河综合保护委员会	浙江建工	2010年
3	浙江省建设工程质量现状及对策研究	浙江省建筑业管理局	浙江建工浙江一建	2011年
4	浙江省公共租赁住房装饰装修对策研究	浙江省标准设计站		
5	复杂多层焊接球网架施工技术	上海宝冶集团有限公司	浙江一建	2016年
6	BIM模式在施工安全教学中的应用研究	浙江省建筑科学设计研究院	浙江建工浙江一建	
7	旧沥青路面铣刨料在市政工程中再生利用技术研究	华煜建设	浙江大成	2017年
8	绿色建筑工地抑尘技术研究	浙江省建筑科学设计研究院	浙江一建	

5.5.2 浙江省建筑节能专项资金补助项目

截至 2020 年底，浙建集团共有在研"浙江省建筑节能专项资金补助项目"2 项（详见表 5-17）。

表 5-17 （在研）浙江省建筑节能专项资金补助项目汇总

序号	课题名称	申请单位	（内部）合作单位	项目负责人	立项年份
1	保温隔热等节能技术在公共建筑中的综合应用	集团总部	浙江一建	施 炯	2012 年
2	装配式预制混凝土构件通用技术要求	集团总部	—	王晓明	2015 年

5.6 浙江省财政厅、经济和信息化委员会科研课题

2013 年 3 月 28 日，浙江省住房和城乡建设厅组织专家，对浙江省标准设计站、浙江省建工集团有限责任公司承担的浙江省财政厅、经济和信息化委员会 2012 年发展新型墙体材料专项补助资金项目"新型墙体材料在节能示范住宅项目中的应用"进行了验收，验收意见："对浙江省村镇建设中推广应用新型墙体材料具有示范意义。"

5.7 湖北省住房和城乡建设厅科研课题

截至 2020 年底，浙建集团共有 4 项湖北省住房和城乡建设厅科研课题通过验收（详见表 5-18）。

表 5-18 （通过验收）湖北省住建厅科研课题汇总

序号	课题名称	申请单位	（内部）合作单位	项目负责人	验收年份
1	体育馆预应力整体施工技术	浙江一建	—	李学亮	2016 年
2	体育馆复杂结构体系施工过程中结构健康监测施工技术运用		—	李学亮	
3	高空超大截面重载梁满堂架施工技术		—	李学亮	
4	复杂多层焊接球网架施工技术	上海宝冶	浙江一建	许 克	

6 标 准

6.1 国家标准

截至 2020 年底，浙建集团完成国家标准编制 23 项，其中国家标准（规范、规程）22 项、标准设计图集 1 项。

6.1.1 标准（规范、规程）

截至 2020 年底，浙建集团共完成国家标准（规范、规程）编制 22 项，其中主编 4 项、参编 18 项（详见表 6-1）。

（1）主编

①《1kV 及以下配线工程施工与验收规范》

2010 年 5 月 31 日，浙江安装主编（排名第 1）的《1kV 及以下配线工程施工与验收规范》（GB 50575—2010），由住房和城乡建设部、国家质量监督检验检疫总局联合发布，于 2010 年 12 月 1 日实施。

②《建筑电气照明装置施工与验收规范》

2010 年 8 月 18 日，浙江安装主编（排名第 2）的《建筑电气照明装置施工与验收规范》（GB 50617—2010），由住房和城乡建设部、国家质量监督检验检疫总局联合发布，于 2011 年 6 月 1 日实施。

③《屋面工程技术规范》

2012 年 5 月 28 日，浙江三建（原浙江省长城建设集团股份有限公司）主编（排名第 2）的《屋面工程技术规范》（GB 50345—2012），由住房和城乡建设部、国家质量监督检验检疫总局联合发布，于 2012 年 10 月 1 日实施。

④《建筑电气工程施工质量验收规范》

2015 年 12 月 3 日，浙江安装主编（排名第 1）的《建筑电气工程施工质量验收规范》（GB 50303—2015），由住房和城乡建设部、国家质量监督检验检疫总局联合发布，于 2016 年 8 月 1 日实施。

（2）参编

表 6-1　参编国家标准汇总

序号	标准名称	编号	参编单位	年份
1	塔式起重机设计规范	GB/T 13752—1992	浙江建机	1992 年
2	烟囱工程施工及验收规范	GB 50078—2008	浙江安装	2008 年
3	塔式起重机	GB/T 5031—2008	浙江建机	
4	混凝土结构工程施工规范	GB 50666—2011	浙江三建	2011 年
5	水泥工厂余热发电工程施工及验收规范	GB 51005—2014	浙江安装	2014 年
6	聚酯及固相缩聚设备工程安装与质量验收规范	GB/T 51193—2016	浙江安装	2016 年
7	建筑信息模型应用统一标准	GB/T 51212—2016	浙江建工	
8	起重机械检查与维护规程第3部分：塔式起重机	GB/T 31052.3—2016	浙江建机	
9	起重机控制装置布置形式和特性第3部分：塔式起重机	GB/T 24817.3—2016		
10	塔式起重机安全评估规程	GB/T 33080—2016		
11	建筑信息模型施工应用标准	GB/T 51235—2017	浙江建工	2017 年
12	预制混凝土衬砌管片	GB/T 22082—2017	浙江建材	
13	混凝土制品机械切块成型机安全要求	GB/T 36515—2018	浙江二建	2018 年
14	建筑节能工程施工质量验收标准	GB 50411—2019	浙江安装	2019 年
15	管廊工程用预制混凝土制品试验方法	GB/T 38112—2019	浙江建材	
16	塔式起重机安全监控系统及数据传输规范	GB/T 37366—2019	浙江建机	
17	施工升降机安全监控系统	GB/T 37537—2019		
18	塔式起重机	GB/T 5031—2019		

6.1.2　标准设计图集

2018 年 8 月 1 日，浙江安装主编（排名第 1）完成的《国家建筑标准设计图集——建筑电气工程施工安装》（图集号：18D802）正式出版发行。

6.2　行业标准

截至 2020 年底，浙建集团完成行业标准编制 20 项，其中建设行业标准 12 项、机械行业标准 3 项、电力行业标准 3 项、纺织行业标准 1 项、建材行业标准 1 项。

6.2.1 建设行业标准

截至 2020 年底，浙建集团共完成建设行业标准编制 12 项，其中主编 2 项、参编 10 项（详见表 6-2）。

（1）主编

①《低张拉控制应力拉索技术规程》

2011 年 5 月 10 日，浙江二建（排名第 1）、浙江一建（排名第 2）联合主编的《低张拉控制应力拉索技术规程》（JGJ/T 226—2011），由住房和城乡建设部发布，于 2012 年 3 月 1 日实施。

②《混凝土泵送施工技术规程》

2011 年 7 月 13 日，浙江二建（排名第 2）主编的《混凝土泵送施工技术规程》（JGJ/T 10—2011），由住房和城乡建设部发布，于 2012 年 3 月 1 日实施。

（2）参编

表 6-2　参编建设行业标准汇总

序号	标准名称	编号	参编单位	年份
1	塔式起重机混凝土基础工程技术规程	JGJ/T 187—2009	浙江建机	2009 年
2	建筑起重机械安全评估技术规程	JGJ/T 189—2009		
3	建筑门窗工程检测技术规程	JGJ/T 205—2010	浙江建工	2010 年
4	建筑施工升降机安装、使用、拆卸安全技术规程	JGJ 215—2010	浙江二建	
5	建筑扣件式钢管脚手架安全技术规范	JGJ 130—2011	浙江建工	2011 年
6	钢筋连接用套筒灌浆料	JG/T 408—2013	浙江建工	2013 年
7	建筑施工升降设备设施检验标准	JGJ 305—2013	浙建三建	
8	悬挂式竖井施工规程	JGJ/T 370—2015	浙江二建	2015 年
9	住宅排气管道系统工程技术规范	JGJ/T 455—2018	浙江二建	2018 年
10	塔式起重机混凝土基础工程技术标准	JGJ/T 187—2019	浙江建机	2019 年

6.2.2 机械行业标准

截至 2020 年底，浙建集团共完成机械行业标准编制 3 项，其中主编 1 项、参编 2 项（详见表 6-3）。

（1）主编

2016 年 4 月 5 日，浙江二建（排名第 2）主编的《建筑施工机械与设备砂浆联合机》（JB/T 12818—2016），由工业和信息化部发布，于 2016 年 9 月 1 日实施。

（2）参编

表 6-3　参编机械行业标准汇总

序号	标准名称	编号	参编单位	年份
1	塔式起重机车轮技术条件	JB/T 11865—2014	浙江建机	2014 年
2	塔式起重机用限矩型液力偶合器	JB/T 11866—2014		

6.2.3　电力行业标准

截至 2020 年底，浙建集团共参编完成电力行业标准 3 项（详见表 6-4）。

表 6-4　参编电力行业标准汇总

序号	标准名称	编号	参编单位	年份
1	电力建设施工质量验收及评定规程	DL/T 5210.1—2005	浙江建工	2005 年
2	电力建设施工质量验收及评定规程第 1 部分：土建工程	DL/T 5210.1—2012	浙江二建	2012 年
3	架空输电线路施工抱杆通用技术条件及试验方法	DL/T 319—2018	浙江建机	2018 年

6.2.4　纺织行业标准

截至 2020 年底，浙建集团共参编完成纺织行业标准 1 项（详见表 6-5）。

表 6-5　参编纺织行业标准汇总

序号	标准名称	编号	参编单位	年份
1	夹套管道施工及验收规范	FZ 211—2013	浙江安装	2013 年

6.2.5　建材行业标准

截至 2020 年底，浙建集团共参编完成建材行业标准 1 项（详见表 6-6）。

表 6-6　参编建材行业标准汇总

序号	标准名称	编号	参编单位	年份
1	预制混凝土衬砌管片安全生产规范	JC/T 2351—2016	浙江建材	2016 年

6.3　地方标准

2020 年，浙建集团参编完成地方标准 8 项，其中浙江省地方标准 7 项、江西省地方标准 1 项。

截至 2020 年底，浙建集团共完成地方标准编制 35 项，其中浙江省地方标准 32 项（主编 9 项、参编 23 项）、四川省地方标准 1 项（参编）、青海省地方标准 1 项（参编）、江西省地方标准 1 项（参编）。

6.3.1 浙江省地方标准

2020 年,浙建集团完成浙江省地方标准编制 7 项,其中主编 4 项（详见表 6-7）、参编 3 项（详见表 6-8）。

截至 2020 年底,浙建集团共完成浙江省地方标准编制 32 项,其中主编 9 项（详见表 6-7）、参编 23 项（详见表 6-8）。

（1）主编

表 6-7　主编浙江省地方标准汇总

序号	标准名称	编号	主编单位	年份
1	混凝土企业质量管理规范	DB33/T 1073—2010	浙江建材	2010 年
2	建筑施工安全管理规范	DB33/1116—2015	浙江三建	2015 年
3	建筑施工扣件式钢管模板支架技术规程	DB33/1035—2018	集团总部	2018 年
4	建筑信息模型（BIM）应用统一标准	DB33/T 1154—2018	浙江建工	
5	建筑业企业技术中心评价规范	DB33/T 2014—2018	浙江二建 浙江三建	
6	建筑工程施工质量验收检查用表统一标准	DB33/T 1192—2020	浙江建工	2020 年
7	装配式建筑结构构件编码标准	DB33/T 1189—2020		
8	建筑地基基础工程施工质量验收检查用表标准	DB33/T 1197—2020		
9	建筑装饰装修工程施工质量验收检查用表标准	DB33/T 1214—2020	浙江建工 浙江武林	

（2）参编

表 6-8　参编浙江省地方标准汇总

序号	标准名称	编号	参编单位	年份
1	建筑地基基础设计规范	DB33/1001—2003	浙江建工	2003 年
2	先张法预应力混凝土管桩技术规程	DB33/1016—2004	浙江建工	2004 年

序号	标准名称	编号	参编单位	年份
3	建筑施工扣件式钢管模板支架技术规程	DB33/1035—2006	浙江建工　浙江一建 浙江二建　浙江三建	2006 年
4	金属网建筑阳角技术规程	DB33/1037—2007	浙江建工	2007 年
5	预应力混凝土结构技术规程	DB33/1067—2010	浙江二建　浙江三建 浙江一建	2010 年
6	建筑装饰装修工程质量评价标准	DB33/T 1077—2011	浙江一建　浙江建工 浙江武林	2011 年
7	建筑基坑工程技术规程	DB33/T 1096—2014	浙江三建　浙江建工	2014 年
8	建筑基坑工程逆作法技术规程	DB33/T 1112—2015	浙江三建　浙江大成	2015 年
9	污水泵站运行质量评价标准	DB33/T 1122—2016	浙江大成	2016 年
10	聚乙烯缠绕结构壁管材排水管道工程技术规程	DB33/T 1131—2016		
11	回弹法检测泵送混凝土抗压强度技术规程	DB33/T 1049—2016	浙江建材	
12	装配整体式混凝土结构工程施工质量验收规范	DB33/T 1123—2016		
13	住宅工程分户质量检验技术规程	DB33/T 1140—2017	浙江建工	2017 年
14	城市轨道交通结构安全保护技术规程	DB33/T 1139—2017		
15	全装修住宅室内装饰工程质量验收规范	DB33/T 1132—2017	浙江武林　浙江建工 浙江一建　浙江三建	
16	环境照明工程设计规范	DB33/T 1055—2018	集团总部	2018 年
17	建筑施工扣件式钢管模板支架技术规程	DB33/1035—2018	浙江一建	
18	透水混凝土路面应用技术规程	DB33/T 1153—2018	浙江建材	
19	装配式建筑评价标准	DB33/T 1165—2019	集团总部　浙江建工	2019 年
20	装配式内装工程施工质量验收规范	DB33/T 1168—2019	浙江建工　浙江三建 浙江武林	
21	装配式混凝土结构钢筋套筒灌浆连接施工技术规程	DB33/T 1198—2020	浙江建材	2020 年
22	农村生活污水处理设施建设和改造技术规程	DB33/T 1199—2020	浙建环保	
23	农村生活污水处理设施污水排入标准	DB33/T 1196—2020		

6.3.2 四川省地方标准

截至 2020 年底，集团参编完成四川省地方标准 1 项（详见表 6-9）。

表 6-9　参编四川省地方标准汇总

序号	标准名称	编号	参编单位	年份
1	四川省市政工程清水混凝土施工技术规程	DBJ51/T 073—2017	浙江建工	2017 年

6.3.3 青海省地方标准

截至 2020 年底，集团参编完成青海省地方标准编制 1 项（详见表 6-10）。

表 6-10　参编青海省地方标准汇总

序号	标准名称	编号	参编单位	年份
1	青海省建筑工程资料管理规程	DB63/T 1743—2019	浙江建工	2019 年

6.3.4 江西省地方标准

2020 年，浙江建材参编完成江西省地方标准 1 项（详见表 6-11）。

表 6-11　参编江西省地方标准汇总

序号	标准名称	编号	参编单位	年份
1	铜尾矿掺合料在混凝土和砂浆中应用技术规程	DB36/T 1273—2020	浙江建材	2020 年

7 工　法

7.1 国家级工法

截至 2020 年底，浙建集团拥有（有效）国家级工法（住房和城乡建设部发布）8 项（详见表 7-1）。

表 7-1　浙建集团拥有（有效）国家级工法汇总

序号	工法名称	编号	完成单位	主要完成人
2011—2012 年发布（二级）				
1	平桥塔架、升降机、泵车在冷却塔施工中的组合应用施工工法	GJEJGF081—2012	浙江建工	焦　挺　饶益民　张霞军　宋建岭　蒋　伟
2	烟囱外模拉索薄钢板支模体系施工工法	GJEJGF131—2012	浙江二建	褚鹏飞　孔祥仁　邹春根　谭　莹　张　哲
3	不锈钢固体料仓双料斗施工工法	GJEJGF417—2012	浙江安装	舒伯乐　褚四勇　龚成昆　汪立余　吴立伟
2013—2014 年发布（不分等级）				
4	悬瓦幕墙施工工法	GJJGF199—2014	浙江一建	盛　思　王洪军　王家红　冯永红　周朝杰
5	低张拉控制应力下小直径单元拉索施工工法	GJJGF076—2014	浙江二建	吴利民　谷　义　俞建波　沈　燕　刘伟斌
6	大截面清水混凝土框架梁无内穿螺栓型钢支模施工工法	GJJGF105—2014		赵景锋　中国桂　侯永满　裘　泳
7	高耸钢筋砼筒体结构电动升模施工工法	GJJGF132—2014		石彤宇　陈旭辉　沈　燕　陈春雷　裘　泳
8	饰面瓦片墙施工工法	GJJGF168—2014		严俊伟　吴建平　沈　燕　周泽平　项仙明

注：表中"完成单位"前，"1"表示第一完成单位，"2"表示第二完成单位，无数字符号表示：独立完成单位。

7.2 省级工法

2020 年，浙建集团取得江苏省省级工法 1 项。

截至 2020 年底，浙建集团拥有（有效）省级工法 125 项，其中浙江省省级工法 105 项、四川省省级工法 2 项、湖北省省级工法 6 项、山东省省级工法 1 项、青海省省级工法 5 项、新疆维吾尔自治区区级工法 5 项、江苏省省级工法 1 项。

7.2.1 浙江省省级工法

截至 2020 年底，浙建集团拥有（有效）浙江省省级工法 105 项（详见表 7-2）。

表 7-2 浙建集团拥有（有效）浙江省省级工法汇总

序号	工法名称	完成单位	主要完成人
	2012 年度：18 项		
1	带索高压旋喷预应力锚索施工工法	1.浙江建工	饶群华　胡远景　杜耀进 崔荣苗　何列宏
2	有粘结及无粘结立体式预应力施工工法	1.浙江建工	柴如飞　南建林　陆优民 叶兆平　蔡　勤
3	平桥塔架、升降机、泵车在冷却塔施工中的组合应用施工工法	1.浙江建工	焦　挺　饶益民　张霞军 宋建岭　蒋　伟
4	低温热水楼面辐射采暖管道施工工法	1.浙江建工	赵守卫　胡　晨　齐　俊 常　波　施泽民
5	超高海拔严寒地区外墙涂料施工工法	1.浙江建工	焦　挺　饶益民　张霞军 舒小建　张亚东
6	双向曲面不锈钢幕墙施工工法	1.浙江建工	常　波　金　睿　沈西华 徐拥建　安志华
7	刚性点支式玻璃幕墙施工工法	1.浙江建工	王坚飞　何荒震　赵敬法 齐　俊　施泽民
8	高铁路基泡沫轻质土施工工法	1.浙江建工	常　波　金　睿　徐拥建 章志刚　罗　勇
9	异型曲面清水混凝土结构上 LED 点光源施工工法	2.浙江建工	方合庆　郭建中　刘　徽 李志刚　严小翔
10	既有建筑物内基坑组合式盖挖施工工法	1.浙江建工	黄金毅　金　睿　柴如飞 蔡　勤　杭　波
11	钛锌板屋面现场加工安装工法	浙江一建	王凯栋　周朝杰　高镇烽 倪　超　钱建新
12	外墙面埃特板施工工法	浙江一建	郑建元　王凯栋　张祖刚 朱　珉　高镇烽

序号	工法名称	完成单位	主要完成人
13	高空外挑檐吊顶无落地架施工工法	2.浙江二建	金　瓯　　郑笑芳　　赵林峰 胡正华　　沈　燕
14	新型节能定位自螺杆施工工法	2.浙江三建	贾桂莲　　戴安汪　　孙海峰 储国华　　李水平
15	发电机定子吊装施工工法	浙江安装	张尚成　　丁民坚　　杨　梅 李增平　　屈振伟
16	不锈钢固体料仓双料斗施工工法	浙江安装	舒伯乐　　褚四勇　　龚成昆 汪立余　　吴立伟
17	双相不锈钢（S32205）管道焊接工法	浙江安装	陈雷刚　　郑世土　　胡大华 张　锋　　费岩峰
18	开放式有横梁陶土板幕墙施工工法	浙江武林	黄　刚　　徐　燆　　吴建权 顾晓昕　　周关红
	2013 年度：19 项		
19	基础螺栓支架预埋施工方法	1.浙江建工	焦　挺　　吴忠勇　　金承良 柳卯兴　　金　亮
20	清水混凝土拱壳结构施工工法	1.浙江建工 2.浙江一建	王立虎　　徐　伟　　袁　震 金　振　　俞　宏
21	非自平衡无孔点支式柔性索桁架玻璃幕墙	1.浙江建工 2.浙江一建	柴如飞　　陆优民　　方承宗 蔡　勤　　俞　宏
22	大型光伏一体化金属屋面系统施工工法	2.浙江建工	周观根　　金　睿　　何鹏飞 姜　楠　　朱　乾
23	卫生间地漏石材套割打磨施工工法	1.浙江一建	诸永明　　王凯栋　　吕　丹 厉　勋　　钱杭伟
24	多曲面大型吊顶施工工法	浙江一建	王凯栋　　邵舟毅　　高镇烽 倪　超　　王宵华
25	混凝土剪力墙洞口十字定型大模施工工法	1.浙江一建 2.浙江建工	应光明　　吕正良　　厉　勋 郭向明　　谭超群
26	低张拉控制应力下小直径单丝拉索施工工法	1.浙江二建	吴利民　　谷　义　　俞建波 沈　燕　　刘伟斌
27	百万机组主厂房钢结构吊装工法	1.浙江二建	裘　泳　　王鹏飞　　钱凯弘 郑小平　　王利安
28	斗轮机防尘供水槽施工工法	1.浙江二建	朱国伟　　方武均　　徐兴中 万宗斌　　林完仙

序号	工法名称	完成单位	主要完成人
29	平房仓粮库工程拱板的空中滑移工法	1.浙江二建	张幸祥　徐剡源　沈　燕 杨劲琳　林完仙
30	饰面瓦片墙施工工法	1.浙江二建	严峻伟　吴建平　沈　燕 周泽平　项仙明
31	"纯内核切断原理"控制超长混凝土墙体结构裂缝施工工法	1.浙江二建	葛主强　楼少敏　卓开云 程　昉　孙春晓
32	圆弧形钢构件吊装施工工法	2.浙江二建	金　瓯　胡正华　胡素涵 郑笑芳　倪顺年
33	纤维水泥加压板＋岩棉整体板外保温施工工法	2.浙江二建	林完仙　童杏存　周维成 吴　峰　朱东伟
34	换热管与管板全位置施工工法	浙江安装	王晓梅　徐　炜　张尚成 杨　梅　黄国辉
35	大型现代空分"圆形冷箱"施工工法	浙江安装	张尚成　傅小平　龙志坤 任清雷　李增平
36	核电主泵测试台高压施工工法	浙江安装	王雷勇　虞定岳　周良晖 吴立伟　李朝江
37	预应力现浇箱梁施工工法	1.浙江大成	姜天鹤　廖光新　沈国伟 高　磊　管敏超
	2014年度：13项		
38	装配梁砖叠合楼板施工工法	集团总部	焦　挺　陈金祥　陈洁如 胡胜泉　舒春文
39	钢筋混凝土烟囱电动爬模施工工法	浙江建工	焦　挺　金　睿　王宪清 刘碧波　韦苗瑞
40	悬瓦幕墙施工工法		盛　思　王洪军　王家红 冯永红　周朝杰
41	钢板气旋及曲线拱施工工法		王鹏翀　曾海涛　李学亮 苏晓红　叶先峰
42	套管回转摩擦型分断清桩法施工工法	浙江一建	王家红　冯永红　盛　思 范　喜　刘　笛
43	变截面斜梁柱施工工法		王鹏翀　曾海涛　李学亮 苏晓红　叶先峰
44	仿石材铝板替代过顶石材施工工法		周朝杰　朱中华　饶明辉 刘建军　章梦骁
45	高耸钢筋砼筒体结构无井架（高耸钢筋砼筒体结构无井架电动升模施工工法）	浙江二建	陈春雷　张幸祥　石彤宇 裘　泳　温国鹏

序号	工法名称	完成单位	主要完成人		
46	大截面清水混凝土框架梁无内穿螺栓型钢支模施工工法	浙江二建	赵景锋 裴泳	中国桂	侯永满
47	不锈钢 GTAW 背面充氮保护焊施工工法	浙江安装	姜良 杨梅	黄小建 朱自龙	张尚成
48	电站锅炉汽包的电动环链葫芦吊装工法		莫兴海 王志涛	杨道州 叶永远	孙永杰
49	背包式预制钢筋混凝土检查井施工工法	浙江大成	毛立华 邵敏	姜天鹤 王春华	谢台林
50	复式微表处桥面超薄铺装层施工工法		叶树中 阙苏佼	叶晖 董峰	周彬彬
2015 年度：11 项					
51	泡沫混凝土—大孔率页岩砖外墙自保温体系施工工法	浙江建工	袁震 胡强	廉俊 宋晓军	范嘉寅
52	船舷式清水混凝土曲面墙板施工工法	浙江一建	诸永明 徐庆友	袁锋 周建宏	姚贤贵
53	"Y型"混凝土渐收式架框柱及其钢板饰面施工工法		葛主强 袁佳勇	楼少敏 孙春晓	单美弟
54	"超大框架梁（板）承重支模架可调顶托施工工法	浙江二建	赵景锋 章科杰	王雪军 何刚跃	裴泳
55	强夯法加固地基施工工法		陈曙光 黄海华	王凤祥 胡甲辰	胡纯兵
56	既有砖瓦建筑砖墙改造翻新利用技术	浙江三建	捷捷 吴凡	刘勇 杨晓波	许建松
57	不锈钢薄板锥底设备制造工法		林炜 舒伯乐	胡国权 杨华平	李增平
58	悬挂式钛复合板烟囱气顶工法	浙江安装	林炜 马广根	徐学强 许卫兵	胡国权
59	热电汽轮机直接空冷式空冷岛模块化安装工法		张尚成 陈希夷	褚海勇	黄小庆
60	Π型花瓶墩钢筋制作及安装施工工法	浙江大成	沈炜 赵新	姜天鹤 董振华	胡忠华
61	开放式金属板幕墙插挂安装施工工法	浙江武林	张士平 夏东力	徐燏	张志浩

序号	工法名称	完成单位	主要完成人
	2016 年度：11 项		
62	预制装配式建筑组合式可调节支撑架施工工法	浙江建工	常 波　金 睿　郭士新 梅献忠　沈 斌
63	塔吊转换的共用基础施工工法	浙江一建	刘 笛　冯志法　王 伟 钱 聪　杜 力
64	特大型冷却塔 X 形斜支柱及环梁支撑架一体化施工工法	浙江二建	裘 泳　李文龙　贾艳全 郑小平　吴永伟
65	钢筋混凝土筒仓大模板清水混凝土施工工法		唐立民　罗泽林　吴永伟 陈 象　裘 泳
66	复杂施工环境下塔吊拆除施工工法	浙江三建	曹 伟　李元武　杨笑非 徐 彬　嵇威威
67	大型钢煤斗（分段）施工工法	浙江安装	何新军　孙永杰　王志涛 杨敏杰　徐章兵
68	烟囱玻璃钢内筒施工工法		舒伯乐　李增平　花贺鑫 葛日林　张尚成
69	花瓶墩盖梁无支架施工工法	浙江大成	沈 炜　应华峰　邓辉云 朱 磊　梁新福
70	全钢结构焊接法箱式桥梁施工工法		钟跃平　王 勇　沈国伟 钟志伟
71	热拌密级配沥青稳定碎石 ATB-25 柔性基层施工工法		周彬彬　袁翼明　王秀创 郑晓洋　金丹君
72	竖向钢拉索幕墙系统施工工法	浙江武林	张根坚　杨红波　张士平 徐 燏　缪月明
	2017 年度：9 项		
73	装配式建筑预埋钢梁锚固装置式悬挑脚手架施工工法	浙江建工	张亚运　梅权斌　鲁 嘉 陈 鹏　郭士新
74	轨道物流传输系统施工工法	浙江二建	朱东伟　常志忠　王 挺 崔明星　顾俊华
75	轻钢基层坡屋面干挂仿古瓦施工工法		葛主强　楼少敏　孙春晓 赵可成　葛童亮
76	结合 BIM 技术清除旧有建筑桩基施工工法	浙江三建	袁 俊　陈谷峰　杨赛赛 张 鹏　邱丰仑
77	免登高吊杆安装施工工法		陈建伟　刘 钧　张纯为 孔凡保　陆红琴

序号	工法名称	完成单位	主要完成人
78	激光整平机整平地面施工工法	浙江三建	戚卫东 杜轶赟 叶文宾 陈 杨 朱 永
79	小直径 TA2 钛合金管氩弧焊接接头全罩氩气浸没式保护施工工法	浙江安装	杨华平 田桂土 丁建军 徐仰凤 冉国军
80	高寒地区预应力钢筋混凝土圆形拱塔施工工法	浙江大成	易文举 王思仓 何 刚 李常琏 卓吉祥
81	幕墙板块装配挂装施工工法	浙江武林	张根坚 张志浩 徐广军 袁立峰 鲁 嘉
2018 年度：13 项			
82	预制装配式建筑结构免支撑施工工法	浙江建工	郭士新 常 波 梅献忠 沈 剑 皇甫飞飞
83	隧道凹槽式钢边橡胶止水带变形缝施工工法		方承宗 俞岩江 蔡枫锋 邢笑雨 黄凯旗 郑忠良
84	装配式建筑窗台披水板施工工法		陈敏璐 范哲文 汤根春 张 威 雷 霞
85	预制混凝土楼梯检测施工工法	浙江一建	焦 挺 胡国锋 朱 珉 朱中华 郑建元
86	特大型冷却塔筒壁三脚架翻模及综合运输体系成套施工工法		唐立明 石彤宇 温国鹏 裘 泳 邹孟豪
87	高耸钢筋砼筒体结构电动升模及施工升降机成套施工工法	浙江二建	石彤宇 唐立明 温国鹏 裘 泳 卢盛荣
88	高大筒仓结构装配式大钢模板清水混凝土施工工法		倪顺年 唐立明 王友庆 单军伟 任成伟
89	超厚基础底板新型止水钢筋支架施工工法		朱浙汉 金 泽 叶学平 段慧强 张江华
90	地下室内衬墙 PVC 排水板防水构造施工工法	浙江三建	金 泽 朱浙汉 年夫桃 费升阳 钟 波
91	SMW 工法桩型钢定位模具插入施工工法		张纯为 赵旭东 柯步敏 尹 伟 宣震鹰
92	高原光热发电超高吸热塔安装施工工法		张尚成 傅小平 叶德全 吴志伟 任清雷
93	三螺杆调整预埋垫铁安装工法	浙江安装	周林山 岳敏佳 李良运 陈希夷 高 栋
94	高海拔地区矮塔斜拉桥塔梁同步施工工法	浙江大成	严伟飞 杨 涛 孙飞凤 沈国伟 杨子乐

续表

序号	工法名称	完成单位	主要完成人
	2019 年度：11 项		
95	地下室外墙 W 双槽夹具支模施工工法	集团总部	丁世龙 夏锦欢 朱 汐 何峰敏 陈 帅
96	BZS 模盒空心楼板施工工法	集团总部	虞旭东 丁世龙 陈袁超 华 勇 夏锦欢
97	基坑临边防护与喷淋装置一体化设施施工工法	浙江建工	李四林 方涛缪 方 翔 庄顶锋 程 军
98	大跨度网架高效精准定位施工工法	浙江建工	谢卫锋 赵 峰 姚康伟 李 政 庞钢镇
99	基于 BIM 大截面空间异型清水混凝土施工工法	浙江一建	焦 挺 朱 珉 胡静静 寿炳康 朱中华
100	连续重整装置反再框架超高钢结构模块化安装工法	浙江安装	汪小中 倪威平 张小锋 李盛阳 陈春凤
101	悬挂式钢烟囱液压钢绞线提升施工工法	浙江安装	许卫兵 何 融 熊卫倪 威 平 汪小中
102	汽轮发电机组油循环冲洗工法	浙江安装	周林山 冉国军 孙永杰 占丽明 金剑锋
103	超百米双薄壁变截面高墩液压自爬模和盘扣支架组合施工工法	浙江大成	胡程顺 张 彬 郑建华 陈 伟 章贝贝
104	大跨径宽幅钢箱梁步履式多点顶推施工工法	浙江大成	胡忠华 严伟飞 潘志云 郭智刚 杨子乐
105	开放式陶土板幕墙施工工法	浙江武林	杨红波 戚 恒 昊夏东 力连炯 徐 燏

注：表中"完成单位"前，"1""2"分别表示第一和第二完成单位，无数字符号表示独立完成单位。

7.2.2 四川省省级工法

截至 2020 年底，浙建集团拥有（有效）四川省省级工法 2 项（详见表 7-3）。

表 7-3 浙建集团拥有（有效）四川省省级工法汇总

序号	工法名称	完成单位	主要完成人	年份
1	高空悬挑结构悬挑型钢支模施工工法	浙江三建	匡 恒 宣永富 罗建波 任三国	2014 年
2	随砌随埋砌体中配电箱安装工法	浙江三建	桑海泉 匡 恒 单春胜	2018 年

7.2.3 湖北省省级工法

截至 2020 年底，浙建集团拥有（有效）湖北省省级工法 6 项（详见表 7-4）。

表 7-4　浙建集团拥有（有效）湖北省省级工法汇总

序号	工法名称	完成单位	主要完成人	年份
1	设备机房防辐射涂料砂浆施工工法	浙江建工	焦　挺　蔡　亮　陈一龙 李　强　肖丽芳	2013 年
2	超长环向预应力施工工法	浙江一建	曾海涛　李学亮　苏晓红 文育操　叶先锋	
3	不锈钢踢脚线施工工法	浙江建工	焦　挺　陈一龙　蔡　亮 姜志强　施炜炜	2015 年
4	预制拼装塔吊基础施工工法		焦　挺　姜志强　施炜炜 赵　俊　肖丽芳	
5	冷库保温墙板施工工法	浙江建工	赵　俊　陈一龙　施炜炜 肖丽芳　刘立云	2018 年
6	设备机房防磁屏蔽施工工法		赵　俊　陈一龙　施炜炜 肖丽芳　刘立云	

7.2.4 山东省省级工法

截至 2020 年底，浙建集团拥有（有效）山东省省级工法 1 项（详见表 7-5）。

表 7-5　浙建集团拥有（有效）山东省省级工法汇总

序号	工法名称	完成单位	主要完成人	年份
1	地下室钢筋砼防水墙劲性壁柱首节施工工法	浙江建工	袁　震　金　睿　鲍　迪 吴　磊　郭晗峰	2014 年

7.2.5 青海省省级工法

截至 2020 年底，浙建集团拥有（有效）青海省省级工法 5 项（详见表 7-6）。

表 7-6　浙建集团拥有（有效）青海省省级工法汇总

序号	工法名称	完成单位	主要完成人	年份
1	地下室外墙翻边成品支模施工工法	浙江建工	方金寿　樊志新　蔡晓杰 苏夺魁　李东有	2016 年
2	新型冷轧钢模板加固支撑体系施工工法		严华兴　方金寿　方国安 孙　勇　苏夺魁	2017 年
3	基于 BIM 模拟施工下旋转楼梯施工工法		严华兴　方金寿　韦　杰 孙　勇　石　伟	2018 年
4	降板式卫生间防渗漏定型化吊模施工工法		严华兴　方金寿　方国安 王　凯　丁天鹏	2019 年
5	现浇加强型 BDF 复合箱体空心楼板的施工工法		严华兴　方金寿　张文婷 王烽烽　王世良	

7.2.6 新疆维吾尔自治区区级工法

截至 2020 年底，浙建集团拥有（有效）新疆维吾尔自治区区级工法 5 项（详见表 7-7）。

表 7-7　集团拥有（有效）新疆维吾尔自治区区级工法汇总

序号	工法名称	完成单位	主要完成人	年份
1	带索高压旋喷预应力锚索施工工法	浙江建工	熊耀民　曹　伟　张亚东 王学忠　马　兵	2012年
2	型钢混凝土柱结构施工工法		熊耀民　曹　伟　杨丰华 付　艳　韩富国	
3	高海拔严寒地区外墙涂料施工工法		赵晓兵　曹　伟　冀东英 鲁越平　冯　强	
4	高耸钢筋砼筒体结构电动升模施工工法	浙江二建	石彤宇　陈旭辉　沈　燕 陈　春　雷裘泳	2014年
5	大截面清水混凝土框架梁无内穿螺栓型钢支模施工工法		赵景峰　陈旭辉　沈　燕 袁　杰　俞刚强	

7.2.7 江苏省省级工法

2020 年，浙江三建取得江苏省省级工法 1 项（详见表 7-8）。

截至 2020 年底，浙建集团拥有（有效）江苏省省级工法 1 项。

表 7-8　集团拥有（有效）江苏省省级工法汇总

序号	工法名称	完成单位	主要完成人	年份
1	坑中坑模板桩反力施工工法	浙江三建	王晓飞　何淮岚　王建新 陈　斌　吴　立	2020年

7.3 公路工程工法

2020 年，浙江大成取得公路工程工法（中国公路建设行业协会发布）4 项（详见表 7-9）。

截至 2020 年底，浙建集团拥有（有效）公路工程工法（中国公路建设行业协会发布）13 项（详见表 7-9）。

表 7-9 浙建集团拥有（有效）公路工程工法汇总

序号	工法名称	完成单位	主要完成人	年份
1	上覆软弱地层大型空溶腔钻孔灌注桩施工工法	浙江大成	彭熙建　莫云波　包纯风 朱培良　陈叶根	2014 年
2	硬质基岩下桥梁桩基无浆施工工法	浙江大成	吴旭初　莫云波　蔡小明 朱培良　彭熙建	2015 年
3	滑坡体基坑法明洞进洞施工工法	浙江大成	吴旭初　莫云波　彭熙建 朱培良　黄华龙	2016 年
4	花瓶墩盖梁无支架施工工法	浙江大成	沈　炜　应华锋　邓辉云 朱　磊　梁新福	2017 年
5	地表铺砂式填砂竹节管桩施工工法	浙江大成	严伟飞　杨　涛　孙飞凤 杨子乐　黄　东	2019 年
6	全卵石高河床急流段大型双壁钢套箱围堰施工工法		杨　涛　严伟飞　潘志云 张李波　王　晔	
7	高寒地区预应力钢筋混凝土圆形拱塔施工工法		易文举　严伟飞　何　刚 李常琎　卓吉祥	
8	全套管长螺旋钻孔气压反循环压咬合桩施工工法		李云祥　严伟飞　刘江强 范秀江　童　群	
9	多功能蓄能发光涂料喷涂施工工法		胡康虎　严伟飞　韩祥房 赵慕达　孙佳骏	
10	正圆形拱塔上太阳能光伏系统施工工法	浙江大成	严伟飞　郭智刚　毛林军 黄　东　章贝贝	2020 年
11	复合底层地下连续墙成槽施工工法		莫云波　董建忠　胡程顺 谢铭祥　蔡永元	
12	临近建筑物硬岩路堑边坡盘踞开挖施工工法		严伟飞　杨迪清　孙　苏 刘瑾林　章贝贝	
13	非致密性渗透式滑坡山体边坡防护施工工法		章建明　严伟飞　艾　敏 张　衡　黄　东	

7.4　浙江省公路水运工程工法

截至 2020 年底，浙建集团拥有（有效）浙江省公路水运工程工法（浙江省交通建设行业协会发布）9 项（详见表 7-10），均为浙江大成完成。

表 7-10　浙建集团拥有（有效）浙江省公路水运工程工法汇总

序号	工法名称	主要完成人	年份
1	湿拌法橡胶沥青砼（AR-AC13）路面施工工法	郭艺飞　陈泉林　尚宝刚　郑晓洋	2012 年
2	预应力现浇箱梁施工工法	姜天鹤　沈国伟　方　浩　管敏超	2014 年
3	自制简易移动式吊篮车安拆桥梁防撞混凝土护栏钢模板施工工法	徐平原　郑红雷　于航波　王建红	
4	复式微表处桥面超薄铺装层施工工法	叶树中　叶　晖　周彬彬　阙苏佼　董　峰	2015 年
5	独立墩盖梁可调节钢支撑施工工法	徐平原　沈国伟　于航波　邵永生	
6	硬质基岩下桥梁桩基无浆施工工法	吴旭初　莫云波　蔡小明　朱培良　彭熙建	
7	Ⅱ型花瓶墩钢筋制作及安装施工工法	沈　炜　姜天鹤　胡忠华　赵　新	2016 年
8	高速公路匝道桥梁独柱墩加固施工工法	俞虹帆　沈国伟	
9	全钢结构焊接法箱式桥梁施工工法	钟跃平　王　勇　沈国伟　钟志伟	

8 专利

8.1 国际专利

截至 2020 年底, 浙建集团拥有(有效)授权国际专利 4 项, 其中美国专利(发明) 1 项、德国专利(实用新型) 3 项(详见表 8-1)。

8.1.1 美国专利(发明)

截至 2020 年底, 浙建集团拥有(有效)授权美国专利(发明) 1 项。

Constructing Method for Concrete Cylinder of Construction Steel Bar of High-rise Steel Structure

高层钢结构建筑钢筋混凝土筒体施工方法

Inventors: Rui Jin, Hangzhou(CN); Chuanming Zhai, Hangzhou(CN); Bo Chang, Hangzhou(CN); Qiang Hu, Hangzhou(CN)、Fei Wu, Hangzhou(CN); Jinghui Ping, Hangzhou(CN); Wei Xu, Hangzhou(CN)

发明者: 金睿, 杭州(中国); 翟传明, 杭州(中国); 常波, 杭州(中国); 胡强, 杭州(中国); 吴飞, 杭州(中国); 平京辉, 杭州(中国); 徐伟, 杭州(中国)

Assignee: Zhejiang Construction Engineering Group Co, Ltd Hangzhou, Zhejiang(CN)

受让人: 浙江省建工集团有限责任公司, 杭州, 浙江(中国)

Patent No.: US 9016025B2

专利号: US 9016025B2

Appl.No: 14/352,023

申请号: 14/352,023

PCT No: PCT/CN2012076718

专利合作协定号: PCT/中国 2012076718

PCT Filed: Jun, 11, 2012

专利合作协定提出: 2012-06-11

PCT Pub. Date: Dec. 19, 2013

专利合作协定公开日期: 2013-12-19

8.1.2　德国专利（实用新型）

截至 2020 年底，浙建集团拥有（有效）授权德国专利（实用新型）3 项（详见表 8-1）。

表 8-1　集团拥有（有效）授权德国专利（实用新型）汇总

序号	发明名称	专利号	授权公告日	发明人
1	一种埋入式塔吊漏斗	DE202019105287	2019-10-07	金睿　万历
2	一种组装式内外墙复合模板防漏浆装置	DE202019105291	2019-10-07	金睿　万历
3	一种钢木枋	DE202019105286	2019-10-29	金睿　万历

8.2　中国专利

8.2.1　发明专利

2020 年，浙建集团取得授权发明专利 10 项（详见表 8-2）。

截至 2020 年底，浙建集团拥有（有效）授权发明专利 101 项（详见表 8-2）。

表 8-2　集团拥有（有效）授权发明专利汇总

序号	发明名称	专利号	授权公告日	发明人
		2009 年：8 项		
※浙江建工				
1	结构转换层型钢砼大梁挂模施工方法	ZL200710068145.5	2009-09-30	金睿吴飞
2	一种扣件式钢管脚手架模板支架	ZL200810167286.7	2009-10-28	吴飞　金睿　刘群

序号	发明名称	专利号	授权公告日	发明人
3	双重滚轮夹轨式防坠落脚手架	ZL200810021554.4	2009-12-23	平京辉　吴　杰　金　睿　吴仁山　阎光全　平福泉　常　波
※浙江一建				
4	支腿式地下连续墙	ZL200770306591.5	2009-06-10	姜天鹤　印　静　刘兴旺　邵凯平
5	钻孔压浆桩施工方法	ZL200710306592.X	2009-06-17	王　伟　王擎忠　杜如升　冯志法
6	逆作法一桩一柱的施工工艺及其校正装置	ZL200770306590.0	2009-09-09	陈建国　严玉林　邵凯平　张志纯
※浙江三建				
7	格构式钢柱塔吊基础座的施工方法	ZL200710164630.2	2009-12-02	李元武　李宏伟　韩葆和
※浙江大成				
8	支腿式地下连续墙施工工法	ZL200710306591.5	2009-06-10	姜天鹤　印　静　刘兴旺　邵凯平
2010 年：7 项				
※浙江建工				
9	一种混凝土柱子的支模方法	ZL200710164586.5	2010-01-20	胡生平　金　睿　张　伟　孙良塘
10	一种针对溶洞地区的桩砼灌注法	ZL200810062491.7	2010-08-11	张治纯　程淼德　邓承沂　何建民　徐小刚
※浙江一建				
11	地下室底板后浇带施工方法	ZL200810062467.3	2010-04-21	沈小和　邵凯平　王凯栋　汪华宾　毛以卫
12	异型构件安装施工方法	ZL200810062123.2	2010-08-04	王洪军　朱中华　马长松　邵　洲　魏建军

序号	发明名称	专利号	授权公告日	发明人
※浙江二建				
13	低张拉控制应力下单丝拉索的张拉和锚固装置及安装方法	ZL200810061797.0	2010-03-24	陈春雷　周东波　张幸祥　吴利民
14	清水混凝土的施工方法	ZL200910097120.7	2010-12-08	陈春雷　韩成熙　吴佳雄　吴义忠
15	大面积仿古瓦片砖墙的施工方法	ZL200910097121.1	2010-12-08	韩成熙　吴佳雄　张幸祥　吴庆兵
2011年：8项				
※浙江建工				
16	浮筑地面施工方法	ZL200910131100.7	2011-06-29	金　睿　刘　新　胡　强　张根坚　朱怡巧
17	一种铁路既有线地下箱涵的施工方法	ZL201010511553.5	2011-08-03	金　振　饶益民　钟　将　钱　昀
18	制备白色饰面清水混凝土组合物的配方	ZL201010511486.7	2011-11-23	金　振　钱　建　冯　佳
※浙江三建				
19	外斜柱支模施工方法	ZL200810059310.5	2011-10-05	李宏伟　陈　平　俞向阳　凌如强　陆向阳　李元武
※浙江大成				
20	50m折线配筋混凝土T梁先张法施工工艺	ZL200910157106.1	2011-04-06	姜天鹤　钟跃平　郑锦华　陈国平
※浙江建材				
21	管桩高压养护节能装置及其使用方法	ZL200910304000.X	2011-06-29	张贵彬
22	一种地面砖用透水保水剂	ZL200810163773.6	2011-12-28	杨　杨　许四法
※浙江建机				
23	双侧力矩控制装置及其控制方法	ZL200910100895.5	2011-01-26	韩连奎　方国庆　王汉炜　李维波

序号	发明名称	专利号	授权公告日	发明人
2012 年：2 项				
※浙江建机				
24	直测式力矩信号测量装置	ZL201010109113.7	2012-03-28	韩连奎　方国庆　朱振辉　王汉炜　方仙兵
25	用于塔式起重机的管理系统	ZL201010109121.1	2012-03-28	韩连奎　方国庆　朱振辉　王汉炜　方仙兵
2013 年：4 项				
※浙江建工				
26	掺有矿渣粉的制备白色饰面清水混凝土的组合物	ZL201210098596.4	2013-07-31	金　振　钱江潮　钱　昀
※浙江安装				
27	一种带有防磨盖的等离子体裂解煤淬冷装置	ZL201010516553.4	2013-03-13	何潮洪　张振荣　王　鹏　何新军　邓国安　王雍火
※浙江大成				
28	高大柱形建筑体中心坐标无棱镜全站仪定位测量工艺	ZL201010519741.2	2013-01-09	王学平　梁新福
※浙江建机				
29	自顶升塔式起重机顶升保护装置及其控制方法	ZL201110198878.7	2013-10-16	吴恩宁　王汉炜　李维波　宋小青　吕　鑫
2014 年：5 项				
※浙江建工				
30	基坑土方的施工方法	ZL201210115348.6	2014-08-13	陈洁如　金　睿　毛红卫　毕　波
31	室内防静电屏蔽网系统的施工方法	ZL201210114220.8	2014-08-20	陈洁如　金　睿　徐　伟　屠剑飞
32	一种针对软土地区大型沉井的施工方法	ZL201210121371.6	2014-12-03	金　振　钱　昀　吴小伟

序号	发明名称	专利号	授权公告日	发明人
※浙江一建				
33	一种绳形肋痕质感面清水混凝土墙的施工工艺	ZL201210157063.9	2014-05-14	王凯栋　俞　宏　汪建华　寿炳康　汪华宾　毛以卫
※浙江三建				
34	一种现浇钢筋混凝土空心楼板和筒芯内模固定方法	ZL201210242742.6	2014-06-18	施文剑　刘　勇　谢锦照　许建松　林　玮
2015年：7项				
※浙江建工				
35	一种适用于超高海拔严寒地区的外墙涂料配方及制备方法	ZL201310017166.X	2015-06-03	焦　挺　饶益民　张霞军　吴忠勇　陈廷松　舒小建
36	高层钢结构建筑钢筋砼筒体的施工方法	ZL201280019152.5	2015-09-16	金　睿　翟传明　常　波　胡　强　吴　飞　平京辉　徐　伟
37	一种泡沫轻质土高铁路基	ZL201310390787.2	2015-12-02	常　波　金　睿　徐拥建　章志钢　沈西华　罗轩昂
※浙江一建				
38	卫生间地漏石材套割打磨施工方法	ZL201410426507.3	2015-12-02	诸永明　陈　淼　李四新　姚贤贵　张琴琴　孙志华
※浙江二建				
39	钢筋加工棚及其施工方法	ZL201210352686.1	2015-01-21	韩成熙　李明明　郑岩岩　杨建斌
40	在框架式钢结构上安装连接梁的施工方法及施工装置	ZL201310330022.X	2015-09-30	张国松　王学夫　田正生
※浙江建机				
41	可拆卸自动倾翻式物料提升机	ZL201210452818.8	2015-04-15	宋小青　李维波　童　琦　周立宏　李　帆

序号	发明名称	专利号	授权公告日	发明人
2016 年：18 项				
※集团总部				
42	一种嵌填式预制混凝土外墙板及其吊装方法	ZL201310591107.0	2016-02-24	高兴夫　叶启军 胡康虎　鲁　嘉
※浙江建工				
43	一种超高层钢管柱内混凝土浇筑施工方法	ZL201310443307.4	2016-01-20	袁　震　金　睿 钱　昀　李慧娟 陈洁如
44	现场集成式制备泡沫轻质土填筑高铁路基施工方法	ZL201310390787.2	2016-01-20	常　波　金　睿 徐拥建　章志钢 沈西华　罗轩昂
45	分层法制作双曲面不锈钢幕墙的施工方法	ZL201310478295.9	2016-02-17	常　波　金　睿 徐拥建　陈文虎 章志钢　沈西华
46	一种双曲线钢筋混凝土冷却塔筒壁施工测量方法	ZL201310077187.0	2016-02-24	焦　挺　饶益民 宋建岭　吴忠勇 张霞军　蒋　伟 金承良　孙焕然
47	一种基础螺栓孔的预留设施工方法	ZL201410026174.5	2016-03-02	饶益民　焦　挺 张霞军　舒小建 赵　俊
48	一种地下室外墙劲性柱的防水施工方法	ZL201410234885.1	2016-06-29	袁　震　鲍　迪 钟春霞　李卫龙 吴　磊
49	铁路线上方牵引法安装防护平网的施工方法	ZL201510069081.5	2016-09-28	徐拥建　常　波 梅献忠　黄先频 邹华兵
※浙江一建				
50	变截面预应力斜梁的施工工艺	ZK201410421944.6	2016-04-27	李学亮　曾海涛 苏晓红　文育操
51	一种用纸模浇注混凝土圆柱的施工方法及所用的圆柱固定装置	ZL201410346635.7	2016-04-27	—

续表

序号	发明名称	专利号	授权公告日	发明人		
52	可供大小塔吊转换的共用基础	ZL201510277063.6	2016-05-18	冯志法 王凯栋 刘 迪 王 伟 林 磊 孟 杭		
53	一种套管回转摩擦型分断法拔桩施工方法	ZL201510045863.5	2016-09-07	冯永红 周朝杰 刘 迪 王家红 盛 思 高镇烽 范 喜 林 珂		
※浙江二建						
54	钢梁连接式平台的施工装置及施工方法	ZL201410311728.6	2016-03-02	张国松		
55	大跨度钢梁框架连接式平台的施工装置及施工方法	ZL201410313000.7	2016-06-08	张国松 赵银海		
※浙江三建						
56	转换层超重钢桁架高空吊装施工方法	ZL201210483012.5	2016-05-11	汪 前 毛红卫 李宏伟 程 刚 张纯为		
57	一种型钢插入定位装置及其施工方法	ZL201210483012.5	2016-05-11	李元武 尹 伟 张纯为 杨笑非 徐 彬 宣震鹰		
※浙江安装						
58	多功能接管法兰自动焊割机	ZL201210098302.8	2016-03-23	刘岳明 臧如锋 吴立伟 易嘉文		
※浙建环保						
59	轮转式小型污水处理装置	ZL201410621174.X	2016-03-09	王雍火 梅 真 陈银康		
2017 年：11 项						
※浙江建工						
60	一种泡沫砼-大孔率页岩砖外墙自保温体系施工方法	ZL201510228820.0	2017-02-01	范嘉寅 袁 震 徐少华 宋晓军 郭 栋 施炜炜		

序号	发明名称	专利号	授权公告日	发明人
61	异形双曲面木纹清水混凝土墙组合模板的施工方法	ZL201610178933.9	2017-11-17	徐锡平 蒋 晔 裘 园 汪瀚澄 张海波 蒋亮海
62	窗台批水板	ZL201510465249.4	2017-01-04	金耿阳 胡 晨 陈琛杰 郝玉龙 陈敏璐
※浙江一建				
63	体育馆看台斜梁及其施工工艺	ZL201410421905.6	2017-02-01	李学亮 曾海涛 苏晓红 文育操
64	一种船舷式清水混凝土墙板及其施工方法	ZL201410352205.6	2017-02-15	吕正良 俞明华 应光明 程江峰
65	仿石材铝板的拼装结构及方法	ZL201510276813.8	2017-07-14	朱中华 周朝杰 饶明辉 刘建军 高镇烽 章梦骁
※浙江二建				
66	超长混凝土墙体构造	ZL201410304210.X	2017-02-08	葛主强 楼少敏 程 昉 孙春晓 葛童亮
※浙江建机				
67	一种臂架起重机基础	ZL201510360311.3	2017-01-25	周立宏 金鹤翔 何罗波 李 凯
68	一种塔式起重机上支座的塔顶耳板定位工装及焊接装置	ZL201410780483.1	2017-02-01	范树会 严春明 宋小青 王云飞 詹卓斌
69	塔机用供电线	ZL201410644157.8	2017-02-15	方文权 李维波 王汉炜 沈 杰 王 刚
70	液压装配式跨越架	201610031835.2	2017-11-28	张松华 徐侠松 张珅义 鄂志伟 金鹤翔 周立宏

序号	发明名称	专利号	授权公告日	发明人
	2018 年：16 项			
※浙江建工				
71	一种预制装配式建筑预制构件免支撑安装方法	ZL201611104213.4	2018-03-27	常波　卓建明 金睿　徐拥建 郭士新　沈剑
72	一种组装式内外墙复合模板防漏浆装置及施工方法	ZL201610523254.0	2018-05-04	万历　袁震 魏锋　屠剑飞 杨继伟　饶益民
73	一种预制装配式建筑成套建造技术	ZL201611203307.7	2018-07-24	金睿　常波 吴飞　廉俊 徐拥建　蔡亮
74	一种适用于地下室渗水墙体的涂料配方及制备方法	ZL201710675587.X	2018-10-19	吴玉彪　毕俊 陆树章　章红光 陆虎杰　张威强
75	一种替代内外墙粉刷的找平腻子及制备方法	ZL201710675259.X	2018-10-19	吴玉彪　陆树章 章红光　陆虎杰 毕俊　张威强
76	一种阻锈涂料的配方及制备方法	ZL201710710207.1	2018-10-19	陆虎杰　吴玉彪 章红光　陆树章 毕俊　张威强
77	一种预制装配式建筑构件芯片后置式施工方法	ZL2016112033325	2018-11-09	常波　金睿 程刚　叶基福 皇甫飞飞
※浙江一建				
78	仿古建筑中悬挂瓦片式外立面装饰幕墙及其施工工艺	ZL201510276976.6	2018-04-27	盛思　王洪军 王家红　冯永红 周朝杰　高镇烽
※浙江二建				
79	框架式钢结构的组合式斜立柱的临时支撑装置及施工方法	ZL201610517449.4	2018-05-08	李明明　王国强 徐冰　吴晨捷

序号	发明名称	专利号	授权公告日	发明人
80	轻钢坡屋面基层干挂瓦结构及平屋面改坡屋面的施工方法	ZL201610369265.8	2018-06-05	楼少敏　葛主强 程　昉　沈　燕 孙春晓
81	轻钢坡屋面基层干挂瓦结构及平屋面改坡屋面的方法	ZL20161037994.0	2018-08-31	葛主强　楼少敏 程　昉　毛建光 于　鑫
※浙江建材				
82	多层水泥预制板之间的隔离存放架	ZL201710190907.2	2018-04-10	朱晓博
※浙江建机				
83	一种可调的引绳展放臂架	ZL201610168333.4	2018-03-09	张松华　徐侠松 张坤义　鄂志伟 金鹤翔　周立宏
84	一种臂架起重机自顶升装置	ZL201610059327.5	2018-03-27	张松华　徐侠松 张坤义　鄂志伟 金鹤翔　周立宏
85	一种液压限载机械变速绞磨机	ZL201610432344.9	2018-08-17	王汉炜　李津生 张松华　金鹤翔 徐景鲁　贾　宇
86	一种双臂液压推进型硬封顶格构式跨越架	ZL201610961115.6	2018-09-14	于天刚　薛　栋 马　骏　王固萍 穆　松　蔡　钧
2019 年：5 项				
※浙江建工				
87	装配式 PC 构件门窗系统	ZL201611267098.	2019-02-19	金耿阳　胡　晨 何荒震　胡颖蔚 陈敏璐
88	一种装配式建筑悬挑外架锚箍的施工方法	ZL201710522436.0	2019-11-08	梅献忠　张昱轩 常　波　陈　鹏 虞子平　裴园

序号	发明名称	专利号	授权公告日	发明人
※浙江大成				
89	预应力钢筋混凝土圆形拱塔施工方法	ZL201711231142.9	2019-05-24	何 刚 易文举 陈 立 杨 涛 于航波
※浙江建材				
90	自动立体预制板放置架	ZL201710207824.X	2019-09-20	朱晓博
※浙江建机				
91	一种用于塔式起重机拉杆的半自动工装	ZL201611253976.5	2019-02-19	范树会 严春明 王汉炜 徐景鲁 周志明
2020 年：10 项				
※集团总部				
92	一种带抽拉式通道的悬挑卸料平台和施工方法	ZL201911423779.7	2020-07-28	丁世龙 朱 汐 冯星火 夏锦欢 胡华君
93	一种抽拉可调式卫生间混凝土翻边钢模	ZL202010024932.5	2020-08-28	丁世龙 朱 汐 冯星火 夏锦欢 陈卫国 陈 帅 汪 琪 朱国伟 陈袁超 胡跃军
※浙江建工				
94	一种工地用临时栏杆降尘喷淋系统	ZL201710611733.2	2020-03-03	曹方寅 杜耀进 魏 锋 崔荣苗
95	一种基于优化算法的预制构件堆场优化系统及其优化方法	ZL201810629200.1	2020-09-08	丁宏亮 金 睿 沈西华 袁 震 尤可坚 何 凡 吴 磊
96	一种用于建筑安装的减震装置	ZL201811308905.X	2020-09-08	蔡 亮 陈 健 汪海洋 白 雪 李晓云
97	一种屋瓦粘土原料高效安全筛选搅拌装置	ZL201711177397.1	2020-09-01	蔡 亮 陈 健 汪海洋 陆江斌

序号	发明名称	专利号	授权公告日	发明人
※浙江二建				
98	一种建筑排烟系统用加压风机安装方法	ZL201911089709.2	2020-02-14	朱东伟　常志忠 俞庆干　杨汶雨 蔡进军
※浙江建材				
99	一种批量化生产PC构件设备及PC构件生产方法	ZL201911134636.4	2020-06-16	盛亚明　李玮
100	一种基于预制混凝土工艺制作排水墙体的方法	ZL201911133897.4	2020-07-17	李猛　陈三皇
※浙江建机				
101	一种塔式起重机标准节主弦杆钻孔工装	ZL201810465161.6	2020-05-16	范树会　严春明 徐立新　李立国 徐世杰

8.2.2　实用新型专利

2020年，浙建集团取得授权实用新型专利127项，其中浙建集团总部6项、浙江建工28项、浙江一建3项、浙江二建4项、浙江三建26项、浙江安装1项、浙江大成3项、浙江建材26项、浙江建机19项、浙建环保11项。

截至2020年底，浙建集团拥有（有效）授权实用新型专利528项，其中浙建集团总部22项、浙江建工130、浙江一建27项、浙江二建42项、浙江三建48项、浙江安装12项、浙江大成17项、浙江建材78项、浙江建机117项、浙江武林15项、浙建环保20项。

8.2.3　外观设计专利

2020年，浙建集团取得授权外观设计专利7项，其中浙江建工3项、浙江安装1项、浙江武林3项。

截至2020年底，浙建集团拥有（有效）授权外观设计专利10项，其中浙江建工3项、浙江安装1项、浙江建机3项、浙江武林3项。

9 示范工程

9.1 住房和城乡建设部评定的示范工程

2020年，浙建集团获得住房和城乡建设部"绿色施工科技示范工程"2项（详见表9-4）。

截至2020年底，浙建集团共获得住房和城乡建设部评定的示范工程30项，其中"新技术应用示范工程"10项（详见表9-1）、"科技示范工程"2项（详见表9-2）、"建筑工程科技示范工程"4项（详见表9-3）、"绿色施工科技示范工程"11项（详见表9-4）、"重点实施技术示范工程"2项（详见表9-5）、"建筑节能试点示范工程"1项（详见表9-6）。

9.1.1 新技术应用示范工程

表9-1 新技术应用示范工程汇总

序号	项目名称	完成单位	年份
1	浙金广场	浙江建工	1998年
2	杭州铁路客站综合楼及站前高架广场	浙江建工	2002年
3	中国美院校园整体改造工程	浙江建工	2005年
4	浙江省人民大会堂迁建工程	浙江一建	
5	中国美院校园整体改造工程		
6	浙江节能环保科研开发（孵化）综合大楼	浙江建工	2008年
7	杭州市广播电视中心（一期）	浙江建工	2010年
8	中国杭州黄龙饭店改扩建工程	浙江一建	
9	中国水利博物馆		
10	杭州国际会议中心	浙江三建	

9.1.2 科技示范工程

表9-2 科技示范工程汇总

序号	项目名称	完成单位	年份
1	杭州广利大厦工程	浙江二建	2006年
2	华能玉环电厂2×1000MW燃煤机组	浙江二建	2009年

9.1.3 建筑工程科技示范工程

表 9-3   建筑工程科技示范工程汇总

序号	项目名称	完成单位	年份
1	浙江省电力生产调度大楼	浙江建工	2007 年
2	甬台温铁路温州站站房及站场相关工程	浙江建工	2010 年
3	新建杭州东站扩建工程及相关工程	浙江建工	2014 年
4	武汉光谷国际网球中心主场馆工程	浙江一建	2016 年

9.1.4 绿色施工科技示范工程

表 9-4   绿色施工科技示范工程汇总

序号	项目名称	完成单位	年份
1	浙江音乐学院（筹）校区建设工程	浙江建工	2015 年
2	杭政储出〔2007〕55 号地块办公、商业金融用房	浙江建工	2017 年
3	宁海招商大厦	浙江二建	
4	余政储出〔2011〕80 号地块办公楼及地下室项目	浙江三建	
5	富阳市博物馆、美术馆、档案馆"三馆合一"项目	浙江二建	2018 年
6	浙江自然博物园核心馆区建设工程（一标段）		
7	乌镇互联网国际会展中心工程	浙江建工	2019 年
8	杭政储出〔2012〕74 号地块和杭政储出〔2014〕4 号地块商业商务用房	浙江一建	
9	杭政储出〔2011〕37 号地块商业办公用房兼容公交用地项目		
10	浙江大学医学院附属第一医院余杭院区（浙江大学邵逸夫医疗中心）建设项目	浙江一建	2020 年
11	舟山海洋文化中心（二期）		

9.1.5 重点实施技术示范工程

表 9-5   重点实施技术示范工程汇总

序号	项目名称	完成单位	年份
1	黄岩区行政大楼	浙江建工	2003 年
2	桐乡科技会展中心		

9.1.6 建筑节能试点示范工程

表 9-6   建筑节能试点示范工程汇总

序号	项目名称	完成单位	年份
1	国都·枫华府第Ⅰ、Ⅱ、Ⅲ标	浙江建工	2009 年

9.2 国家级协会评定的示范工程

截至 2020 年底，浙建集团共获得国家级协会评定的示范工程 35 项，其中中国建筑业协会评定的示范工程 9 项（详见表 9-7、表 9-8）、中国电力建设企业协会评定的示范工程 1 项（详见表 9-9）、中国建筑装饰协会评定的示范工程 25 项（详见表 9-10）。

9.2.1 中国建筑业协会评定的示范工程

截至 2020 年底，浙建集团共获得中国建筑业协会评定的示范工程 9 项，其中"全国建筑业绿色施工示范工程" 8 项（详见表 9-7）、"全国建筑业创新技术应用示范工程" 1 项（详见表 9-8）。

（1）全国建筑业绿色施工示范工程

表 9-7　全国建筑业绿色施工示范工程汇总

序号	项目名称	完成单位	年份
1	中国（杭州）低碳科技馆工程	浙江建工	2012 年
2	杭政储出〔2010〕6 号地块商业办公用房	浙江一建	2016 年
3	杭政储出〔2016〕6 号地块商业办公用房	浙建二建	
4	青海省图书馆（二期）、美术馆、文化馆项目	浙江建工	2017 年
5	青海师范大学新校区建设服务用房		
6	杭州师范大学仓前校区一期工程中心区西块工程	浙江三建	
7	杭政储出〔2004〕2 号地块钱江新城 A-11、12 地块	浙江建工	2018 年
8	杭政储出〔2011〕68 号商业金融用房工程		

（2）全国建筑业创新技术应用示范工程

表 9-8　全国建筑业创新技术应用示范工程汇总

序号	项目名称	完成单位	年份
1	浙江大学国际联合学院（海宁国际校区）二期工程	浙江建工	2017 年

9.2.2 中国电力建设企业协会评定的示范工程

截至 2020 年底，浙建集团获得中国电力建设企业协会评定的"电力建设绿色施工示范工程&电力建设新技术应用示范工程" 1 项（详见表 9-9）。

表 9-9　电力建设绿色施工示范工程&电力建设新技术应用示范工程汇总

序号	项目名称	完成单位	年份
1	浙江浙能台州第二发电厂上大压小新建工程项目	浙江二建	2017 年

9.2.3 中国建筑装饰协会评定的示范工程

2020 年，浙建集团获得中国建筑装饰协会评定的"全国建筑装饰行业科技示范工程"1 项（详见表 9-10）。

截至 2020 年底，浙建集团共获得中国建筑装饰协会评定的"全国建筑装饰行业科技示范工程"25 项（详见表 9-10）。

表 9-10　全国建筑装饰行业科技示范工程汇总

序号	项目名称	完成单位	年份
1	杭州青山湖中都国际度假酒店室内装修	浙江武林	2008 年
2	浙江省疾病预防控制中心迁建项目建筑幕墙		
3	中铁名人大厦室内装饰	浙江武林	2009 年
4	温州移动通信指挥生产大厦室内装饰		
5	三门县行政大楼、审批办证中心幕墙		
6	台州科技职业学院图书信息中心建安工程	浙江一建	2011 年
7	平湖市爱山广场（步行街区）外立面装饰工程	浙江武林	
8	平湖市行政中心行政大楼室内装饰工程		
9	江南豪园三期幕墙及屋顶钢结构工程	浙江建工	2012 年
10	武林建筑工程有限公司总部办公楼幕墙工程	浙江武林	
11	桐庐立山国际中心幕墙工程		
12	桐庐桦桐大厦外墙装饰工程	浙江建工	2013 年
13	镇海炼化会议主楼、餐饮区及室外场地大修工程	浙江一建	
14	西溪旅游服务中心五星级酒店和会议中心精装修工程	浙江武林	
15	杭州东部国际商务中心二期幕墙工程	浙江建工	2014 年
16	梵石大厦	浙江一建	
17	浙江久立特材科技中心幕墙	浙江武林	
18	中控生产基地 1#、2#厂房幕墙、铝合金门窗	浙江建工	2015 年
19	义乌国际小商品博览会场馆-五星级酒店室内装饰工程	浙江一建	
20	华东勘测设计研究院办公楼、健身中心、餐饮会议中心、地下室工程幕墙	浙江建工	2017 年
21	杭州电力生产调度中心幕墙工程		
22	杭州市金融投资集团办公用房装饰装修工程	浙江一建	
23	阿里巴巴"淘宝城"二期 C1 号楼、T6T7 号楼工程		
24	天台国大旅游综合体幕墙	浙江建工	2019 年
25	蒲州街道汤家桥村（汤东）城中村改造建设工程	浙江建工	2020 年

9.3 浙江省住房和城乡建设厅评定的示范工程

2020 年，浙建集团获得浙江省住房和城乡建设厅评定的"浙江省建筑业新技术应用示范工程" 5 项（详见表 9-11）。

截至 2020 年底，浙建集团共获得浙江省住房和城乡建设厅评定的"浙江省建筑业新技术应用示范工程" 41 项（详见表 9-11）。

表 9-11　浙江省建筑业新技术应用示范工程汇总

序号	项目名称	完成单位	年份
1	浙江省建工大楼	浙江建工	2000 年
2	杭州市第六人民医院医疗综合楼	浙江建工	2004 年
3	杭州广利大厦工程	浙江二建	2006 年
4	宁波港商务大厦工程	浙江二建	2007 年
5	浙江省国土资源厅、耀江商务楼	浙江建工	2008 年
6	绿城舟山大酒店工程		
7	杭州客运中心工程	浙江二建	
8	宁波博物馆工程	浙江二建	2009 年
9	宁波东部新城中心商务区 B-10#地块工程	浙江二建	2010 年
10	中国湿地博物馆工程	浙江建工	2012 年
11	浙报采编大楼工程		
12	宁波国际金融服务中心北区Ⅲ标段工程	浙江建工	2013 年
13	宁波文化广场项目Ⅳ标段工程	浙江二建	
14	新建杭州东站扩建工程站房及相关工程（站房）	浙江建工	
15	杭州东部国际商务中心二期工程		
16	宁波北仑区-宁职院图书馆工程	浙江二建	2014 年
17	宁波市妇女儿童医院北部院区一期项目		
18	杭州中烟易地技改项目		
19	乐清市中心区体育中心建安总承包工程	浙江建工	2015 年
20	浙江大学医学院附属义乌医院工程	浙江三建	
21	浙江省残疾人康复指导中心迁建工程	集团总部	
22	华东勘测设计研究院办公楼、健身中心、餐饮会议中心、地下室工程	浙江建工	2016 年
23	浙江省音乐学院（筹）校区建设工程		
24	梅山涌金物流大厦	浙江三建	
25	慈溪客运中心站	浙江二建	2017 年

序号	项目名称	完成单位	年份
26	浙江工业大学屏峰校区 1-A 区块建设项目（标段二）	浙江三建	2017 年
27	杭州师范大学仓前校区一期工程中心区西块工程		
28	余政储出〔2011〕80 号地块办公楼及地下室项目		
29	72 号地块（稠州银行）	浙江一建	2018 年
30	杭州国际大厦改造项目		
31	浙江一建科研综合大楼		
32	富阳市博物馆、美术馆、档案馆"三馆合一"项目	浙江二建	
33	宁波市鄞州区第二医院二期综合楼工程		
34	北山路 84 号国宾接待中心工程	浙江建工	2019 年
35	互联网安防产业基地 I 标段	浙江一建	
36	红外热像仪及非制冷红外焦平面阵列探测器建设项目	浙江三建	
37	萧山区科技创新中心	浙江建工	2020 年
38	杭政储出〔2012〕24 号地块商业商务用房		
39	长兴太湖博览园及基础设施配套工程		
40	杭政储出〔2012〕74 号地块和杭政储出〔2014〕4 号地块商业商务用房	浙江一建	
41	杭政储出〔2013〕29 号地块商业商务用房及南侧绿化带地下公共停车库工程	浙江三建	

9.4 其他省（区、市）住房和城乡建设厅评定的示范工程

2020 年，浙建集团获得"江苏省住房和城乡建设厅评定的示范工程"1 项（详见表 9-12）。

截至 2020 年底，浙集团共获得其他省（区、市）住房和城乡建设厅评定的示范工程 10 项，其中江苏省 2 项（详见表 9-12）、山东省（详见表 9-13）1 项、湖北省 5 项（详见表 9-14）、四川省 1 项（详见表 9-15）、宁夏回族自治区 1 项（详见表 9-16）。

9.4.1 江苏省住房和城乡建设厅评定的示范工程

表 9-12　江苏省住房和城乡建设厅评定的示范工程汇总

序号	项目名称	完成单位	年份
1	兴华花园安置小区一标段 1#、2#、5#、6#	浙江三建	2016 年
2	淮安市淮阴人民医院门诊医技病房综合楼、行政综合楼工程	浙江三建	2020 年

9.4.2　山东省住房和城乡建设厅评定的示范工程

表 9-13　山东省住房和城乡建设厅评定的示范工程汇总

序号	项目名称	完成单位	年份
1	日照华润中心 14#C、14#D、14#E 项目施工总承包工程	浙江建工	2015 年

9.4.3　湖北省住房和城乡建设厅评定的示范工程

表 9-14　湖北省住房和城乡建设厅评定的示范工程汇总

序号	项目名称	完成单位	年份
1	美联·奥林匹克花园 9#楼	浙江建工	2009 年
2	汉江国际大厦	浙江建工	2014 年
3	荆门市第一人民医院南城区医院（一期）工程	浙江建工	2016 年
4	武汉光谷国际网球中心主场馆工程	浙江一建	2016 年
5	武汉东湖综合保税区食品保税物流园建设项目	浙江建工	2017 年

9.4.4　四川省住房和城乡建设厅评定的示范工程

表 9-15　四川省住房和城乡建设厅评定的示范工程汇总

序号	项目名称	完成单位	年份
1	通威广场工程	浙江建工	2015 年

9.4.5　宁夏回族自治区住房和城乡建设厅评定的示范工程

表 9-16　宁夏回族自治区住房和城乡建设厅评定的示范工程汇总

序号	项目名称	完成单位	年份
1	银川车站改造工程站房、雨棚、天桥及地道标段	浙江建工	2012 年

9.5　省级协会评定的示范工程

9.5.1　浙江省建筑业行业协会评定的示范工程

2020 年，浙建集团获得浙江省建筑业行业协会评定的示范工程 16 项，其中"浙江省建筑业绿色施工示范工程"5 项（详见表 9-17）、"浙江省智慧工地示范项目"11 项（详见表 9-18）。

截至 2020 年底，浙建集团共获得浙江省建筑业行业协会评定的示范工程 31 项，其中"浙江省建筑业绿色施工示范工程"20 项（详见表 9-17）、"浙江省智慧工地示范项目"11 项（详见表 9-18）。

（1）浙江省建筑业绿色施工示范工程

表 9-17　浙江省建筑业绿色施工示范工程汇总

序号	项目名称	完成单位	年份
1	宁波文化广场项目Ⅳ标段工程	浙江二建	2014 年
2	浙江音乐学院	浙江建工	2015 年
3	镇海文化艺术中心	浙江二建	
4	浙江影视后期制作中心一期项目影视文化综合服务大楼工程	浙江一建	2016 年
5	阿里巴巴淘宝城二期 C1、T6T7 号楼工程		
6	杭政储出〔2007〕55 号地块办公、商业金融用房	浙江建工	2017 年
7	浙江建设科技研发中心工程		
8	慈溪客运中心站	浙江二建	
9	浙江省残疾人康复指导中心迁建工程	浙江三建	
10	杭州师范大学仓前校区一期工程中心区西块工程		
11	浙江一建科研综合大楼	浙江一建	2018 年
12	宁波市鄞州区第二医院二期综合楼工程	浙江二建	
13	互联网安防产业基地Ⅰ标段	浙江一建	2019 年
14	浦江县旧城城北区块 A 地块综合开发项目西区工程		
15	红外热像仪及非制冷红外焦平面阵列探测器建设项目	浙江三建	
16	浙江省人民医院 2 号楼建设工程	浙江建工	2020 年
17	长兴太湖博览园及基础设施配套工程		
18	杭政储出〔2014〕4 号地块商业工程	浙江一建	
19	杭政储出〔2012〕74 号地块工程		
20	杭政储出〔2013〕29 号地块商业商务用房及南侧绿化带地下公共停车库工程	浙江三建	

（2）浙江省智慧工地示范项目

表 9-18　浙江省智慧工地示范项目汇总

序号	项目名称	完成单位	年份
1	2022 年第 19 届亚运会亚运村媒体村小学项目	浙江建工	2020 年
2	杭政储出〔2017〕37 号地块商业商务用房工程总承包（EPC）	1.浙江建工	
3	龙游县公共文化服务中心和城东商务中心项目		
4	杭政储出〔2018〕25 号地块商业商务用房	浙江一建	
5	宁波市轨道交通 5 号线一期土建工程 TJ5101 标段施工	1.浙江二建	
6	温州肯恩大学学生学习与活动中心（设计施工总承包）		

序号	项目名称	完成单位	年份
7	金东区建筑业总部产业园项目设计施工采购 EPC 总承包项目	浙江三建	2020 年
8	浦江县城中村（棚户区）改造二期工程文溪安置区 C、D 区块设计采购施工（EPC）总承包工程		
9	杭政储出〔2018〕17、19 号地块商业商务用房		
10	杭政储出〔2018〕30 号地块商业兼容商务用房工程总承包		
11	文成县下沙垟城中村改造项目设计、采购、施工（EPC）总承包		

注：表中"完成单位"前，"1"表示第一完成单位，无数字符号表示独立完成单位。

9.5.2 浙江省建筑装饰行业协会评定的示范工程

截至 2020 年底，浙建集团共获得浙江省建筑装饰行业协会评定的"浙江省建筑装饰文明标化科技示范工程"127 项（详见表 9-19）。

表 9-19 浙江省建筑装饰文明标化科技示范工程汇总

序号	项目名称	完成单位
	2009 年 12 月评定：2 项	
1	江南豪园三期幕墙及屋顶钢结构工程	浙江建工
2	杭州职业技术学院实训基地暨杭州市公共实训基地外墙幕墙工程	
	2011 年 12 月评定：7 项	
3	银川车站改造工程站房、雨棚、天桥及地道标段幕墙工程	浙江建工
4	新建杭州东站扩建工程站房及相关工程（附楼）	
5	西溪山庄一期四区块 23#、24#、31#、40#楼外墙石材幕墙工程	
6	杭州东部国际商务中心二期工程（幕墙）	
7	滨江·金色蓝庭 A 标段幕墙工程	
8	海盐剧院外墙装饰工程	
9	桐庐桦桐大厦外墙装饰工程	
	2013 年 1 月评定：10 项	
10	中控生产基地 1#、2#厂房幕墙工程	浙江建工
11	镇海新城职教中心东侧地块幕墙工程	
12	镇海新城 D1、D3 地块商务楼幕墙工程	
13	浙江省医疗器械检验所（国家医疗器械检测中心）扩建项目铝合金门窗及幕墙工程	

序号	项目名称	完成单位
14	杭政储出〔2009〕87#地块商品住宅项目	
15	杭政储出〔2007〕23 号地块 A 标段外墙石材幕墙干挂工程（2#、3#、4#、6#、10#楼）	浙江建工
16	保利·江语海 1#—4#楼铝合金门窗安装工程	
17	舟山电力调度大楼	
18	梵石大厦	浙江一建
19	杭州市高科技企业孵化器有限公司 2 号楼装修工程	
2013 年 12 月评定：8 项		
20	绿城慈溪慈园项目五标段精修工程	
21	浙江海运大厦精装修工程	
22	镇海新城 B5 标段幕墙工程	
23	临安玉兰花园一期石材幕墙 2 标段	浙江武林
24	临安玉兰花园一期石材幕墙 3 标段	
25	海棠花园高层石材幕墙	
26	秀丽春江二期石材幕墙	
27	蓝山花园住宅 2 标段石材幕墙	
2014 年 1 月评定：6 项		
28	乐清市体育中心体育馆幕墙工程	
29	蓝郡华庭（余政出〔2009〕18 号地块）幕墙工程	
30	杭州绿城玉园 1#、2#、4#楼幕墙工程	浙江建工
31	杭政储出〔2009〕95#地块商品住宅项目幕墙工程	
32	杭政储出〔2009〕66#地块商品住宅幕墙工程	
33	义乌国际小商品博览会场馆—五星级酒店室内装饰工程	浙江一建
2014 年 12 月评定：9 项		
34	浙江省血液中心	
35	海康威视一标段	
36	华坤科技安防基地	
37	杭政储出〔2007〕74 地块	浙江武林
38	浙江省博物馆黄宾虹艺术馆	
39	诸暨绿城广场 16、17 地块	
40	杭州万达幕墙	

序号	项目名称	完成单位
41	浙江省机电测试基地	浙江武林
42	凤起大厦	
2015 年 12 月评定：18 项		
43	新昌世贸广场项目建筑幕墙工程	浙江建工
44	桐庐县江南镇窄溪农民集聚安置点幕墙工程	
45	华东勘测设计研究院办公楼、健身中心、餐饮会议中心、地下室幕墙工程	
46	贵阳西南国际商贸城项目一期 1#地块幕墙工程	
47	臻善地块产业大楼幕墙工程	
48	浙江音乐学院（筹）校区建设工程	
49	西溪阳光外墙干挂石材工程	
50	杭州市余杭区中医院整体迁建工程幕墙工程	
51	杭州电力生产调度中心幕墙工程	
52	国大旅游综合体幕墙工程	
53	富春江科技城科技孵化园项目一期幕墙工程	
54	阿里巴巴淘宝城二期 C1 号楼、T6、T7 号楼工程	浙江一建
55	中国美术学院象山校区民艺博物馆	
56	杭政储出〔2007〕76 号 A 地块商务楼幕墙工程	浙江武林
57	浦江仙华文景建设项目文化活动中心幕墙工程	
58	衢州 15 号地块金融大厦幕墙工程	
59	浙江省廉政教育基地内装工程	
60	浙江省音乐学院建设工程内装工程	
2016 年 8 月评定：1 项		
61	华东勘测设计研究院办公楼、健身中心、餐饮会议中心、地下室工程办公楼 4 楼及以上室内装饰装修工程	浙江建工
2016 年 12 月评定：18 项		
62	浙江音乐学院（大剧院、音乐厅、继续教育学院幕墙工程）	浙江武林
63	铂源瑞庭御园住宅小区幕墙工程	
64	广元万达广场大商业外立面装饰工程	
65	杭政储出〔2009〕9 号地块商品住宅项目（天鸿·香榭里）	
66	杭州电力生产调度中心装饰工程	
67	嘉善县商会大厦外立面幕墙工程	

序号	项目名称	完成单位
68	九江奥克斯缔壹城一期铝合金门窗制安工程	浙江武林
69	乌镇互联网国际会议中心工程	
70	千岛湖文化综合体项目幕墙工程	
71	青山湖科技城越秀城市综合体项目 C 区	
72	烟台星颐广场幕墙工程	
73	义乌经济开发区中心 B 地块稠州大厦幕墙工程	
74	义乌市城西街道第一集聚区香溪区块 A3 组团门窗工程二标段	
75	余政储出〔2013〕25 号地块（杭州余杭上园路项目）1—14 号楼及地下室工程	
76	海宁国际校区一期幕墙工程	
77	浙江省现代交通运输科技创新基地装修工程	
78	平阳世豪绿洲花苑栏杆及百叶窗工程	
79	乐清新湖 H-B15-1 铝合金门窗、百叶窗、栏杆工程	
2017 年 2 月评定：20 项		
80	宁海县桃源商务楼一期幕墙工程	浙江建工
81	杭州大江东市民服务中心项目	浙江一建
82	浙江中烟工业有限责任公司总部经营用房改造工程	
83	杭州雅谷泉山庄酒店整体翻建项目	
84	杭政储出〔2007〕82 号地块商业金融业用房幕墙工程	
85	杭州电力生产调度中心装饰工程	
86	浙江省现代交通运输科技创新基地装修工程	
87	千岛湖文化综合体项目妇青幼、文化中心综合幕墙工程	
88	义乌经济开发区中心 B 地块·稠州大厦幕墙工程	浙江武林
89	浙江大学国际联合学院（海宁国际校区）一期幕墙工程	
90	铂源瑞庭御园住宅小区幕墙工程	
91	广元万达广场大商业外立面装饰工程	
92	乌镇互联网国际会展中心工程	
93	义乌市城西街道第一聚集区香溪区块 A3 组团门窗工程二标段	
94	余政储出〔2013〕25 号地块（杭州余杭上园路项目）1#—14#楼及地下室工程	
95	青山湖科技城越秀城市综合体项目 C 区	

序号	项目名称	完成单位
96	烟台星颐广场幕墙工程（Ⅲ标段）	
97	九江奥克斯缔壹城一期铝合金门窗制安工程	浙江武林
98	温州滨海新城投资集团总部幕墙工程	
99	永嘉县城体育馆、游泳馆幕墙工程	
	2017年12月评定：3项	
100	西湖区文体中心（浙商文化中心）幕墙工程	
101	浙江西湖高等研究院（原杭州宏迪工具有限公司厂房）一至四号楼装修工程	浙江建工
102	杭州空港新天地商城石材幕墙、玻璃幕墙及铝合金门窗工程	
	2018年12月评定：16项	
103	蒲州街道汤家桥村（汤东）城中村改造建设工程幕墙工程	浙江建工
104	杭州市中医院丁桥分院室内精装修工程	
105	文成县殡仪馆迁建工程	浙江三建
106	杭政储出〔2013〕73号（下城区灯塔单元C6—D12）地块科研大楼室内精装修工程	
107	杭州师范大学仓前校区二期B1区块	浙江建材
108	浙江温州瓯海农村合作银行总部大楼幕墙工程	
109	中国（温州）国际激光与光电产业联合研究院建筑幕墙工程	
110	江北膜幻动力小镇客厅建设项目幕墙工程	
111	乌镇互联网国际会展中心二期工程幕墙工程	
112	长兴历史文化街区工程幕墙及外墙装饰工程	
113	宁波前洋E商小镇电子商务产业基地工程幕墙工程	浙江武林
114	余政储出〔2011〕80号地块工程办公楼及地下室项目幕墙工程	
115	长兴太湖博览园及基础设施配套工程项目幕墙及铝合金窗分包工程	
116	浙富科技园幕墙工程	
117	苍南县第三人民医院幕墙工程	
118	温州文昌创客小镇客厅及连廊提升改造工程	
	2019年12月评定：11项	
119	网络游戏产业化基地（幕墙工程）	浙江建工
120	中央商务区2号地块商住项目	

序号	项目名称	完成单位
121	方太理想城建设项目一期 1#楼幕墙及门窗工程	
122	浙江大学国际联合学院（海宁国际校区）二期施工总承包工程幕墙工程	
123	互联网安防产业基地幕墙工程Ⅱ标段	
124	余政储出〔2012〕72 号地块正元智慧办公总部大厦 A、B、C、D 楼及地下室工程幕墙工程	浙江武林
125	金融集聚区(12-06 地块)危旧房改造（安置联建）工程	
126	温州威斯汀酒店室内装饰工程	
127	温州市域铁路 S1 线一期工程车站公共区域装修工程施工项目Ⅲ标段（奥体中心站）	

9.5.3 河南省建筑业协会评定的示范工程

截至 2020 年底，浙建集团获得河南省建筑业协会评定的示范工程 1 项（详见表 9-20）。

表 9-20 河南省建筑业协会评定的示范工程汇总

序号	项目名称	完成单位	年份
1	建业海马九如园工程 17#、18#、22#、23#、24#	浙江三建	2019 年

10 创优夺杯

10.1 国家级优质工程

2020 年，浙建集团获得中国建设工程鲁班奖 3 项、"国家优质工程奖"（银质奖）6 项。

截至 2020 年底，浙建集团共获得中国建设工程鲁班奖 53 项、"国家优质工程奖" 75 项、中国土木工程詹天佑奖 6 项。

10.1.1 中国建设工程鲁班奖

2020 年，浙建集团获得中国建设工程鲁班奖 3 项，其中国内工程（主承建）1 项、国内工程（参建）1 项、境外工程（参建）1 项。

截至 2020 年底，浙建集团共获得中国建设工程鲁班奖 53 项，其中国内工程 50 项（主承建 30 项、参建 20 项）、境外工程 3 项（主承建 2 项、参建 1 项）。

（1）国内工程（主承建）

2020 年，浙建集团获得国内工程（主承建）"鲁班奖" 1 项。

浙江自然博物园核心馆区

承建单位：浙江二建

参建单位：二建安装、二建装饰

工程造价：3.06 亿元

建筑面积：4.23 万 ㎡

开竣工时间：2016 年 3 月 18 日—2018 年 5 月 10 日

截至 2020 年底，浙建集团共获得国内工程（主承建）"鲁班奖" 30 项（详见表 10-1）。

表 10-1 国内工程（主承建）"鲁班奖"汇总

序号	项目名称	承建单位	参建单位	年份
1	镇海石化大化肥尿素装置	浙江二建	浙江安装	1988 年
2	杭州东方通信大厦	浙江一建	—	1997 年
3	交通银行杭州分行金融大楼	浙江三建	—	1998 年
4	浙江石油大楼	浙江一建	—	1999 年
5	杭州铁路新客站	浙江建工	—	2000 年
6	杭州萧山机场航站楼	浙江安装	—	2001 年
7	嘉兴行政中心	浙江一建	—	2002 年
8	黄岩区行政大楼	浙江建工	中信安装 浙江武林	2003 年
9	宁波港务局商务大厦工程	浙江二建	二建安装 浙江安装	2007 年
10	绿城舟山大酒店	浙江建工	—	2008 年
11	杭州客运中心站一期工程主站房	浙江二建	—	
12	宁波博物馆建设工程	浙江二建	—	2009 年
13	浙江浙能乐清电厂一期 2×600MW 工程	浙江二建	—	
14	神华浙江国华宁海发电厂二期扩建工程(2×1000MW)	浙江建工	浙江安装	2010 年
15	哈尔滨市道外二十道街松花江大桥	浙江大成	—	2011 年
16	银川车站站房工程	浙江建工	—	2012 年
17	杭州市高科技企业孵化器有限公司二期工程	浙江一建	—	2013 年
18	新建杭州东站扩建工程站房及相关工程(站房工程)	浙江建工	—	2014 年
19	宁波文化广场IV标段	浙江二建	—	
20	安徽凤台电厂二期 2×660MW 扩建工程	浙江建工	—	2015 年
21	浙江音乐学院建筑工程	浙江建工	浙江安装 浙江武林	2016 年
22	杭政储出〔2007〕55 号地块办公、商业金融用房（中信银行）	浙江建工	浙江安装	
23	青海师范大学新校区教学服务用房建设项目（图书馆信息中心）	浙江建工	—	2017 年
24	余政储出〔2011〕80 号地块办公楼及地下室项目（浙能创业大厦）	浙江三建	浙江武林	

续表

序号	项目名称	承建单位	参建单位	年份
25	杭政储出〔2004〕2 号地块（泛海国际）	浙江建工	—	2018 年
26	慈溪市客运中心站工程	浙江二建	二建安装	
27	北山路 84 号国宾接待中心礼宾楼	浙江建工	中信安装 建工幕墙 浙江武林	2019 年
28	杭州九峰垃圾焚烧发电工程	浙江二建	—	
29	富阳市博物馆、美术馆、档案馆"三馆合一"项目	浙江二建	二建安装 二建装饰	
30	浙江自然博物园核心馆区	浙江二建	二建安装 二建装饰	2020 年

（2）国内工程（参建）

2020 年，浙建集团获得国内工程（参建）"鲁班奖"1 项（详见表 10-2）。

截至 2020 年底，浙建集团共获得国内工程（参建）"鲁班奖"20 项（详见表 10-2）。

表 10-2　国内工程（参建）"鲁班奖"汇总

序号	项目名称	参建单位	年份
1	上海园林宾馆	浙江安装	1992 年
2	镇海石化加氢裂化装置	浙江二建	1996 年
3	浙江省财政厅综合办公楼	浙江安装	1997 年
4	巨化氟化工装置	浙江建工	1999 年
5	浙江北仑发电厂二期主体（3×600MW）工程	浙江二建	
6	台州医院病房	浙江安装	2000 年
7	镇海炼化公司 80 万吨/年连续重整装置	浙江二建	2002 年
8	宁波栎社机场二期扩建工程航站楼	浙江安装	2003 年
9	长兴电厂四期技改工程	浙江二建	2004 年
10	金华信息港大楼	浙江安装	
11	浙江嘉兴电厂二期（4×600MW）扩建工程	浙江二建	2006 年
12	浙能兰溪电厂工程	浙江二建	2007 年
13	浙江美术馆	浙江安装	2008 年
14	浙江保罗大酒店	中信安装	2009 年

序号	项目名称	参建单位	年份
15	萧山供电局电力调度大楼工程	浙江武林	2014 年
16	杭州国际博览中心	浙江安装	2017 年
17	华润浙江苍南 2×1000MW 超超临界燃煤发电机组一期工程	浙江二建	
18	农金大厦	浙江安装	2019 年
19	苏州工业园区体育中心（体育场、体育馆、游泳馆、中央车库）	浙江武林	
20	杭州奥体中心主体育场	浙江武林	2020 年

（3）境外工程

2020 年，浙建集团获得境外工程（参建）"鲁班奖"1 项（详见表 10-3）。

截至 2020 年底，浙建集团共获得境外工程"鲁班奖"3 项（主承建 2 项、参建 1 项），详见表 10-3。

表 10-3　境外工程 "鲁班奖" 汇总

序号	项目名称	承建单位	参建单位	年份
1	中国联通(环球)数据中心	集团总部	—	2017 年
2	珠海学院新校舍项目	集团总部	—	2018 年
3	斯里兰卡科伦坡外环高速公路三期 1# 高架桥	—	浙江建材	2020 年

10.1.2　国家优质工程奖

2020 年，浙建集团获得"国家优质工程奖"6 项，其中国内工程（银质奖）5 项（详见表 10-5）、境外工程 1 项（详见表 10-6）。

截至 2020 年底，浙建集团共获得"国家优质工程奖"75 项，其中国内工程 74 项（金质奖 15 项、银质奖 59 项，详见表 10-4、表 10-5）、境外工程 1 项（详见表 10-6）。

（1）国内工程（金质奖）

表 10-4　"国家优质工程奖"（金质奖）汇总

序号	项目名称	承建单位	参建单位	年份
1	浙江国华宁海电厂新建工程（4×600MW）	—	浙江建工	2007 年
2	华能玉环电厂一期（2×1000MW）新建工程	浙江二建	—	2008 年
3	宁波万华年产 16 万吨 MDI 工程	浙江二建	—	2009 年

序号	项目名称	承建单位	参建单位	年份
4	国电北仑电厂三期 2×1000MW 超超临界燃煤发电机组工程	—	浙江建工	2010 年
5	华能海门电厂一期 1、2 号机组新建工程	—	浙江二建	
6	向家坝—上海特高压直流电工程复龙换流站土建工程	—	浙江二建	2011 年
7	中国石化镇海炼化 100 万吨/年乙烯装置	浙江二建	—	2012 年
8	浙江嘉兴电厂三期"上大压小"扩建工程	浙江建工 浙江一建	—	2013 年
9	哈密南—郑州±800kV 特高压直流输电工程	—	浙江二建	2015 年
10	浙江浙能六横电厂新建工程（2×1000MW）	—		
11	华能长兴电厂"上大压小"工程	—	浙江二建	2016 年
12	华能安源电厂"上大压小"新建工程	—		
13	浙江台州第二发电厂 2×1000MW 新建工程	—	浙江二建	2017 年
14	酒泉—湖南±800kV 特高压直流输电工程	—	浙江二建	2018 年
15	杭州国际博览中心	—	浙江安装	

（2）国内工程（银质奖）

表 10-5　"国家优质工程奖"（银质奖）汇总

序号	项目名称	承建单位	参建单位	年份
1	浙江大学图书馆	浙江一建	—	1983 年
2	台州发电厂一期工程	浙江二建	—	1984 年
3	浙江涤纶厂 5000 吨涤纶长丝工程	浙江三建　浙江安装 浙江大成	—	1986 年
4	西藏体育馆	浙江建工　浙江安装	—	
5	镇海石化总厂大化肥工程	浙江二建　浙江安装	—	1988 年
6	中大花园广场	浙江三建	—	
7	杭州东方通信城工程	浙江二建	浙江安装	2003 年
8	温州发电厂二期 2×300MW 工程	—	浙江二建	
9	浙江大学（老和山地块）科技园	浙江建工		2005 年
10	三峡—常州±500kV 直流输电工程	—	浙江二建	
11	海宁市行政中心综合楼	浙江一建	—	2006 年
12	三峡—广东±500kV 直流输电工程	—	浙江二建	

序号	项目名称	承建单位	参建单位	年份
13	温州发电厂三期 2×300MW 工程	—	浙江二建	2006 年
14	黄龙体育中心体育馆工程	浙江一建	浙江安装	
15	浙江省体育训练中心游泳馆工程	浙江建工	—	2007 年
16	浙江半山天然气发电厂工程	浙江建工	—	
17	镇海炼化扩建 800 万吨/年炼油工程歧化烷基转移装置工程	—	浙江二建	
18	桐柏抽水蓄能电站	—	浙江建工	2008 年
19	杭州白鹭湾君澜度假酒店工程	浙江三建	—	
20	浙江时代大厦工程	浙江建工	—	2009 年
21	淮浙煤电凤台发电厂一期 2×600MW 工程	浙江二建		
22	杭州广播电视中心一期工程	浙江建工		
23	舟山国家石油储备基地项目	—	浙江建工	2010 年
24	浙江华能玉环电厂二期工程	—	浙江二建	
25	华能巢湖发电有限责任公司一期工程	—		
26	镇海国家石油储备基地	—		
27	平湖市行政中心行政大楼	浙江建工		
28	新加坡杭州科技园软件工厂一期工程 1 号楼、6 号楼	浙江一建	—	2011 年
29	湖州市吴兴区行政综合楼及辅房工程	—	浙江一建	
30	宁波东部新城中心商务区 B-7 地块商务楼	—	浙江武林	2012 年
31	杭州国际会议中心	浙江建工 浙江三建	—	
32	宁波国际金融服务中心北区 III 标段工程	浙江建工	—	2013 年
33	华能金陵电厂二期（2×1000MW）工程	浙江二建	—	
34	杭政储出〔2004〕43 号地块 B4、B5 楼	—	浙江武林	
35	唐山万达广场 1 号建筑（购物中心）	—		
36	镇海新城核心区 D1、D3 地块商务楼	浙江建工	—	2014 年
37	舟山电力调度大楼	浙江一建	—	
38	乐清市中心区体育中心工程	浙江建工	—	2015 年

序号	项目名称	承建单位	参建单位	年份
39	宁波市妇女儿童医院北部院区一期项目	浙江二建	—	
40	黄石中茵国际大酒店项目	—	浙江安装	
41	华东勘测设计研究院办公楼、健身中心、餐饮会议中心、地下室工程	浙江建工	—	2016 年
42	通威广场	浙江建工	—	
43	镇海文化艺术中心工程	浙江二建	—	
44	金华万达广场 3#楼工程	—	浙江安装	
45	荆门市第一人民医院南城区医院一期工程	浙江建工	—	
46	中国（舟山）大宗商品交易中心工程	浙江建工	—	
47	阿里巴巴"淘宝城"二期 C1#、T6#、T7#楼工程	浙江一建	浙江安装	2017 年
48	杭州师范大学仓前校区一期工程中心区西块工程	浙江三建	—	
49	广东省惠州市榄子垅生活垃圾焚烧发电工程	—	浙江二建	
50	南昌泉岭生活垃圾焚烧发电厂工程	浙江二建	—	
51	浙江建设科技研发中心	浙江建工	浙江大成中信安装	2018 年
52	浙江一建科研综合大楼	浙江一建	浙江武林	
53	青海省图书馆（二期）、美术馆、文化馆项目	浙江建工	—	2019 年
54	互联网安防产业基地 I 标段	浙江一建	—	
55	浙江省交通规划设计研究院有限公司科研办公大楼	浙江建工	建工安装浙江武林	
56	攀枝花市生活垃圾焚烧发电工程	浙江二建	—	
57	杭政储出〔2013〕73 号（下城区灯塔单元 C6—D12）地块科研大楼	浙江三建	—	2020 年
58	华能烟台八角电厂"上大压小"新建工程	—	浙江二建	
59	世界温州人家园（金融集聚区 12-04、12-06 地块）	—	浙江武林	

（3）境外工程

表 10-6 "国家优质工程奖"（境外）汇总

序号	项目名称	承建单位	参建单位	年份
1	轩尼诗一号	集团总部	—	2020 年

10.1.3 中国土木工程詹天佑奖

截至 2020 年底，浙建集团共获得中国土木工程詹天佑奖 6 项（详见表 10-7）。

表 10-7 中国土木工程詹天佑奖汇总

序号	项目名称	承建单位	年份
1	中国美术学院校园整体改造工程	浙江一建　浙江建工	2007 年
2	浙江电力生产调度大楼	浙江建工	2008 年
3	杭州国际会议中心	浙江建工　浙江三建	2016 年
4	新建杭州东站扩建工程站房及相关工程	浙江建工	2018 年
5	杭州市东、西部天然气应急气源站工程	浙江安装	
6	杭州国际博览中心	浙江安装	2019 年

10.2 华东地区"华东杯"优质工程

截至 2020 年底，浙建集团共获得华东地区"华东杯"优质工程 10 项（详见表 10-9）。

表 10-8 华东地区"华东杯"优质工程汇总

序号	项目名称	承建单位	参建单位	年份
1	新建杭甬客专站房及站场相关工程	浙江一建	—	2013 年
2	浙江中烟杭州制造部"十一五"易地技改项目（一期）办公检验生活配套中心	浙江二建	—	2014 年
3	浙江大学医学院附属义乌医院建筑安装工程	浙江三建	—	2015 年
4	杭州市人民检察院办案、专业技术及其他用房异地迁建工程	浙江建工	—	2016 年
5	杭州雅谷泉山庄酒店整体翻建项目 1#楼	浙江一建	—	2017 年
6	浙江省职工服务中心	浙江建工	—	2018 年
7	翡翠城学校 A 楼、B 楼、地下室工程	浙江三建	—	
8	杭政储出〔2012〕24 号地块商业商务用房（浙江省交通规划设计研究院有限公司科研办公大楼）	浙江建工	中信安装　浙江武林	
9	互联网安防产业基地 I 标段	浙江一建	—	2019 年
10	宁波新材料（国际）创新中心 A 区（地下室、1#-1、1#-2）	浙江二建	—	

10.3 省（部）级优质工程

2020 年，浙建集团获得省（部）级优质工程 27 项，其中浙江省"钱江杯"优质工程奖 11 项、其他省（区、市）级优质工程奖 8 项、部（行业）级优质工程奖 8 项。

截至 2020 年底，浙建集团共获得省（部）级优质工程 542 项，其中浙江省"钱江杯"优质工程奖 406 项、其他省（区、市）级优质工程奖 102 项、部（行业）级优质工程奖 34 项。

10.3.1 浙江省"钱江杯"优质工程

2020 年，浙建集团获得浙江省"钱江杯"优质工程奖 11 项（详见表 10-9）。

截至 2020 年底，浙建集团共获得浙江省"钱江杯"优质工程奖 406 项（详见表 10-9）。

表 10-9 浙江省"钱江杯"优质工程汇总

序号	项目名称	承建单位	参建单位
	1991 年度：1 项（主承建）		
1	衢化公司 2 万吨/年聚氢乙烯扩建工程	浙江安装	—
	1993 年度：2 项（主承建）		
2	杭州师范学院教学实验楼	浙江三建	—
3	镇海石化加氢精制	浙江安装 浙江二建	
	1994 年度：3 项（主承建）		
4	浙江丝绸工学院行政教学楼	浙江三建	
5	浙江善高化学离子膜装置		
6	江山化工总厂 DMF 装置	浙江安装	
	1995 年度：2 项（主承建）		
7	兰溪市体育馆	浙江建工	
8	北仑电厂 2#机主厂房	浙江二建	
	1996 年度：4 项（主承建）		
9	大关小区 R5-15#住宅	浙江一建	—
10	嘉兴电厂一期主厂房	浙江二建	
11	浙江丝绸工学院学生宿舍	浙江三建	
12	杭州玻璃总厂浮法二线	浙江安装 浙江建工	—

序号	项目名称	承建单位	参建单位
1997 年度：4 项（主承建）			
13	杭州市政府大楼	浙江建工	—
14	杭州东方通信大厦	浙江一建	—
15	浙江省建行营业大楼		—
16	衢化集团公司热电厂 7#机炉技改工程	浙江安装	—
1998 年度：11 项（主承建 10 项、参建 1 项）			
17	杭州伟星大厦	集团总部	—
18	松阳邮电局邮政大楼	浙江建工	—
19	浙江日报新闻大楼		—
20	杭州眼力健制药综合厂房	浙江一建	—
21	杭州工商银行金融大楼		—
22	台州发电厂四期 7#机主厂房	浙江二建	—
23	杭州五洲大酒店	浙江三建	—
24	交通银行杭州分行金融大楼		—
25	镇海炼化硫黄回收装置易地改造工程	浙江安装	—
26	浙江涤纶厂 3000 吨/年短纤维		—
27	杭州市红会医院病房大楼	—	浙江安装
1999 年度：10 项（主承建 8 项、参建 2 项）			
28	杭玻池窑拉丝技改	浙江建工　浙江安装	—
29	浙江石油大厦	浙江一建	—
30	浙江图书馆新馆		—
31	香溢大厦		—
32	青春小区 01 地块 3#楼		—
33	台州发电厂四期 8#机主厂房	浙江二建	—
34	北仑电厂二期 3#烟囱	浙江二建　浙江安装	—
35	浙大西溪校区教学楼	浙江三建	—
36	温州龙湾燃机发电主体	—	浙江建工
37	浙江省广电国际新闻交流中心	—	浙江安装
2000 年度：16 项（主承建 12 项、参建 4 项）			
38	铁路杭州新客站	浙江建工	浙江安装
39	杭师院文教楼		—

续表

序号	项目名称	承建单位	参建单位
40	浙江中医二院门诊楼	浙江建工	—
41	衢化污水处理厂		—
42	嘉兴广电中心	浙江一建	浙江三建
43	中大花园公建	浙江一建 浙江三建	—
44	杭州卷烟厂新厂房及综合楼	浙江一建 浙江三建 浙江安装	—
45	杭州炼油厂加氢白油	浙江二建	—
46	镇海石化催裂化		—
47	浙医一院医技楼	浙江三建	—
48	省保险公司综合楼		浙江安装
49	奉化江特大桥	浙江大成	—
50	金华联合循环发电厂	—	浙江二建
51	钱清热电厂四期	—	浙江二建 浙江建工 浙江一建
52	财政证券联建培训业务楼	—	浙江安装
53	浙江外经贸联建	—	
	2001年度：19项（主承建14项、参建5项）		
54	浦东发展银行杭州分行综合楼	浙江建工	—
55	浙江邮电学校科技综合楼		中信安装
56	浙江省建工大厦		—
57	半山发电厂烟气脱硫		—
58	杭州市老干部教育培训中心		—
59	三墩高级中学图书科学楼	浙江一建	—
60	嘉兴市公安局综合用房		—
61	东方通信城一期	浙江一建 浙江二建	浙江安装
62	舟山港定海客运综合楼	浙江二建	—
63	浙江肿瘤医院病房大楼	浙江三建	—
64	浙江邮电医院病房大楼		—
65	浙江师范大学教学主楼		—
66	衢州电信枢纽大楼		—

序号	项目名称	承建单位	参建单位
67	杭州萧山机场航站楼	浙江安装	—
68	海宁市博物馆新馆	—	浙江建工
69	嘉兴电力调度营业大楼	—	浙江一建
70	北仑电厂二期	—	浙江二建
71	杭州四堡污水处理厂	—	浙江安装
72	杭州清江会议服务中心	—	
	2002 年度：20 项（主承建 14 项、参建 6 项）		
73	浙江省血液中心综合大楼	浙江建工	中信安装
74	杭州市中医院综合楼		
75	500KV 金温输变电		—
76	金华市电信枢纽大楼		—
77	丽水市国税行政办公楼		—
78	杭州红星文化大厦	浙江一建	—
79	嘉兴市行政中心		—
80	玉环市人民医院迁建工程		—
81	东方通信 C、D、E 厂房	浙江二建	浙江安装
82	温州发电厂二期		浙江建工
83	邵逸夫医院医教综合楼	浙江三建	
84	浙江出版印刷物资大楼		
85	杭州汇丽绣花制衣综合楼		
86	瑞安安阳电信大楼		
87	浙江世贸中心二期	—	浙江安装
88	吴山商务综合楼	—	
89	新华大厦	—	
90	横店集团旅游大厦	—	
91	海宁市交警办公楼	—	
92	椒江国土综合业务大楼	—	
	2003 年度：16 项（主承建 15 项、参建 1 项）		
93	黄龙体育中心训练馆	浙江建工	—
94	浙工大之江学院图书信息中心		—
95	杭州市第六人民医院医疗综合楼		中信安装

序号	项目名称	承建单位	参建单位
96	黄岩区行政大楼	浙江建工	中信安装 浙江武林
97	遂昌县地方税务局办税综合楼		—
98	黄岩污水处理厂	浙江建工　浙江安装	—
99	长兴国税局办公大楼	浙江一建	—
100	平湖体育馆		益坚基础
101	南都银座公寓	浙江一建　浙江三建	—
102	浙江省人民大会堂迁建工程	浙江一建　浙江安装	浙江大成
103	嘉兴报业采编中心	浙江二建	浙江安装
104	长兴电厂四期主体工程		浙江建工
105	杭州海关大楼	浙江三建	浙江安装
106	杭州市总工会综合楼		
107	嘉兴工商局综合业务楼		—
108	宁波栎社机场	—	浙江安装
2004 年度：21 项（主承建 18 项、参建 3 项）			
109	浙江省中医院病房楼	浙江建工	—
110	浙江省体育训练中心田径训练场馆		—
111	浙江工程学院图书馆		—
112	浙大科技园（老和山地块）		—
113	桐乡市科技会展中心		—
114	中国美院校园整体改造	浙江建工　浙江一建	浙江安装
115	黄龙体育中心体育馆	浙江一建	浙江安装
116	桐乡市行政综合楼		
117	舟山电信调度大楼		—
118	海宁市行政中心	浙江一建　浙江建工	—
119	浙江中医学院滨江学院	浙江二建	中信安装
120	富阳人民医院病房楼		—
121	镇海电力局调度营业大楼		—
122	镇海炼化蜡油加氢联合装置		—
123	杭州电子工学院图书馆	浙江三建	—
124	杭州瑞利声电综合科研楼		—

序号	项目名称	承建单位	参建单位
125	杭州日报新闻中心大楼	浙江三建	—
126	台州市路桥区文体中心		—
127	西湖体育馆及配套服务楼	—	浙江建工
128	金华信息港大楼	—	浙江安装
129	杭州市第一人民医院综合楼	—	浙江武林
	**2005年度：24项（主承建17项、参建7项）**		
130	杭州师范学院下沙校区图书馆	浙江建工	浙江安装
131	浙江老年大学迁建		中信安装
132	乐清中学教学实验楼		—
133	武警医院门诊医技楼		中信安装 浙江安装
134	衢州市博物馆		—
135	浙医二院脑科中心	浙江一建	浙江安装
136	浙师大数理信息教学大楼		—
137	中国计量学院新校区图书馆	浙江二建	—
138	慈溪市人民医院迁建		—
139	宁波卷烟厂机修综合楼		—
140	桐乡财政、地税办公楼		二建安装
141	舟山人民医院外科住院楼		—
142	浙江省电力试验研究所综合楼	浙江三建	—
143	千岛湖开元度假村酒店		—
144	浙江工商大学下沙校区图书馆		—
145	浙江省教育厅自考办培训中心		—
146	江山化工二甲基甲酰胺技改	浙江安装	浙江建工
147	桐乡市规划建设局	—	浙江建工
148	人民银行金华支行发行库办公房	—	
149	瑞安人民医院病房大楼	—	
150	浙江南国大酒店	—	浙江安装
151	杭州绿园Ⅰ、Ⅱ、Ⅲ标段	—	
152	台州体育中心体育场	—	
153	浙江省烟草公司海宁公司办公楼	—	浙江武林

序号	项目名称	承建单位	参建单位
**2006 年度：22 项（主承建 18 项、参建 4 项）**			
154	浙江财经学院下沙校区体育中心	浙江建工	中信安装
155	杭州金融大楼		—
156	杭州师范学院下沙新校区艺术中心		—
157	浙江省体育训练中心游泳馆		—
158	杭州西湖博物馆		—
159	永康广电中心一期		中信安装
160	庆元县电力生产调度大楼		—
161	东阳市污水处理厂一期工程		—
162	宁波市鄞州区财税大楼	浙江二建	—
163	宁波市公安交通指挥中心大楼		—
164	金华市商业银行营业办公楼		—
165	温州发电厂三期 2×300MW 主体工程		浙江大成 浙江建工
166	嘉兴发电厂二期 4×600MW 主体工程	浙江二建　浙江建工	浙江大成
167	浙江大学医学院附属妇产科医院门诊医技综合楼	浙江三建	—
168	浙江理工大学新校区二期剧场		—
169	浙江工商大学下沙校区行政楼		—
170	湖州市图书馆		—
171	梅湾街改造 1—4 号楼		—
172	衢州市衢江区行政中心	—	浙江建工
173	龙泉市烟草综合大楼	—	浙江安装
174	义乌市城北水厂一期工程	—	
175	浙江省人民医院病房综合楼	—	浙江武林 浙江建工
**2007 年度：21 项（主承建 16 项、参建 5 项）**			
176	黄龙体育中心 20 号 A 地块（丁香公寓）	浙江建工	—
177	浙江省中医院医疗综合楼		—
178	浙江电力生产调度大楼		—
179	浙江大学紫金港校区医药学院组团 I 标段		—

序号	项目名称	承建单位	参建单位
180	浙医二院急诊中心大楼		—
181	丽水市国土资源局综合办公大楼	浙江建工	—
182	浙江半山天然气发电工程（3×390MW）		—
183	杭州喜园大酒店改建工程	浙江一建	—
184	宁波港商务大厦工程		—
185	宁波市鄞州第二医院工程	浙江二建	—
186	浙江师范大学科技实验大楼		—
187	浙江浙能兰溪发电厂新建工程		—
188	中山花园二期工程		—
189	浙江工业大学屏峰校区体育馆	浙江三建	—
190	梅湾街改造工程 9#—11#楼及地下车库		—
191	都市先锋工程		—
192	温岭市行政中心迁建工程	—	浙江建工
193	普陀中学一期扩建工程	—	
194	浙江师范大学科技实验大楼	—	
195	浙江省烟草公司宁波分公司科研综合楼工程	—	浙江武林
196	温州双屿公路枢纽站客运中心	—	
2008 年度：18 项（主承建 14 项、参建 4 项）			
197	浙江时代大厦		中信安装
198	桂花城三期 B 地块（金桂大厦）		
199	富阳市中医骨伤科医院易地扩建工程（Ⅰ期）门诊综合楼	浙江建工	
200	衢州市广电制作传输中心一期工程Ⅰ标段		—
201	绿城舟山大酒店		—
202	丽水市中级人民法院综合审判大楼		—
203	浙江省林业联合业务综合楼		—
204	杭州客运中心站一期工程	浙江二建	—
205	杭州市中医院病房大楼		—
206	华能玉环电厂一期工程（2×1000MW）		—
207	中国网通浙江省杭州通信综合楼	浙江三建	—
208	良渚国际度假酒店		—

序号	项目名称	承建单位	参建单位
209	浙江电力设计大楼	浙江三建	—
210	德山化工（浙江）有限公司年产5000吨干式二氧化硅建设工程	浙江安装	浙江建工
211	铁路广场商办综合楼	—	浙江三建
212	萧山东片大型污水处理厂工程	—	浙江安装
213	浙江美术馆	—	
214	宁波市鄞州商会大厦	—	
2009年度：23项（主承建14项、参建9项）			
215	浙江省体育局体育训练中心训练馆	浙江建工	—
216	华峰科技创业大楼		中信安装
217	盾安发展中心		
218	浙江金融职业学院新校区二期（二标段）成教学院楼工程		中信安装
219	黄龙体育中心武术馆改建工程		
220	南太湖科技创新中心一期工程		
221	台州发电厂五期扩建工程		浙江大成
222	新加坡杭州科技园软件工厂一期工程6#楼	浙江一建	—
223	嘉兴市残疾人奥林匹克中心		浙江武林 浙江安装
224	大红鹰软件学院信息科技大楼工程	浙江二建	
225	宁波博物馆建设工程		
226	钱江新城核心区波浪文化城（一期）工程	浙江三建	浙江安装
227	钱江新城28号地块一标段5#、7#楼及C区地下室		—
228	长城大厦		—
229	浙江移动杭州分公司滨江通信枢纽楼工程	—	浙江建工
230	浙江省人大、政协及有关厅局综合办公楼	—	浙江安装
231	杭州市委党校迁建工程Ⅰ标段综合楼、图书馆、1号地下室	—	
232	舟山市小干污水处理厂一期工程	—	

序号	项目名称	承建单位	参建单位
233	"一校两院"新校园建设一期四标段	—	浙江安装 浙江一建
234	浙江省疾病预防控制中心迁建工程	—	浙江武林
235	桐乡市机关事务管理局后勤楼及地下室人防工程	—	
236	衢州市办税大楼	—	
237	台州刚泰·艺鼎广场	—	
2010年度：21项（主承建17项、参建4项）			
238	浙江省体育局体育训练中心竞技体育馆	浙江建工	—
239	杭州广播电视中心一期工程		—
240	慈溪市公共卫生服务中心		—
241	温州人行大厦		—
242	甬台温铁路温州站站房及站场相关工程		—
243	平湖市行政中心行政大楼		浙江武林
244	青川县东山安居小区工程		中信安装
245	青川县竹园镇初级中学工程		
246	浙江警察学院（原浙江公安高等专科学校）滨江校区扩建工程综合楼	浙江一建	—
247	新加坡杭州科技园软件工厂一期工程1#楼		—
248	杭州西溪旅游服务中心悦榕庄酒店		—
249	新建甬台温铁路台州站旅客站房及站场相关工程		
250	湖州市财政（地税）局办税服务中心工程	浙江二建	—
251	三门县行政中心大楼工程		
252	宁波帮博物馆		二建安装
253	中国纺织服装信息商务中心工程	浙江三建	
254	邵逸夫医院医技诊疗中心工程		
255	浙江省人民医院门急诊楼改扩建工程	—	浙江建工
256	湖州市吴兴区行政综合楼及辅房工程	—	浙江一建
257	中国农业银行宁波市鄞州支行办公楼	—	浙江二建
258	柯北新市场园区一期工程G区	—	浙江武林

序号	项目名称	承建单位	参建单位
**2011 年度：22 项（主承建 18 项、参建 4 项）**			
259	中国湿地博物馆		中信安装
260	220KV 定海（昌洲）变电站	浙江建工	—
261	乐清市人民医院综合大楼		—
262	杭州市高科技企业孵化器有限公司二期工程 3#楼		—
263	浙江省冶金科技大厦	浙江一建	—
264	沪杭客专站房及站场相关工程嘉兴南站		—
265	浙江水利博物馆		—
266	宁波东部新城中心商务区 B-10#地块工程		二建安装 浙江武林
267	浙能乐清电厂二期工程	浙江二建	
268	宁波梅山岛商务中心		
269	南湖革命纪念馆新馆工程	浙江三建	—
270	江南豪园三期	—	浙江建工
271	安吉龙山体育中心	—	浙江安装
272	乐清香格里拉·海景园	—	浙江武林
273	湖州市爱山广场（步行街区）1#、3#标段	—	
274	青川县智慧岛教育园区工程·青川进修学校		
275	青川县智慧岛教育园区工程·青川职业高级中学		
276	青川地震博物馆工程	浙江建工	中信安装
277	青川县竹园镇梁沙坝安置房北区工程		
278	青川县智慧岛教育园区工程·市政道路工程		
279	青川县智慧岛教育园区工程·青川体育馆工程		
280	青川县智慧岛教育园区工程·青川中学		中信安装 浙江安装
**2012 年度：17 项（主承建 14 项、参建 3 项）**			
281	杭州市科技馆		—
282	浙江省公安厅信息技术中心等业务用房	浙江建工	—
283	常山县人民医院整体迁建工程		—

序号	项目名称	承建单位	参建单位
284	台州经济开发区西商务区 B-1 地块	浙江建工	中信安装
285	西湖文化广场	浙江建工　浙江三建	浙江安装
286	杭州黄龙饭店改扩建工程	浙江一建	浙江安装
287	定海海运大厦		浙江武林
288	宁波镇海大宗生产资料交易中心工程-交易中心	浙江二建	—
289	宁波国际金融服务中心北区Ⅰ标段工程		二建钢构
290	大榭综合服务大楼		浙江武林
291	宁波嘉和中心 C 楼		浙江安装
292	浙江三立时代广场	浙江三建	—
293	嘉兴威凯检测技术有限公司综合楼		—
294	三门县地税局办公大楼		—
295	杭州邮政科技信息大楼工程	—	浙江武林
296	杭州西溪旅游服务中心-酒店式公寓（悦居）	—	
297	宁波东部新城中心商务区 B-7 地块商务楼	—	
2013 年度：12 项（主承建 7 项、参建 5 项）			
298	瑞安市人民医院急诊综合大楼	浙江建工	
299	宁波国际金融服务中心北区Ⅲ标段工程		
300	杭州市高科技企业孵化器有限公司二期工程	浙江一建	
301	新建杭甬客专站房及站场相关工程Ⅰ标段柯桥站		
302	舟山电力调度大楼		—
303	杭州国际会议中心	浙江三建　浙江建工	—
304	杭政储出〔2005〕37 号地块	—	浙江安装
305	萧山供电局电力调度大楼	—	浙江武林
306	龙湾区公安指挥中心大楼迁扩建工程	—	
307	新昌县供电局电力生产调度中心	—	
308	衢州市滨江·春江月一期Ⅱ标6#楼、一期Ⅰ标1#楼、二期Ⅱ标14#楼工程	—	
309	农一师高级中学教学楼工程	三五九建工	—

序号	项目名称	承建单位	参建单位
	**2014年度：22项（主承建18项、参建4项）**		
310	新建杭州东站扩建工程站房及相关工程	浙江建工	浙江武林 中信安装
311	中控生产基地二期 1#、2#厂房工程		—
312	杭州东部国际商务中心二期工程		—
313	镇海新城核心区 D1、D3 地块商务楼		中信安装
314	梅山保税港区商贸楼工程		—
315	瑞安市妇幼保健院综合楼		—
316	浙江中烟杭州制造部"十一五"易地技改项目（一期）办公检验生活配套中心	浙江二建	—
317	宁波市妇女儿童医院北部院区一期工程		—
318	宁波北仑区宁职院图书馆		—
319	宁波文化广场项目 IV 标段工程		—
320	温州市瓯海区行政管理中心大楼	浙江三建	—
321	玉兰花园二期 II 标工程		—
322	绿城玉园 1#—4#、8#—10#、12#楼、集中地下室	—	建工幕墙
323	湖州浙江久立特材科技中心工程	—	
324	安防及数字电视生产基地	—	浙江武林
325	龙湾区人民检察院侦查办案用房及专业技术用房	—	
326	阿克苏地区柯坪县双语寄宿制小学教学楼	浙江二建	—
327	柯坪县群众文化活动中心		—
328	阿克苏浙江"双语"教师培训中心（一期）		—
329	乌什县综合社会福利中心		—
330	新和县浙江丽水维吾尔医医院一期建设项目工程（病房楼）		—
331	阿克苏市社会福利中心		—
	**2015年度：11项（主承建8项、参建3项）**		
332	杭州市人民检察院办案、专业技术及其他用房异地迁建工程	浙江建工	—
333	宁波滨海新城医院		中信安装
334	乐清市中心区体育中心工程		—

序号	项目名称	承建单位	参建单位
335	绿城·秀丽春江 3#地块 A 区工程	浙江建工	中信安装
336	富阳市医疗卫生中心建安工程（标段Ⅰ）	浙江一建	—
337	镇海文化艺术中心	浙江二建	—
338	杭州海康威视监控智能产业化基地工程	浙江三建	—
339	浙江大学医学院附属义乌医院建筑安装工程		—
340	姚庄镇文体展览中心文体展览馆工程	—	浙江安装
341	浙江科技学院安吉校区（中德工程师学院）	—	
342	中浪国际大厦 D 座	—	浙江武林
2016 年度：13 项（主承建）			
343	浙江省残疾人康复指导中心迁建工程	集团总部	浙江三建
344	浙江音乐学院（筹）校区建设工程	浙江建工	浙江安装 浙江武林
345	华东勘测设计研究院办公楼、健身中心、餐饮会议中心、地下室工程		建工幕墙
346	系统集成大楼		—
347	衢海大厦（余政储出〔2012〕60 号地块）1#—4#楼及地下室工程		—
348	乐清市柳市文化中心建设工程		—
349	阿里巴巴"淘宝城"二期 C1#、T6、T7#楼工程	浙江一建	浙江安装
350	中国美术学院民艺博物馆		—
351	庄市街道社区综合服务中心	浙江二建	—
352	库车县妇幼保健院建设项目门诊楼住院楼		—
353	杭政储出〔2005〕53 号地块 A 标	浙江三建	—
354	杭州师范大学仓前校区一期工程中心区西块工程		—
355	浙江省公安厅机场公安局及机场签证办事处业务技术用房工程		—
2017 年度：16 项（主承建 15 项、参建 1 项）			
356	杭政储出〔2007〕55 号地块办公、商业金融用房	浙江建工	浙江安装
357	中国丝绸博物馆改扩建工程		—
358	中国（舟山）大宗商品交易中心建设工程		—

序号	项目名称	承建单位	参建单位
359	北山路 84 号国宾接待中心项目	浙江建工	—
360	浙江建设科技研发中心		—
361	英特药业公共医药物流平台温州医药产业中心		—
362	杭州雅谷泉山庄酒店整体翻建项目 1#楼	浙江一建	—
363	宁海招商大厦项目	浙江二建	—
364	慈溪市客运中心站工程		—
365	舟山保税港区口岸联检综合大楼		—
366	萧山区东片生活垃圾焚烧发电一期工程		—
367	阿克苏高级技工学校化工实训楼建设项目		—
368	库车县传染病医院第二人民医院扩建项目		—
369	平阳县人民检察院办案用房、技术用房、门卫工程	浙江三建	—
370	余政储出〔2011〕80 号地块办公楼及地下室		—
371	杭州国际博览中心	—	浙江安装
	2018 年度：14 项（主承建 10 项、参建 4 项）		
372	杭政储出〔2004〕2 号地块（泛海国际）	浙江建工	—
373	杭州市职工文化中心		浙江三建
374	省职工服务中心工程		—
375	宁波梅山边检站营区用房工程		中信设备
376	浙江大学国际联合学院（海宁国际校区）二期施工总承包工程（教学北区）		浙江武林 建工幕墙
377	浙江一建科研综合大楼	浙江一建	浙江武林
378	杭政储出〔2007〕82 号地块商业金融业用房(2#楼及北区地下室)		—
379	杭州九峰垃圾焚烧发电工程	浙江二建	—
380	宁波市鄞州区第二医院二期综合楼工程		二建安装
381	翡翠城学校 A 楼、B 楼、地下室工程	浙江三建	—
382	天台国大旅游综合体工程酒店 A、B 楼	—	建工幕墙 浙江武林
383	核电宣教中心（核电科技馆）	—	浙江一建
384	宁波大学体育训练馆项目	—	二建钢构

序号	项目名称	承建单位	参建单位
385	浙江省警卫局后勤保障基地一期工程	—	富厦装饰
2019 年度：10 项（主承建 9 项、参建 1 项）			
386	杭政储出〔2012〕24 号地块商业商务用房		中信安装
387	浙江省信息化测绘创新基地（国家测绘地理信息局东海测绘基地）科研生产办公楼及地下室	浙江建工	—
388	互联网安防产业基地 I 标段	浙江一建	—
389	中国美术学院国际设计艺术博物馆		—
390	富阳市博物馆、美术馆、档案馆"三馆合一"项目		二建装饰 二建安装
391	宁波新材料（国际）创新中心 A 区（地下室、1#楼-1、1#楼-2）	浙江二建	二建安装
392	浙江自然博物园核心馆区建设工程		—
393	淳安县生活垃圾环保处理项目		—
394	杭政储出〔2013〕73 号（下城区灯塔单元 C6—D12）地块科研大楼项目	浙江三建	
395	农金大厦	—	浙江安装
2020 年度：11 项（主承建 9 项、参建 2 项）			
396	萧山区科技创新中心	浙江建工	—
397	长兴太湖博览园及基础设施配套工程		建工安装 浙江武林
398	杭政储出〔2014〕4 号地块商业商务用房	浙江一建	—
399	衢州市区生活垃圾焚烧发电项目	浙江二建	—
400	阿克苏地区学前双语教育师资培训中心		—
401	红外热像仪及非制冷红外焦平面阵列探测器建设项目		
402	望江单元 SC0403-R21-03 地块城市居民拆迁安置房（含农转非居民）项目	浙江三建	—
403	矽力杰半导体产业化基地项目		—
404	长兴县中医院二期医疗综合楼项目		—
405	世界温州人家园（金融集聚区 12-04、12-06 地块）	—	浙江武林
406	总部大楼	—	浙江武林

10.3.2 其他省（区、市）级优质工程

2020 年，浙建集团获得其他省（区、市）级优质工程奖 8 项，其中上海市"白玉兰杯"1 项（详见表 10-11）、安徽省"黄山杯"1 项（详见表 10-15）、湖北省"楚天杯"3 项（详见表 10-17）、四川省"天府杯"1 项（详见表 10-18）、海南省"绿岛杯"1 项（详见表 10-19）、西藏自治区"雪莲杯"1 项（详见表 10-25）。

截至 2020 年底，浙建集团共获得其他省（区、市）级优质工程奖 102 项，其中北京市"长城杯"1 项（详见表 10-10）、上海市"白玉兰杯"6 项（详见表 10-11）、河北省"安济杯"1 项（详见表 10-12）、辽宁省"世纪杯"1 项（详见表 10-13）、江苏省"扬子杯"1 项（详见表 10-14）、安徽省"黄山杯"3 项（详见表 10-15）、江西省"杜鹃花杯"2 项（详见表 10-16）、湖北省"楚天杯"10 项（详见表 10-17）、四川省"天府杯"11 项（详见表 10-18）、海南省"绿岛杯"4 项（详见表 10-19）、青海省"江河源杯"5 项（详见表 10-20）、广西壮族自治区"真武阁杯"2 项（详见表 10-21）、宁夏回族自治区"西夏杯"1 项（详见表 10-22）、新疆维吾尔自治区"天山奖"17 项（详见表 10-23）、新疆生产建设兵团"昆仑杯"35 项（详见表 10-24）、西藏自治区"雪莲杯"1 项（详见表 10-25）、香港特别行政区"优质建筑大奖"1 项（详见表 10-26）。

（1）北京市"长城杯"

表 10-10 北京市"长城杯"优质工程汇总

序号	项目名称	承建单位	年份
1	外交公寓改扩建	浙江一建	2015 年

（2）上海市"白玉兰杯"

表 10-11 上海市"白玉兰杯"优质工程汇总

序号	项目名称	承建单位	参建单位	年份
1	上海卢湾体育馆	集团总部	—	1997 年
2	上海南汇邮电大楼	集团总部	—	2000 年
3	上海系统生物医药研究中心	浙江一建	—	2011 年
4	通用汽车亚太总部及研发中心一期安装工程	浙江安装	—	2011 年
5	上海交通大学新建闵行校区转化医学大楼	—	浙江一建	2019 年
6	漕河泾现代服务业集聚区二期（二）工程 A 标段 35#楼	—	浙江安装	2020 年

(3) 河北省"安济杯"

表 10-12　河北省"安济杯"优质工程汇总

序号	项目名称	承建单位	年份
1	河北中煤旭阳焦化有限公司 170t/h 干熄焦发电项目	浙江安装	2018 年

(4) 辽宁省"世纪杯"

表 10-13　辽宁省"世纪杯"优质工程汇总

序号	项目名称	承建单位	年份
1	金州生活垃圾焚烧发电项目	浙江二建	2019 年

(5) 江苏省"扬子杯"

表 10-14　江苏省"扬子杯"优质工程汇总

序号	项目名称	承建单位	年份
1	苏州时代广场 N2 地块安装工程	浙江安装	2011 年

(6) 安徽省"黄山杯"

表 10-15　安徽省"黄山杯"优质工程汇总

序号	项目名称	承建单位	年份
1	宁国市人民医院住院综合楼	浙江建工	2017 年
2	马鞍山市生活垃圾焚烧发电工程	浙江二建	2019 年
3	古井城市广场	浙江建工	2020 年

(7) 江西省"杜鹃花杯"

表 10-16　江西省"杜鹃花杯"优质工程汇总

序号	项目名称	承建单位	参建单位	年份
1	抚州大剧院	—	浙江一建	2009 年
2	抚州文化园图书馆、博物馆	浙江一建	—	2011 年

(8) 湖北省"楚天杯"

表 10-17　湖北省"楚天杯"优质工程汇总

序号	项目名称	承建单位	参建单位	年份
1	武汉国际企业中心三期厂房 1#楼	—	浙江建工	2009 年
2	谷尚居 22#楼	浙江建工	—	2011 年
3	水生所三期创新基建科研实验楼	浙江建工	—	2013 年
4	汉江国际大厦	浙江建工	—	2015 年

序号	项目名称	承建单位	参建单位	年份
5	荆门市第一人民医院南城区医院一期工程	浙江建工	—	2016 年
6	武汉光谷国际网球中心主场馆	浙江一建	—	
7	中南冶金地质研究所科研办公大楼	浙江二建	—	2017 年
8	孝感市"市民之家"建设项目施工总承包项目	浙江建工	—	2020 年
9	（03J16 地块）商务、居住项目（一期）C1#、C2#、C4#、C6#楼及地下室（四新之光）		—	
10	华中科技大学同济医学院附属协和医院综合住院楼（ 期）	浙江二建	—	

（9）四川省"天府杯"

表 10-18　四川省"天府杯"优质工程汇总

序号	项目名称	承建单位	年份
1	华都美林湾一期 3#楼工程	浙江建工	2011 年
2	华都美林湾一期 5#楼工程		
3	四川天味食品、调味品产业化生产经营项目炒制类产品生产车间工程	浙江建工	2013 年
4	华侨凤凰国际城一期工程		
5	四川天味食品、调味品产业化生产经营项目营运及研发中心	浙江建工	2014 年
6	华都美林湾 10#楼		
7	华都美林湾 13#楼		
8	通威广场	浙江建工	2016 年
9	四川川味复合调味料生产基地香辣酱、香水系列车间工程		
10	大邑圣桦城项目一期单体总包工程 1#楼	浙江三建	
11	中港央湖名邸二标段 1#、2#、4#、5#楼	浙江建工	2020 年

（10）海南省"绿岛杯"

表 10-19　海南省"绿岛杯"优质工程汇总

序号	项目名称	承建单位	年份
1	绿色佳园"江畔人家"2-7#—2-9#楼、1-10#—1-12#楼，3#、4#地下室	浙江三建	2012 年
2	三亚市生活垃圾焚烧发电厂项目	浙江二建	2017 年
3	博鳌恒大国际医学中心（医疗楼）	浙江建工	2019 年
4	中国海南海花岛 3#岛二（一）期 373#、386#楼及地下室工程	浙江建工	2020 年

（11）青海省"江河源杯"

表 10-20　青海省"江河源杯"优质工程汇总

序号	项目名称	承建单位	年份
1	青海省藏医院	浙江建工	2011 年
2	景林佳苑住宅小区（C 标段）	浙江建工	2013 年
3	青海师范大学新校区教学服务用房建设项目（图书馆信息中心）	浙江建工	2017 年
4	青海省图书馆（二期）、美术馆、文化馆项目	浙江建工	2019 年
5	青海省委党校、青海省行政学院 2 号学员宿舍楼建设项目		

（12）广西壮族自治区"真武阁杯"

表 10-21　广西壮族自治区"真武阁杯"优质工程汇总

序号	项目名称	承建单位	年份
1	"东岸阳光"住宅小区 3C#住宅楼	集团总部	2018 年
2	"东岸阳光"4B 住宅楼、4C 底层商铺及住宅楼	集团总部	2019 年

（13）宁夏回族自治区"西夏杯"

表 10-22　宁夏回族自治区"西夏杯"优质工程汇总

序号	项目名称	承建单位	年份
1	银川车站站房工程	浙江建工	2012 年

（14）新疆维吾尔自治区"天山奖"

表 10-23　新疆维吾尔自治区"天山奖"优质工程汇总

序号	项目名称	承建单位	年份
1	阿拉尔医院综合楼	三五九建工	2011 年
2	兵团农一师医院体检中心医技楼		
3	阿拉尔市"三五九屯垦"文化纪念馆 2013	三五九建工	2012 年
4	农一师高级中学教学楼 2013		
5	阿克苏地区柯坪县双语寄宿制小学教学楼	浙江二建	2013 年
6	柯坪县群众文化活动中心		
7	阿克苏浙江"双语"教师培训中心（一期）		
8	乌什县综合社会福利中心		
9	新和县浙江丽水维吾尔医医院一期建设项目工程（病房楼）		
10	阿克苏市社会福利中心		
11	阿拉尔市残疾人康复中心	三五九建工	
12	新疆友好集团阿克苏天百国际购物中心	三五九建工	2014 年

序号	项目名称	承建单位	年份
13	第一师公安局特警队训练基地综合楼工程	三五九建工	2015 年
14	库车县传染病医院（第二人民医院）扩建项目-门诊医技楼	浙江二建	2016 年
15	阿克苏地区高级技工学校化工实训楼建设项目		
16	一师阿拉尔市文化馆（图书馆）建设项目	三五九建工	
17	阿克苏地区学前教育师资培训中心工程	浙江二建	2019 年

（15）新疆生产建设兵团"昆仑杯"

表 10-24　新疆生产建设兵团"昆仑杯"优质工程汇总

序号	项目名称	承建单位	年份
1	良繁场实验楼	三五九建工	2002 年
2	人民法院办公楼		
3	机关商贸楼		
4	九团办公楼		
5	农一师党校干部培训楼	三五九建工	2003 年
6	一师十团中学综合教学楼	三五九建工	2005 年
7	一师中学综合教学实验楼		
8	一师医院外科病房楼	三五九建工	2006 年
9	塔里木大学 15#学生公寓		
10	一师十三团教学楼		
11	塔里木大学 28 号教工住宅楼	三五九建工	2007 年
12	阿拉尔农业技术推广中心综合楼	三五九建工	2008 年
13	塔里木大学 18 号学生公寓楼	三五九建工	2009 年
14	农一师 16 团医院医疗楼		
15	农一师阿拉尔医院门诊楼	三五九建工	2010 年
16	塔里木大学 19 号学生公寓楼		
17	农一师金地美居大厦		
18	兵团农一师医院体检中心医技楼	三五九建工	2011 年
19	学士名府 1#楼		
20	学士名府 3#楼		
21	一师医院天使小区 1#高层住宅楼	三五九建工	2012 年
22	阿拉尔三五九屯垦纪念馆		
23	农一师高级中学教学楼		

序号	项目名称	承建单位	年份
24	一师高级中学综合实验楼	三五九建工	2013 年
25	阿拉尔市残疾人康复中心		
26	一师医院天使小区 2#高层住宅楼		
27	天百名宅花园小区 5#楼	三五九建工	2014 年
28	一师电力公司职工集资 1#住宅楼		
29	天百名宅花园小区 2#高层住宅楼	三五九建工	2015 年
30	第一师公安局特警队训练基地综合楼工程		
31	第一师党委党校综合办公楼		
32	第一师全科医生培训基地、阿拉尔市妇幼保健医院、阿拉尔市中医院综合楼	三五九建工	2016 年
33	第一师阿拉尔市中心血站	三五九建工	2017 年
34	阿拉尔新农甘草系列产品精深加工项目一标段-综合楼		
35	第一师医院大学生（单身）周转房		

（16）西藏自治区"雪莲杯"

表 10-25　西藏自治区"雪莲杯"优质工程汇总

序号	项目名称	承建单位	年份
1	西藏自治区档案局（馆）新馆项目	浙江建工	2020 年

（17）香港特别行政区"优质建筑大奖"

表 10-26　香港特别行政区"优质建筑大奖"汇总

序号	项目名称	承建单位	年份
1	将军澳明爱专上学院上盖工程	集团总部	2018 年

10.3.3　部（行业）级优质工程

2020 年，浙建集团获得部（行业）级优质工程奖 8 项，其中"中国电力优质工程" 4 项（详见表 10-28）、"全国化学工业优质工程" 4 项（详见表 10-29）。

截至 2020 年底，浙建集团共获得部（行业）级优质工程奖 34 项，其中"中国水利工程优质（大禹）奖" 1 项（详见表 10-27）、"中国电力优质工程" 16 项（详见表 10-28）、"全国化学工业优质工程" 11 项（详见表 10-29）、"中石化优质工程" 3 项（详见表 10-30）、"全国冶金行业优质工程" 1 项（详见表

10-31）、"石油优质工程（境外工程）金质奖"1 项（详见表 10-32）、"詹天
佑奖优秀住宅小区金奖"1 项（详见表 10-33）。

（1）中国水利工程优质（大禹）奖

表 10-27 "中国水利工程优质（大禹）奖"汇总

序号	项目名称	承建单位	年份
1	中国水利博物馆	浙江一建	2018 年

（2）中国电力优质工程

表 10-28 "中国电力优质工程"汇总

序号	项目名称	承建单位	参建单位	年份
1	淮浙煤电凤台发电厂一期 2×600MW 工程	—	浙江二建	2009 年
2	浙江国华宁海电厂二期扩建（2×1000MW）工程（水管道及管架、地下设施建筑安装）	浙江安装	—	2010 年
3	华能金陵电厂二期工程	浙江二建	—	2011 年
4	华润浙江苍南发电厂（2×1000MW)超超临界燃煤发电机组建筑工程	浙江二建	—	2017 年
5	浙能台州第二发电厂新建工程		—	
6	惠州市惠阳区生活垃圾焚烧发电项目		—	
7	南昌泉岭生活垃圾焚烧发电厂工程	浙江二建	—	2018 年
8	萧山区东片生活垃圾焚烧发电一期工程		—	
9	华能新疆轮台 2×350MW 热电厂新建工程		—	
10	高安市生活垃圾焚烧发电项目	浙江二建	—	2019 年
11	攀枝花市生活垃圾焚烧发电工程		—	
12	杭州九峰垃圾焚烧发电工程		—	
13	华能烟台八角电厂 2×660MW"上大压小"新建工程		—	
14	华能宁夏大坝电厂四期 2×660MW 工程	浙江二建	—	2020 年
15	福建华能罗源电厂 2×660MW 新建工程		—	
16	义乌市垃圾焚烧发电厂 65MW 提升改造工程		—	

（3）全国化学工业优质工程

表 10-29　"全国化学工业优质工程"汇总

序号	项目名称	承建单位	年份
1	兖矿鲁南化肥厂原料及动力结构调整项目安装项目	浙江安装	2008 年
2	国际香料香精（浙江）有限公司增资扩建二期工程	浙江安装	2011 年
3	上海焦化产品结构调整多联产项目配套空分项目	浙江安装	2013 年
4	中化泉州 1200 万吨/年炼油项目	浙江安装	2015 年
5	中煤陕西榆林能源化工有限公司甲醇醋酸系列深加工及综合利用项目一期		
6	常州市新北生活垃圾焚烧发电项目	浙江二建	2018 年
7	都匀市生活垃圾焚烧发电项目	浙江二建	2019 年
8	自贡市生活垃圾环保发电项目（二期）	浙江二建	2020 年
9	西华县生活垃圾焚烧发电项目		
10	浙江石油化工有限公司 4000 万/年炼化一体化项目（一期）		
11	河南心连心采用清洁生产技术进行产业升级项目（一期）	浙江安装	

（4）中石化优质工程

表 10-30　"中石化优质工程"汇总

序号	项目名称	承建单位	年份
1	100 万吨/年乙烯 POSM 及乙苯装置	浙江二建	2011 年
2	100 万吨/年乙烯装置		
3	中石化宁波工程有限公司中安联合煤化工项目煤气化装置安装工程（三标段）	浙江安装	2019 年

（5）全国冶金行业优质工程

表 10-31　"全国冶金行业优质工程"汇总

序号	项目名称	承建单位	参建单位	年份
1	斯里兰卡机场高速公路 CKE 项目	—	浙江大成	2014 年

（6）石油优质工程（境外工程）金质奖

表 10-32　"石油优质工程（境外工程）金质奖"汇总

序号	项目名称	承建单位	年份
1	越南（煤头）化肥项目	浙江安装	2014 年

（7）詹天佑奖优秀住宅小区金奖

表 10-33 "詹天佑奖优秀住宅小区金奖"汇总

序号	项目名称	承建单位	年份
1	四川蓝光·贡山壹号	浙江三建	2015 年

10.4 其他类别优质工程

10.4.1 市政类优质工程

（1）市政金杯示范工程

截至 2020 年底，浙建集团共获得"市政金杯示范工程"2 项（详见表 10-34）。

表 10-34 "市政金杯示范工程"汇总

序号	项目名称	承建单位	年份
1	黄岩污水处理厂一期工程	浙江安装	2003 年
2	哈尔滨市道外二十道街松花大桥及引道工程（III标段）	浙江大成	2011 年

（2）浙江省市政金奖示范工程

截至 2020 年底，浙建集团共获得"浙江省市政金奖示范工程"8 项（详见表 10-35）。

表 10-35 "浙江省市政金奖示范工程"汇总

序号	项目名称	承建单位	年份
1	东阳污水处理厂	浙江建工	2006 年
2	嘉兴石臼漾水厂		
3	兰溪市污水处理厂工程	浙江安装	2008 年
4	萧山东片大型污水处理厂工程		
5	舟山市小干污水处理厂一期工程	浙江安装	2009 年
6	杭州德胜快速路工程（东段）6-1 标	浙江大成	
7	杭州留石快速路一期（跨上塘河桥）工程		
8	杭州市东部 LNG 应急气源站工程	浙江安装	2017 年

10.4.2 钢结构类优质工程

（1）中国钢结构金奖（国家优质工程）

2020 年,浙江建工获得"中国钢结构金奖(国家优质工程)"1 项（详见表 10-36）。

截至 2020 年底，浙建集团共获得"中国钢结构金奖（国家优质工程）"12

项（详见表 10-36）。

表 10-36　"中国钢结构金奖（国家优质工程）"汇总

序号	项目名称	承建单位	年份
1	宁波国际金融服务中心北区工程	浙江二建	2011 年
2	银川车站改造工程站房、雨棚、天桥钢结构工程	浙江建工	2012 年
3	宁波文化广场Ⅳ标段钢结构工程	浙江二建	
4	化工路跨余杭塘河桥上部钢箱梁工程	浙江建工	2013 年
5	新建杭州东站扩建工程站房及相关工程	浙江建工	2014 年
6	杭政储出〔2007〕55 号地块办公、商业金融用房钢结构工程（中信银行）		
7	乐清市中心区体育中心（体育场、游泳馆、体育馆）钢结构及屋面工程		
8	宁波嘉裕酒店钢结构工程	浙江二建	2015 年
9	武汉光谷国际网球中心主场馆	浙江一建	2016 年
10	钱江世纪城人才专项用房一期一组团二标段	浙江建工	2017 年
11	吉利南充新能源商用车研发生产项目钢结构工程	浙江二建	
12	杭州市奥体中心网球中心决赛馆及部分平台下空间钢结构工程	浙江建工	2020 年

（2）浙江省钢结构金刚奖

2020 年，浙建集团获得"浙江省钢结构金刚奖"7 项（详见表 10-37）。

截至 2020 年底，浙建集团共获得"浙江省钢结构金刚奖"41 项（详见表 10-37）。

表 10-37　浙江省钢结构金刚奖汇总

序号	项目名称	承建单位	年份
1	浙江国华宁海电厂新建工程 210m 四管集束钢烟囱工程	浙江安装	2007 年
2	浙江浙能兰溪发电厂钢烟囱安装工程		
3	宁波镇海港区 4#泊位改扩建项目 2#廊道工程	浙江二建	2008 年
4	浙江造船有限公司船体加工车间扩建工程		
5	威塑可塑料有限公司车间仓库钢结构工程	浙江建工	2009 年
6	绍兴世茂新城连桥钢结构工程	浙江建工	2010 年
7	镇海发电厂 2 套 430MW 烟气脱硫工程脱硫烟囱工程	浙江安装	
8	舟山朗熹电厂二期烟囱钢内筒工程		
9	宁波国际金融服务中心北区工程	浙江二建	2011 年
10	滨海热电厂 1 套 300MW 烟囱钢内筒工程项目	浙江安装	
11	嘉兴发电厂三期烟囱工程钢内筒工程		

续表

序号	项目名称	承建单位	年份
12	杭州余杭塘路工程02标钢结构桥梁工程	浙江建工	2012年
13	宁波文化广场Ⅳ标段钢结构工程	浙江二建	
14	淮浙煤电凤台电厂二期烟囱钢内筒工程	浙江安装	2014年
15	中国美术学院民艺博物馆	浙江一建	2016年
16	杭州国际大厦改造项目		
17	中海石油宁波大榭石化馏分油综合利用项目钢结构工程	浙江二建	
18	重庆北汽银翔二期1#库房钢结构工程		
19	乌镇互联网国际会展中心钢结构工程	浙江建工	2017年
20	义乌中福广场（A组团）钢结构工程		
21	杭政储出〔2008〕18号地块办公商业金融用房（D-09-1）A楼工商银行	浙江一建	
22	浙江一建科研综合大楼		
23	杭政储出〔2007〕82号地块商业金融业用房工程		
24	宁波市城市展览馆工程	浙江二建	
25	湖州浙建钢结构制造加工基地一期工程		
26	浙江浙能温州电厂烟囱内筒制作安装工程	浙江安装	
27	中国美术学院国际设计艺术博物馆	浙江一建	2018年
28	宁波大学体育训练馆项目	浙江二建	
29	新建生产及辅助用房项目一区1标段（除桩基）钢连廊专业分包工程	浙江建工	2019年
30	西湖区文体中心（浙商文化中心）		
31	杭政储出〔2011〕37号地块商业办公用房兼容公交用地项目	浙江一建	
32	浙江大学医学院附属第一医院余杭院区（浙江大学邵逸夫医疗中心）		
33	浙能新疆阿克苏纺织工业城热电厂烟囱钢内筒制作安装工程	浙江安装	
34	新疆天山电力奇台热电联产一期烟囱钢内筒制作安装工程		
35	浙江鸿盛环保科技集团有限公司新材料生产科研基地建设项目	浙江建工	2020年
36	年产6万吨钢结构装配式建筑生产线项目		
37	杭州市奥体中心网球中心决赛馆及平台下空间钢结构工程		

序号	项目名称	承建单位	年份
38	兰州红楼时代广场工程	浙江建工	2020 年
39	杭州未来科技城学术交流中心	浙江一建	
40	宁波高新区滨江绿带整治工程五期	浙江二建	
41	杭政储出〔2013〕35 号地块商业商务用房	浙江三建	

10.4.3 安装类优质工程

（1）中国安装工程优质奖

2020 年，浙建集团获得"中国安装工程优质奖"（中国安装之星）3 项（详见表 10-38）。

截至 2020 年底，浙建集团共获得"中国安装工程优质奖"（中国安装之星）23 项（详见表 10-38）。

表 10-38   "中国安装工程优质奖"（中国安装之星）汇总

序号	项目名称	承建单位	参建单位	年份
1	安吉龙山体育中心安装工程	浙江安装	—	2009 年
2	宁波博物馆安装工程	浙江二建	—	
3	浙江恒逸高新材料有限公司 40 万吨聚酯直纺工程	浙江安装	—	2010 年
4	杭州市商业银行营业及办公用房机电安装工程	浙江安装	—	
5	浙江万凯新材料有限公司年产 20 万吨聚酯瓶片安装工程	浙江安装	—	2011 年
6	宁波东部新城中心商务区 B-10#地块安装工程	浙江二建	—	2012 年
7	宁波文化广场项目Ⅳ标段安装工程	浙江二建	—	2014 年
8	河南新乡 XLX A2000 空分项目安装工程	浙江安装	—	
9	镇海文化艺术中心安装工程	浙江二建	—	2016 年
10	乌镇互联网国际会展中心	浙江建工	—	2017 年
11	慈溪市客运中心站安装工程	浙江二建	—	
12	宁海招商大厦项目安装工程		—	
13	光大日照市第一生活垃圾焚烧发电厂项目安装工程		—	
14	杭州市东部 LNG 应急气源站工程	浙江安装	—	
15	富阳市博物馆、美术馆、档案馆"三馆合一"机电安装工程	浙江二建	—	2018 年
16	安徽省马鞍山市生活垃圾焚烧发电项目机电安装工程		—	
17	浙江自然博物园核心馆区建设—主馆安装工程	浙江二建	—	2019 年

序号	项目名称	承建单位	参建单位	年份
18	浙江传化股份有限公司年产 28 万吨高端纺织印染助剂项目机电安装工程Ⅱ标	浙江安装	—	2019 年
19	高安市生活垃圾焚烧发电项目	—	浙江二建	
20	农金大厦（安装工程）	—	浙江安装	
21	杭政储出〔2014〕4 号地块商业商务用房项目（钱塘湖畔孵化中心）机电安装工程	浙江一建	—	2020 年
22	宁波奥体中心项目安装工程	浙江二建	—	
23	华能宁夏大坝电厂四期安装工程	—	浙江二建	

（2）浙江省优秀安装质量奖

2020 年，浙建集团获得"浙江省优秀安装质量奖"6 项（详见表 10-39）。

截至 2020 年底，浙建集团共获得"浙江省优秀安装质量奖"128 项（详见表 10-39）。

表 10-39　"浙江省优秀安装质量奖"汇总

序号	项目名称	承建单位	参建单位
	1999 年：1 项		
1	京华科影	—	中信安装
	2000 年：2 项		
2	建工大厦	—	中信安装
3	瑞安市税务局办公楼	浙江三建	—
	2001 年：2 项		
4	浙大城市学院 C 标段	—	中信安装
5	杭州市中医院后勤综合楼	—	
	2002 年：3 项		
6	黄岩区行政大楼	—	中信安装
7	浙江省中医学院后勤综合楼	—	
8	杭州市六院医疗综合楼	—	
	2003 年：1 项		
9	浙江省中医院行政综合楼	—	中信安装
	2004 年：4 项		
10	宁波卷烟厂机修综合楼安装工程	浙江二建	—
11	浙江工商大学下沙校区图书馆及校网中心	浙江三建	—
12	浙江省自考办及中小学教师培训部		—
13	浙江老年大学迁建工程	—	中信安装

续表

序号	项目名称	承建单位	参建单位
2006年：6项			
14	宁波市鄞州区财税大楼安装工程	浙江二建	—
15	浙江理工大学二期剧场	浙江三建	—
16	浙江工商大学下沙校区行政楼		—
17	杭州华源发展大厦		—
18	湖州市图书馆		—
19	永康广电中心安装工程	—	中信安装
2007年：5项			
20	宁波港商务大厦安装工程	浙江二建	—
21	浙江工业大学屏峰校区体育馆	浙江三建	—
22	都市先锋		—
23	宁波市万达广场一区商业广场西标段		—
24	梅湾街改造 9#—11#楼及地下车库		—
2008年：5项			
25	杭州客运中心站一期安装工程	浙江二建	—
26	浙江广育爱多科技有限公司新建厂房	浙江三建	—
27	中国网通浙江省杭州通信综合楼		—
28	浙江电力设计大楼		—
29	宁波鄞州商会大厦	浙江安装	—
2009年：8项			
30	太平洋商业中心安装工程	浙江一建	—
31	宁波博物馆安装工程	浙江二建	—
32	宁波大红鹰软件学院信息科技大楼安装工程		—
33	长城大厦安装工程	浙江三建	—
34	中国纺织服装信息商务中心安装工程		—
35	钱江新城 28 号地块住宅 1#、3#楼安装工程	浙江安装	—
36	苏州石路金座安装工程		—
37	年产 6000t/a 酚醛树脂安装工程		—
2010年：7项			
38	西溪悦榕庄酒店	浙江一建	—
39	浙江省新华医院住院综合楼安装工程	浙江三建	—
40	绍兴乔波冰雪世界安装工程		—
41	杭州冷库食品交易市场冷库系统集成安装工程	浙江安装	—
42	杭州市商业银行（杭州银行）营业及办公用房工程		—

序号	项目名称	承建单位	参建单位
43	下城区体育文化中心工程	浙江安装	—
44	杭州市萧山区第一人民医院医疗综合楼	—	中信安装
	2011年：6项		
45	杭州市高科技企业孵化器有限公司二期工程3#楼安装工程	浙江一建	—
46	沪杭客专站房及站场相关工程二标段嘉兴南站安装工程		—
47	浙江冶金科技大厦安装工程		—
48	南湖革命纪念馆新馆安装工程	浙江三建	—
49	浙江蓝天环保氟材料有限公司年产3000吨HFC-227a、年产10000吨混合工质建设项目安装工程	浙江安装	—
50	浙江万凯新材料有限公司年产20万吨聚酯瓶片安装工程		—
	2012年：11项		
51	银川车站改造站房、雨棚、天桥及地道标段安装工程	浙江建工	—
52	宁波东部新城中心商务区B-10#地块安装工程		—
53	宁波和丰创意广场I标段安装工程	浙江二建	—
54	中国兵器科学研究院宁波分院二期工程建设项目I标段安装工程		—
55	浙江三立时代广场安装工程	浙江三建	—
56	嘉兴威凯检测技术有限公司综合楼安装工程		—
57	浙江合盛硅业有限公司二期年产6万吨有机硅项目安装工程		—
58	浙江传化股份有限公司年产17万吨纺织有机硅、有机氟一期安装工程	浙江安装	—
59	海盐人民医院迁建安装工程		—
60	中国电信股份有限公司杭州分公司下沙呼叫中心1#、3#消防及弱电安装工程		—
61	杭州华联钱江时代广场·写字楼暖通安装工程		—
	2013年：7项		
62	杭州市第十医院新建安装工程	浙江建工	—
63	中国（舟山）大宗商品交易中心安装工程		—
64	镇海炼化办公楼整合改扩建项目安装工程	浙江二建	—
65	庆春路38号商务综合大楼安装工程	浙江三建	—
66	浙江中烟工业有限公司杭州制造部"十一五"易地技改项目水电暖通安装工程	浙江安装	—
67	浙江巴陵恒逸己内酰胺有限公司2×10万吨/年己内酰胺项目（二标段）		—
68	宁波天衡搬迁改造项目（一期）安装		—
	2014年：7项		
69	新建杭州东站扩建工程站房及相关工程	浙江建工	—

序号	项目名称	承建单位	参建单位
70	杭政储出〔2010〕9 号地块一、二期商品住宅安装工程	浙江建工	—
71	宁波文化广场项目 IV 标段安装工程	浙江二建	—
72	宁波北仑区-宁职院图书馆安装工程		—
73	苏州市轨道交通 2 号线工程主线车站机电安装及装修施工项目 SRT2-13-8 标安装工程		—
74	绍兴柯桥玉兰花园 II 期二标安装工程	浙江三建	—
75	绍兴民生医药有限公司 I 期工程后续项目安装工程	浙江安装	—
	2015 年：13 项		
76	乐清体育中心	浙江建工	—
77	宁波滨海新城医院		—
78	绿城·秀丽春江 3#地块 A 区工程		—
79	镇海新城核心区 D1、D3 地块商务楼		—
80	富阳市医疗卫生中心	浙江一建	—
81	新加坡杭州科技园软件工厂-1B 期		—
82	镇海文化艺术中心安装工程	浙江二建	—
83	杭州海康威视监控智能产业化基地工程	浙江三建	—
84	浙江科技学院安吉校区（中德工程师学院）	浙江安装	—
85	经投商务大厦暖通安装工程		—
86	杭政储出〔2009〕59 号地块住宅项目机电分包工程（ I ）		—
87	宁波轨道交通指挥控制中心安装工程		—
88	浙江双兔新材料有限公司年产 100 万吨差别化纤一期工程		—
	2016 年：7 项		
89	浙江建设科技研发中心	浙江建工	—
90	衢海大厦		—
91	华东勘测设计研究院办公楼、健身中心、餐饮、会议中心、地下室		—
92	武汉光谷国际网球中心一期 15000 座网球馆和配套楼安装工程	浙江一建	—
93	镇海庄市社区服务中心	浙江二建	—
94	杭州师范大学仓前校区一期工程中心区西块工程	浙江三建	—
95	浙江省残疾人康复指导中心迁建工程		—
	2017 年：9 项		
96	浙江建设科技研发中心工程总承包项目	浙江建工	—
97	杭州雅谷泉山庄酒店整体翻建项目	浙江一建	—
98	宁海招商大厦项目安装工程	浙江二建	—
99	慈溪客运中心站安装工程		—

续表

序号	项目名称	承建单位	参建单位
100	宁波市鄞州第二医院二期综合楼安装工程	浙江二建	—
101	余政储出〔2011〕80号地块办公室及地下室项目	浙江三建	—
102	浙江大桥油漆有限公司35000吨/年环保型涂料树脂研发生产项目安装工程	浙江安装	—
103	置信广场商场及酒店配套用房安装工程		—
104	浙江商会大厦消防及暖通安装工程		—
	2018年：10项		
105	杭州市职工文化中心	浙江建工	—
106	宁波梅山边检站营区用房工程		—
107	杭政储出〔2011〕68号商业金融用房		—
108	杭政储出〔2007〕82号地块	浙江一建	—
109	浙江一建科研综合大楼		—
110	互联网安防产业基地Ⅰ标		—
111	宁波大学中心图书馆空调与地源热泵及智能化安装工程	浙江二建	—
112	富阳市博物馆、美术馆、档案馆"三馆合一"机电安装工程		—
113	天津宁河区秸秆焚烧发电项目	浙江安装	—
114	合成气分离净化制CO和H_2三期装置扩建项目		—
	2019年：8项		
115	乐清市人民医院扩建工程(医疗急救大楼项目)安装工程	浙江建工	—
116	长兴太湖博览园及基础设施配套工程建设项目		—
117	浙江自然博物园核心馆区建设工程主馆	浙江二建	—
118	杭政储出〔2012〕68号地块商业商务用房(绿谷.杭州浙商创新发展中心消防工程)	浙江三建	—
119	杭政储出〔2013〕73号（下城区灯塔单元C6—D12）地块科研大楼		—
120	浙江传化股份有限公司年产27万吨高端纺织印染助剂项目机电安装工程Ⅱ标	浙江安装	—
121	沈鼓集团CAP1400屏蔽电机主泵试验台建设项目工艺管线及设备安装工程		—
122	农金大厦		—
	2020年：6项		
123	宁波奥体中心项目安装工程	浙江二建	—
124	缙云县壶镇中学迁建工程机电安装工程	浙江三建	—

序号	项目名称	承建单位	参建单位
125	浦江县城中村（棚户区）改造一期（标段二）设计·采购·施工（EPC）	浙江三建	
126	海宁皮革时尚小镇创意核心区一期消防暖通工程		
127	中安联合煤化有限责任公司煤制170万吨/年甲醇及转化烯烃项目厂内储煤及输送设施、煤炭运输系统安装工程	浙江安装	—
128	巴斯夫聚氨酯（重庆）有限公司天然气制合成气项目安装工程		

10.4.4 装饰类优质工程

（1）中国建筑工程装饰奖

2020年，浙建集团获得"中国建筑工程装饰奖"5项（详见表10-40）。

截至2020年底，浙建集团共获得"中国建筑工程装饰奖"102项（详见表10-40）。

表 10-40 中国建筑工程装饰奖汇总

序号	项目名称	承建单位
	2001 年：1 项	
1	杭州中大花园公建 III 楼	浙江三建
	2002 年：2 项	
2	浙江省肿瘤医院病房大楼	浙江三建
3	浙江康莱特药业有限公司	浙江武林
	2003 年：2 项	
4	杭州汇丽绣花制衣有限公司综合楼	浙江三建
5	宁波开发区科技创业园大楼	浙江武林
	2004 年：2 项	
6	杭州海关大楼	浙江三建
7	杭州国大百货（连卡佛）商场	
	2005 年：5 项	
8	中田大厦	浙江建工
9	杭州师范学院下沙校区图书馆	
10	青海省电力公司综合楼(宾馆)	
11	杭州千岛湖开元度假村-酒店	浙江三建
12	萧山移动枢纽大楼	浙江武林
	2006 年：2 项	
13	浙江老年大学（迁建）工程	浙江建工
14	湖州市图书馆	浙江三建
	2007 年：1 项	
15	长兴县大剧院	浙江武林
	2008 年：3 项	
16	四宜路招待所修缮改造项目	浙江建工
17	中山花园（浙江绿城·深蓝广场）	浙江三建
18	台州市黄岩区财政局、地税局办公综合楼	浙江武林

序号	项目名称	承建单位
2009 年：6 项		
19	华东桐柏抽水蓄能电站交通洞口、洞身及地下厂房装饰工程	浙江建工
20	杭州天辰国际广场幕墙工程	
21	青海红十字医院医疗综合楼	
22	杭州白鹭湾君澜度假酒店	浙江三建
23	中都青山湖畔大酒店	浙江武林
24	浙江省疾病预防控制中心	
2010 年：7 项		
25	浙江金融职业学院新校区二期（二标段）成教学院楼	浙江建工
26	抚州汤显祖大剧院	浙江一建
27	长城大厦	浙江三建
28	成都中铁名人大酒店	浙江武林
29	上海悦华大酒店	
30	温州工人文化宫	
31	三门行政中心	
2011 年：12 项		
32	平湖市行政中心行政大楼工程	浙江建工
33	中国湿地博物馆	
34	杭州市职业技术学院实训基地暨杭州市公共实训基地外墙幕墙装饰工程	
35	西溪悦榕庄酒店	浙江一建
36	杭州西溪旅游服务中心酒店式公寓幕墙工程	浙江武林
37	桐庐立山国际中心幕墙工程	
38	温州移动生产指挥大厦	
39	平湖行政中心装饰工程	
40	上海香溢花城会所	
41	北京人保	
42	湖州爱山广场幕墙工程	
43	海港大厦幕墙工程	
2012 年：5 项		
44	浙报集团采编大楼	浙江建工
45	武汉广播影视局(老楼)改扩建装饰装修工程	
46	银川车站改造站房、雨棚、天桥及地道标段幕墙工程（幕墙类）	
47	桐庐桦桐大厦幕墙工程	
48	中国光大银行杭州分行办公楼室内装饰工程	浙江一建
2013 年：10 项		
49	东部国际商务中心二期幕墙工程	浙江建工
50	杭州市高科技企业孵化器有限公司二期工程	浙江一建
51	镇海炼化东海宾馆	
52	浙江中烟杭州制造部"十一五"易地技改办公检验生活配套中心室内装饰装修工程（Ⅰ标段）	浙江武林
53	桐城金融大厦幕墙工程	

序号	项目名称	承建单位
54	湖州久立科技中心	浙江武林
55	西溪喜来登大酒店	
56	新昌电力幕墙工程	
57	杭州妇女活动中心	
	2014 年：6 项	
58	梅山保税港区商贸楼工程	浙江建工
59	蓝郡华庭（余政挂出〔2009〕18 号地块）Ⅰ标	
60	蓝郡华庭（余政挂出〔2009〕18 号地块）Ⅱ标	
61	镇海新城核心区 D1、D3 地块商务楼幕墙工程	
62	梵石大厦	浙江一建
63	浙江中烟工业有限责任公司杭州制造部 "十一五" 异地技改联合工房	浙江三建
	2015 年：9 项	
64	乐清体育中心体育馆幕墙工程	浙江建工
65	义乌国际小商品博览会场馆—五星级酒店室内装饰工程	浙江一建
66	海康威视	浙江武林
67	上海长风 10 号地块 1 号楼	
68	滨江 76 号地块	
69	温岭建筑业大厦	
70	浦江仙华文景园	
71	东站西广场	
72	上海西子联合国际（外省）	
	2016 年：2 项	
73	杭州金融投资集团有限公司办公用房装修工程	浙江一建
74	绿城·兰园室内精装修工程	浙江三建
	2017 年：5 项	
75	杭州雅谷泉山庄酒店整体翻建项目	浙江一建
76	萧山机场贵宾楼	浙江武林
77	桐庐励骏大酒店装饰工程	
78	乌镇互联网国际会展中心	
79	太仓金融中心	
	2018 年：10 项	
80	华东勘测设计研究院办公楼、健身中心、餐饮会议中心、地下室工程办公楼 4 楼及以上室内装饰装修工程	浙江建工
81	北山路 84 号地块国宾接待中心	
82	国大旅游综合体幕墙工程	
83	杭州电力生产调度中心幕墙工程	
84	富阳市博物馆、美术馆、档案馆 "三馆合一" 室内装饰工程	浙江二建
85	杭州市职工文化中心（精装修）	浙江三建
86	杭州电力生产调度中心工程	浙江武林
87	北山路 84 号国宾接待中心 B 区装饰工程	
88	义乌经济开发区中心区 B 地块·稠州大厦幕墙工程	
89	浙江温州瓯海农村合作银行总部大楼幕墙工程	

续表

序号	项目名称	承建单位
	2019 年：8 项	
90	西湖区文体中心（浙商文化中心）幕墙工程	浙江建工
91	上海交通大学转化医学大楼室内装饰工程	浙江一建
92	杭州市中医院丁桥分院室内精装修工程二标段	浙江三建
93	苏州工业园区体育中心项目（体育场、游泳馆）内装工程一标段	浙江武林
94	温州威斯汀酒店室内装饰工程 II 标段	
95	温州滨海新城投资集团总部工程	
96	乌镇互联网国际会展中心二期工程幕墙工程	
97	杭州奥体博览中心主体育场区主体育场及附属设施室内装饰工程（II标段）	
	2020 年：5 项	
98	常山县中国观赏石博览馆装饰布展项目	浙江建工
99	龙游县博物馆	浙江三建
100	长兴太湖博览园及基础设施配套工程	浙江武林
101	湘湖逍遥庄园幕墙工程（A 标段）	
102	金融集聚区（12-06 地块）危旧房改造（安置联建）工程（世界温州人家园 12-06 地块 A 幢装修工程）	

（2）中国长三角优秀石材建设工程金石奖

2020 年，浙建集团获得"中国长三角优秀石材建设工程金石奖"5 项（详见表 10-41）。

截至 2020 年底，浙建集团共获得"中国长三角优秀石材建设工程金石奖"45 项（详见表 10-41）。

表 10-41 "中国长三角优秀石材建设工程金石奖"汇总

序号	项目名称	承建单位	年份
1	温州市税务局幕墙工程	浙江武林	2009 年
2	三门行政中心幕墙工程	浙江武林	2010 年
3	西溪山庄一期四区块外墙装饰工程	浙江建工	2011 年
4	杭政储出〔2007〕71 号地块商业金融办公用房幕墙工程	浙江建工	2012 年
5	中北花园二期 I 标段幕墙工程		
6	绍兴科创大厦	浙江武林	
7	杭政储出〔2007〕23 号地块 A 标段外墙石材干挂工程	浙江建工	2013 年
8	下沙时代山幕墙工程	浙江武林	
9	杭州市农口事业单位整体迁建项目工程		
10	平阳县人民法院	浙江武林	2014 年
11	温州自来水厂		
12	乐清公安		
13	上海国际水岸企业总部基地项目石材工程	浙江建工	2015 年
14	文成客运中心	浙江武林	

序号	项目名称	承建单位	年份
15	台州三水润园	浙江武林	2015 年
16	天和锦园	浙江建工	2016 年
17	巨一首府		
18	浙江音乐学院（筹）校区建设幕墙工程		
19	太仓金融大厦幕墙工程	浙江武林	
20	消防总队留下干部专用房		
21	富春和园幕墙工程		
22	绍兴澜山苑		
23	平阳世豪绿洲花园幕墙		
24	泛海国际公寓（10 号地块）8 号、9 号楼项目施工总承包工程	浙江建工	2017 年
25	华润昆玉九里项目 B3 区总承包工程		
26	创业智慧医疗软件生产基地幕墙工程		
27	浙大海宁校区一期工程	浙江武林	
28	望江府		
29	联合田园幕墙工程		
30	农房湖海城市花园		
31	漕宝路 1574 号配套商业综合楼装饰工程	浙江建工	2018 年
32	杭政储出〔2012〕44 号地块商品住宅（设配套公建）项目外墙幕墙工程二标段	浙江武林	
33	阳光郡三、四期商品住宅幕墙专业分包工程（B）标段		
34	余政挂出〔2010〕17 号地块 4#、5#商业办公楼、垃圾房及地下室工程		
35	宁波欢乐海岸 C2 地块示范区幕墙工程		
36	国际海岛旅游大会永久性会址工程一期-会议中心幕墙工程		
37	金湖庄园（暂定名）一期石材工程	浙江建工	2019 年
38	国大旅游综合体石材幕墙工程		
39	杭州电力生产调度中心石材幕墙工程		
40	越秀星汇城 C3C4	浙江武林	
41	浙通名力桃花岛西区二期工程（60#—64#别墅）土建安装工程	浙江建工	2020 年
42	浙通名力桃花岛西区二期工程（47#—59#别墅）土建安装工程		
43	浙通名力桃花岛项目东区二期（67#—69#楼）石材幕墙工程	浙江武林	
44	灵昆新市镇一期工程石材幕墙工程		
45	龙游县博物馆项目设计施工总承包项目石材幕墙工程		

（3）浙江省优秀建筑装饰工程奖

2020 年，浙建集团获得"浙江省优秀建筑装饰工程奖"17 项（详见表 10-42）。

截至 2020 年底，浙建集团共获得"浙江省优秀建筑装饰工程奖"334 项（详见表 10-42）。

表 10-42 "浙江省优秀建筑装饰工程奖"汇总

序号	项目名称	承建单位
	1998 年：1 项	
1	交通银行杭州分行金融大楼	浙江三建
	1999 年：2 项	
2	浙江省保险公司业务和干部培训大楼	浙江三建
3	杭州青春小区 01 地块 3 号综合楼	
	2000 年：1 项	
4	杭州中大花园公建 III 楼	浙江三建
	2001 年：1 项	
5	浙江省肿瘤医院病房大楼	浙江三建
	2002 年：2 项	
6	邵逸夫医院医疗科教综合楼	浙江三建
7	杭州汇丽绣花制衣有限公司综合楼	
	2003 年：2 项	
8	嘉兴市工商局综合业务大楼	浙江三建
9	杭州海关大楼	
	2004 年：5 项	
10	台州市路桥区文化中心	浙江三建
11	嘉兴市人民检察院综合大楼	
12	杭州瑞利声电技术公司综合科研楼	
13	杭州电子工业学院下沙新校区图书馆	
14	杭州国大百货（连卡佛）商场	
	2005 年：8 项	
15	浙江老年大学（迁建）工程	浙江建工
16	杭州钢铁集团公司体育馆装饰工程	
17	东部软件园科技大厦幕墙装饰工程	
18	海宁体育中心馆幕墙	
19	浙江工商大学下沙校区图书馆校网中心	浙江三建
20	浙江省教育厅自考办及中小学教师培训部	
21	浙江省电力试验研究所综合楼	
22	杭州千岛湖开元度假村-酒店	
	2006 年：16 项	
23	浙江省人民医院综合楼	浙江建工
24	浙江财经学院下沙校区体育中心	
25	杭州世贸丽晶城 L、M 座	

序号	项目名称	承建单位
26	杭州新城市广场	浙江建工
27	衢州新火车站站房	
28	衢州市公安局指挥中心大楼	浙江二建
29	浙江理工大学新校区二期剧场	浙江三建
30	梅湾街改造 1#—4#楼	
31	浙江工商大学行政楼	
32	湖州市图书馆	
33	长兴大剧院	浙江武林
34	义乌海洋酒店	
35	余姚宾馆	
36	宁波开发区管委会行政中心	
37	上海御花园酒店	
38	宁波经济技术开发区阳光大厦	
2007 年：18 项		
39	浙江省中医院医疗综合楼	浙江建工
40	四宜路招待所修缮改造项目及室内装饰工程	
41	丽水市国土资源局综合办公大楼	
42	黄龙体育中心 20 号 A 地块土建工程（丁香公寓）	
43	浙江省电力物资大厦石材幕墙工程	
44	庆春发展大厦幕墙工程	
45	宁波港商务大厦工程	浙江二建
46	浙江红楼国际饭店（原桐庐宾馆）	浙江三建
47	中浙航萧山基地	
48	中山花园（绿城·深蓝广场）	
49	浙江工业大学屏峰校区	
50	梅湾街改造工程	
51	金鼎广场西楼	浙江武林
52	浙江物产大厦装修（改建）	
53	台州市黄岩区财政局、地税局办公综合楼外墙装饰	
54	长兴县行政办公综合楼建筑幕墙工程	
55	温州市税务局幕墙工程	
56	温州双屿公路枢纽站客运中心建筑幕墙工程	
2008 年：15 项		
57	桐柏抽水蓄能电站	浙江建工

序号	项目名称	承建单位
58	浙江省电力职工大学学院宿舍楼工程	浙江建工
59	丽水市中级人民法院综合审判大楼	
60	天辰国际广场外立面幕墙装饰工程	
61	倚天盛世钱塘一期、二期1—2层干挂花岗岩幕墙工程	
62	衢州市人民检察院办案和专业技术用房工程	
63	良渚文化博物馆新馆	浙江二建
64	杭州玫瑰园健康休闲世界主楼	
65	中国网通浙江省杭州通信综合楼	
66	良渚国际度假酒店	
67	香园饭店	
68	杭州白鹭湾君澜度假酒店	
69	杭州中都青山湖畔大酒店	浙江武林
70	南都逸天广场（北区公寓楼）	
71	慈溪市公安指挥中心迁建	
2009年：16项		
72	浙江金融职业学校新校区二期（二标段）成教学院楼工程	浙江建工
73	淳安县地税局综合楼装饰工程	
74	上虞市浙东置业有限公司金城大厦幕墙工程	
75	黄龙体育中心武术馆改建工程	
76	浙江省体育局体育训练中心训练馆	
77	杭州香溢浣纱宾馆消防整改、装饰工程	浙江一建
78	波浪文化城（一期）	
79	长城大厦	浙江三建
80	成都中铁名人大厦室内装饰工程	浙江武林
81	达利丝绸购物中心装饰工程	
82	绿城-翡翠城棠棣苑室内精装修工程	
83	北岸财富中心室内装饰装修工程A标段	
84	合肥紫蓬湾高尔夫会所室内装饰工程	
85	三门行政中心幕墙工程	
86	长兴县公路段幕墙工程	
87	义乌国际商贸城幕墙工程	
2010年：34项		
88	杭州广播电视中心一期工程	浙江建工
89	甬台温铁路温州站站房及站场相关工程	

序号	项目名称	承建单位
90	平湖市行政中心行政大楼	浙江建工
91	浙江省人民医院门急诊楼改扩建工程	
92	中国湿地博物馆	
93	杭州大厦（D座）华浙店装修改建工程	
94	浙江省体育局体育运动训练中心竞技体育馆	
95	浙江省自然博物馆二期室内装修工程	
96	慈溪市公共卫生服务中心工程	
97	杭州市职业技术学院实训基地暨杭州市公共实训基地	
98	春风控股集团杭州摩托车制造有限公司综合办公楼、研发中心幕墙工程	
99	西溪悦榕庄酒店	浙江一建
100	莫干山芦花荡饭店装饰	
101	嘉兴市残疾人奥林匹克中心	
102	浙江省新华医院住院综合楼	浙江三建
103	邵逸夫医院医技诊疗中心	
104	绍兴乔波冰雪世界	
105	日出钱塘公建项目	浙江武林
106	翡翠城竹苑7幢Ⅳ标段	
107	恒鑫大厦内装饰工程	
108	富春江水电设备	
109	萧山机场奥迪服务中心	
110	星光大道	
111	医高专科研实训楼	
112	平湖行政中心内装饰	
113	上海香溢会所	
114	太仓农合银行	
115	洛阳电力	
116	广德县新政府大楼	
117	西斗门工业园区	
118	舟山新城体育馆	
119	温州海港大厦	
120	温州中西医结合医院	
121	世博会浙江馆	
2011年：26项		
122	浙江日报采编大楼主楼3—18层装饰工程	浙江建工

序号	项目名称	承建单位
123	浙江省公安厅信息技术中心等业务用房工程	浙江建工
124	镇海龙赛医院新城院区一期	
125	西溪山庄一期四区块外墙装饰工程	
126	江南豪园三期幕墙及屋顶钢结构工程	
127	桐庐桦桐大厦外墙装饰工程	
128	海盐剧院外墙装饰工程	
129	中国光大银行杭州分行办公楼室内装饰工程	浙江一建
130	台州科技职业学院图书信息中心建安工程	
131	杭州黄龙饭店改造扩建工程	浙江三建
132	武林建筑工程有限公司总部办公大楼装饰工程	浙江武林
133	温州移动生产指挥大厦	
134	大榭开发区综合楼	
135	九龙山庄丰泽苑	
136	武警杭州医院	
137	慈溪三北大街综合楼	
138	武林建筑工程有限公司总部办公大楼幕墙工程	
139	湖州爱山广场幕墙	
140	螺蛳湾市场幕墙	
141	邵逸夫医院	
142	广德人民医院幕墙	
143	尚筑金座幕墙工程	
144	溪上玫瑰园样板房	
145	翡翠城春晓苑样板房	
146	大华西溪风情水岸香堤	
147	岱山蔚蓝公寓样板房	
2012 年：29 项		
148	银川车站改造工程站房、雨棚、天桥及地道标段（站房工程）	浙江建工
149	慈溪市逍林中心卫生院扩建工程	
150	绿城·千岛湖度假公寓	
151	杭政储出〔2009〕87 号地块石材幕墙工程	
152	杭政储出〔2007〕71 号地块商业金融办公用房幕墙工程	
153	中北花园二期 I 标段幕墙工程	
154	黄龙饭店改扩建工程室内装饰工程	浙江一建
155	镇海炼化东海宾馆装饰工程	

序号	项目名称	承建单位
156	邮政信息大楼内装	浙江武林
157	喜来登大酒店	
158	翡翠城芦苑	
159	绍兴玉兰花园内装	
160	永康电力 VIP 会所	
161	天台杨家山园林工程	
162	舟山海运大厦内装	
163	悦居工程幕墙	
164	立山国际中心幕墙	
165	昆明螺蛳湾幕墙	
166	九堡悦麒美寓	
167	龙湾区 08 地块	
168	安庆大发宜景城	
169	太仓太和丽都幕墙	
170	沈阳新天地幕墙	
171	丽水秀丽春江	
172	新湖果岭	
173	万家花城	
174	东方润园	
175	东方福邸	
176	大连远洋壹中心	
2013 年：36 项		
177	丽水市妇幼保健院迁建工程	浙江建工
178	杭政储出〔2007〕23 号地块 A 标段外墙石材干挂工程	
179	镇海新城职教中心东侧地块幕墙工程	
180	保利•江语海 1#—4#楼铝合金门窗安装工程	
181	秦山第三核电有限公司办公楼改建项目	浙江一建
182	舟山电力调度大楼工程	
183	梵石大厦	
184	浙江中烟工业有限责任公司杭州制造部 "十一五" 异地技改联合工房	浙江三建
185	地铁 1 号线工程公共区域装饰装修工程 II 标段	浙江武林
186	地铁 1 号线工程公共区域装饰装修工程 VII 标段	
187	杭改储出（2004）43 号地块 B4、B5 楼装修工程	
188	绵阳烟草	

序号	项目名称	承建单位
189	杭州大酒店 10—21 层	
190	凯迪国际装修工程	
191	成都自贡檀木林宾馆	
192	赛丽绿城会所	
193	万科草庄一期精装修	
194	绿城慈溪慈园	
195	萧山电力调度大楼	
196	泽艺影城装饰工程	
197	宿州国际大酒店	
198	温州医学院附属第一医院	
199	舟山圣地亚幕墙	
200	新昌县电力生产调度中心幕墙工程	浙江武林
201	九堡地块住宅（三）幕墙工程	
202	安徽桐城金融大厦	
203	太和丽都二期石材幕墙	
204	妇女活动中心幕墙	
205	温岭鞋业大厦	
206	北城天地	
207	桐乡东湖金悦	
208	湖州久立特材	
209	西溪湿地悦庄-先行房	
210	赛丽绿城三标	
211	大连红星海	
212	西溪和景样板房	
2014 年：25 项		
213	镇海新城核心区 D1、D3 地块商务楼	
214	绿城·杭州玉园一期幕墙工程Ⅰ标段（1#、2#、4#楼及其裙楼）	浙江建工
215	绍兴玉兰花园二期精装修工程	
216	中控生产基地 1#、2#厂房幕墙、铝合金门窗工程	
217	义乌国际小商品博览会场馆—五星级酒店室内装饰工程Ⅲ标段	浙江一建
218	宁波国大雷迪森国际中心二期 B#楼（写字楼部分）	浙江二建
219	杭州解百 A/B 楼室内装修改造工程	浙江三建
220	华坤数码安防	浙江武林
221	临安湍口温泉度假酒店	

序号	项目名称	承建单位
222	新建火车东站站房装修	
223	浙江海运大厦精装修工程	
224	中烟技改	
225	聚银国际商业中心	
226	浙江海外高层次人才创新园幕墙工程	
227	潍坊万达广场幕墙工程	
228	浙江物产旬庄住院项目石材幕墙II标段	
229	昆明东盟商务大厦幕墙	浙江武林
230	杭政储出〔2009〕51号地块昆仑天籁门窗工程	
231	杭政储出〔2010〕1号地	
232	桐乡中鑫大厦	
233	泰地·北上新城室内精装修工程	
234	明月江南	
235	东方福邸1#楼批量房精装修工程	
236	绍兴玉兰花园	
237	上海香溢花城2期精装修工程	
	2015年：26项	
238	乐清体育中心	
239	绿城·乌镇雅园公寓	
240	华东勘测设计研究院办公楼、健身中心、餐饮会议中心、地下室工程幕墙工程	浙江建工
241	新昌世贸广场幕墙工程	
242	桐庐江南镇窄溪农民集聚安置小区A区幕墙门窗工程	
243	镇海文化艺术中心青少年活动中心图书馆	浙江二建
244	绿城·兰园室内精装修工程	浙江三建
245	黄宾虹艺术馆	
246	海康威视	
247	机电院生产基地	
248	西溪新座	
249	水晶城三期一标段	
250	浙江省血液中心扩建工程	浙江武林
251	温岭建筑业大厦	
252	临安玉兰园2标段	
253	临安玉兰园3标段	
254	北仑蓝山花园	

序号	项目名称	承建单位
255	浦江仙华文景园	
256	五洲国际幕墙工程	
257	绿城秀丽春江二期石材	
258	绿城秀丽春江二期门窗	
259	世贸滨江	浙江武林
260	杭州万达广场	
261	水晶城三期二标段	
262	慈溪恭和苑	
263	田园牧歌	
\multicolumn{3}{c}{2016 年：18 项}		
264	华东勘测设计研究院办公楼、健身中心、会议中心	浙江建工
265	浙江音乐学院（筹）校区建设幕墙工程	
266	中国美术学院民艺博物馆	浙江一建
267	阿里巴巴淘宝城二期 C1#、T6#、T7#楼	
268	杭州金地大厦装修装饰工程	
269	杭州师范大学仓前校区一期工程中心区西块工程	浙江三建
270	湘湖壹号二期排屋幕墙 B 标段	
271	浙江音乐学院(筹)校区建设二期装修工程 II 标段	
272	乐清南虹广场住宅楼	
273	武汉光谷国网中心	
274	桐庐励骏酒店装饰工程	
275	浙江音乐学院(筹)校区建设工程（幕墙）	浙江武林
276	蓝钻天城幕墙工程	
277	广元万达幕墙工程	
278	嘉善总商会大厦	
279	天鸿香榭里门窗	
280	桐乡瑞庭门窗	
281	平阳世豪绿洲花园栏杆	
\multicolumn{3}{c}{2017 年：16 项}		
282	北山路 84 号国宾接待中心工程	浙江建工
283	杭政储出〔2007〕82 号地块商业金融业用房工程	浙江一建
284	乐清市滨江新区 H-b15-1 地块住宅建设项目	
285	余政储出〔2011〕80 号地块办公楼及地下室项目	浙江三建
286	杭州电力生产调度中心	浙江武林

序号	项目名称	承建单位
287	浙江省现代交通运输科技创新基地	浙江武林
288	宁海西子国际1#、7#、8#公共区域	
289	无锡隐居桃园酒店	
290	千岛湖文化综合体	
291	义乌城西街道第一集聚区香溪区块A3组团门窗工程	
292	温州瓯海农村合作银行	
293	宁波东部新城D3区块银泰项目大商业采光顶	
294	义乌经济开发区中心区B地块·稠州大厦	
295	乐清新湖H-b15-1铝合金门窗工程	
296	九江奥克斯缔壹城一期铝合金门窗	
297	和家园鼎园6-101室	
2019年：20项		
298	浙江师范大学行知学院迁建项目（图书馆）	浙江建工
299	常山县中国观赏石博览馆装饰布展项目	
300	西湖区文体中心（浙商文化中心）幕墙工程	
301	蒲州街道汤家桥村（汤东）城中村改造建设工程	
302	中共宁波市委党校迁建工程精装修	浙江二建
303	杭州市中医院丁桥分院室内精装修工程二标段	浙江三建
304	杭政储出〔2013〕73号（下城区灯塔单元C6—D12）地块科研大楼装修工程	
305	金融集聚区（12-06地块）危旧房改造（安置联建）工程（世界温州人家园12-06地块A幢装修工程）	浙江武林
306	温州国际大酒店装修改造工程	
307	温州市域铁路S1线一期工程车站公共区装修施工项目III标段（奥体中心站）	
308	温州威斯汀酒店室内装饰工程	
309	温州文昌创客小镇客厅及连廊提升改造工程	
310	杭州奥体博览中心主体育场区主体育场及附属设施室内装饰工程	
311	众安·时代广场一期1#楼公共部位一标段装饰工程	
312	苍南县第三人民医院幕墙工程	
313	温州滨海新城投资集团总部幕墙工程	
314	温州文昌创客小镇客厅及连廊提升改造工程II标段幕墙工程	
315	乌镇互联网国际会展中心二期幕墙工程	
316	永善县城体育馆、游泳馆幕墙装饰工程	
317	中国（温州）国际激光与光电产业联合研究院幕墙工程	
2020年：17项		
318	衢时代创新大厦6—20层改造工程	浙江建工

序号	项目名称	承建单位
319	余杭区第一人民医院综合楼外立面改造施工	浙江一建
320	红外热像仪及非制冷红外热像仪焦平面阵列探测器建设项目	浙江三建
321	龙游县博物馆	
322	长兴太湖博览园及基础设施配套工程	浙江武林
323	湘湖逍遥庄园幕墙工程（A标段）	
324	浙江省科技厅青山湖科技城孵化基地建设项目	
325	矽力杰半导体产业化基地室内装饰工程	
326	鹿城区文化中心改造工程设计采购施工EPC总承包	
327	温州市域铁路S1线一期工程车站公共区装饰工程施工项目III标段（机场站）	
328	温州市域铁路S1线一期工程车站公共区装饰工程施工项目III标段（永强站）	
329	温州市域铁路S1线一期工程车站外装饰工程施工项目II标段（南洋大道站）	
330	温州市域铁路S1线一期工程车站外装饰工程施工项目II标段（灵昆站、龙腾路站、奥体中心站、永强站、机场站）	
331	温州市域铁路S1线一期工程车站外装饰工程施工项目II标段（半岛一站）	
332	温州市域铁路S1线一期工程车站外装饰工程施工项目II标段（半岛二站）	
333	浙江和海集团总部办公楼幕墙工程	
334	余政储出〔2012〕72号地块幕墙工程正元智慧总部大楼A、B、C、D楼	

（4）其他省（区、市）建筑装饰工程奖

截至2020年底，浙建集团共获得其他省（区、市）建筑装饰工程奖3项（详见表10-43）。

表10-43 "其他省（区、市）建筑装饰工程奖"汇总

序号	项目名称	获奖名称	承建单位	年份
1	北京人保	北京装饰奖	浙江武林	2010年
2	上海西子联合国际	上海世博全国建筑工程装饰奖	浙江武林	2015年
3	太仓金融大厦装修工程	上海装饰奖	浙江武林	2016年

10.4.5 设计类质量奖

（1）勘察设计类——浙江省建设工程钱江杯奖（优秀勘察设计）/浙江省勘察设计行业优秀勘察设计奖

2020年，浙建集团获得"浙江省勘察设计行业优秀勘察设计综合类二等奖"1项：集团总部（工程公司）设计的"宁海县新城市中心区10-3地块"。

截至2020年底，浙建集团共获得"浙江省建设工程钱江杯奖（优秀勘察设计）/浙江省勘察设计行业优秀勘察设计奖"45项。

（2）装饰设计类

①中国建筑工程装饰奖（公共建筑装饰设计类）

截至 2020 年底，浙建集团共获得"中国建筑工程装饰奖（公共建筑装饰设计类）"2 项。

②浙江省优秀建筑装饰设计奖/浙江省建设优秀建筑装饰设计方案

2020 年，浙建集团获得"浙江省优秀建筑装饰设计奖"4 项：浙江武林设计的"浙江省消防救援总队队史馆展陈工程""宇杰国际大酒店幕墙设计工程""萧政储出〔2013〕6 号地块湘湖逍遥庄园项目""杭政储出〔2012〕46 号地块商业金融用房项目"。

截至 2020 年底，浙建集团共获得"浙江省优秀建筑装饰设计奖"/"浙江省建设优秀建筑装饰设计方案"105 项。

③其他省级优秀装饰设计奖

2020 年，浙建集团获得"和美大赛奖"6 项：浙江武林设计的"海亮杭电幼儿园概念方案设计""浙江中医药大学附属第三医院莫干山路院区医技综合用房装修改造工程设计""平阳木偶生态文化园建设项目室内装修工程设计""中国工商银行浙江省分行全省旗舰标杆网点装修设计""广德市第二人民医院精神病房二期装修装饰工程设计与施工一体化""苏州赛文电子上海办公楼设计"。

截至 2020 年底，浙建集团共获得其他省级优秀装饰设计奖 13 项。

11　质量管理（QC）成果

11.1　国家级协会评定的质量管理（QC）成果

2020 年，浙建集团共获得国家级协会评定的质量管理（QC）成果 20 项，其中中国质量协会评定的质量管理（QC）成果 1 项、中国建筑业协会评定的质量管理（QC）成果 12 项、中国施工企业管理协会评定的质量管理（QC）成果 2 项、中国电力建设企业协会评定的质量管理（QC）成果 4 项、中国水利工程协会评定的质量管理小组成果 1 项。

截至 2020 年底，浙建集团共获得国家级协会评定的质量管理（QC）成果 192 项，其中中国质量协会评定的质量管理（QC）成果 29 项、国家工程建设质量奖审定委员会评定的质量管理（QC）成果 40 项、中国建筑业协会评定的质量管理（QC）成果 76 项、中国施工企业管理协会评定的质量管理（QC）成果 9 项、中国电力建设企业协会评定的质量管理（QC）成果 33 项、中国市政工程协会评定的质量管理（QC）成果 4 项、中国水利工程协会评定的质量管理小组成果 1 项。

11.1.1　中国质量协会（含联合其他机构）评定的质量管理（QC）成果

2020 年，浙建集团获得中国质量协会（含联合其他机构）评定的"全国 QC 小组成果发表赛成果" 1 项（详见表 11-3）。

截至 2020 年底，浙建集团共获得中国质量协会（含联合其他机构）评定的各类质量管理（QC）成果 29 项，其中"全国优秀质量管理小组" 16 项（详见表 11-1）、"全国质量信得过班组" 4 项（详见表 11-2）、"全国 QC 小组成果发表赛成果" 9 项（详见表 11-3）。

（1）全国优秀质量管理小组

表 11-1　（中国质量协会）全国优秀质量管理小组汇总

序号	QC 小组名称	课题名称	获奖单位	年份
1	解百商城	完善地下室半逆做法施工工艺，确保工程质量	浙江三建	2000 年
2	浙江理工大学二期剧场工程 QC 小组	—	浙江三建	2005 年
3	普利斯通 QC 小组	降低大面积钢纤维耐磨地坪施工不合格率	浙江三建	2006 年
4	彩虹城水云居 J 标段 QC 小组	确保不规则平面地砖拼缝的对称性		
5	西湖文化广场 QC 小组	高空外斜柱支模系统的研制	浙江三建	2007 年
6	绿城舟山大酒店 QC 小组	确保裙房入口大理石观感质量	浙江建工	2008 年
7	新昌三花现代城商住楼 QC 小组	腻子替代内墙粉刷纸筋灰罩面层的质量控制	浙江三建	
8	和谐创新 QC 小组	创新项目管理办法	浙江三建	2009 年
9	宁波金融中心北区 III 标段 QC 小组	提高闭口型非组合楼板施工质量	浙江建工	2010 年
10	金龙商贸综合楼项目部 QC 小组	地下连续墙垂直度施工质量控制	浙江三建	
11	奉化银泰广场项目 QC 小组	大、深基坑支护预应力锚索施工的质量控制	浙江建工	2011 年
12	中国计量学院现代科技学院综合楼科研实习楼项目 QC 小组	预留孔移位卫生间整体安装质量成优控制	浙江三建	
13	梅山保税港区商贸楼工程QC小组	超高支模架的施工新法	浙江建工	2012 年
14	鸿茂·八墅 A—H 会所、核心会所项目部 QC 小组	白色清水混凝土施工质量控制	浙江三建	
15	中国（舟山）大宗商品交易中心工程项目部 QC 小组	提高钢结构采光顶安装质量	浙江建工	2014 年
16	盛德国际广场项目 QC 小组	降低施工现场扬尘污染	浙江三建	2016 年

（2）全国质量信得过班组

表 11-2　（中国质量协会）全国质量信得过班组汇总

序号	QC 小组名称	课题名称	获奖单位	年份
1	出版印刷物资大楼	高层建筑电梯井道垂直控制	浙江三建	2001 年
2	杭州国际会议中心	高层建筑电梯井道垂直控制	浙江三建	2009 年
3	浙江大学方易城市花园项目部 A 座 QC 小组	地下室变形缝防水质量控制	浙江三建	2010 年
4	芜湖碧桂园翠堤春晓510#—547#楼工程 QC 小组	双道耐碱网格布防治墙面裂缝	浙江三建	2011 年

（3）全国 QC 小组成果发表赛成果

表 11-3 （中国质量协会）全国 QC 小组成果发表赛成果汇总

序号	QC 小组名称	课题名称	获奖单位	年份
1	出版印刷物资大楼	高层建筑电梯井道垂直控制	浙江三建	2001 年
2	耀华三期 QC 小组	控制外墙面砖起壳的质量通病	浙江三建	2003 年
3	余庆苑桩基施工 QC 小组	采用爆破法快速、安全地破除桩底中（微）风化岩层	浙江三建	2004 年
4	中山花园二期 QC 小组	—	浙江三建	2005 年
5	西湖文化广场 QC 小组	减少内斜柱的偏位量	浙江三建	2006 年
6	浙能节能环保基地项目 QC 小组	提高 SMW 工法桩型钢插入质量	浙江三建	2014 年
7	浙江工业大学屏峰校区 1-A 区块建设项目（标段二）QC 小组	提高反力墙加载孔定位精度	浙江三建	2016 年
8	迪卡侬宁波江北项目 QC 小组	提高金刚砂耐磨地面施工合格率		
9	全民健身中心项目 QC 小组	超高斜面铝板幕墙施工方法的创新	浙江三建	2020 年

11.1.2 国家工程建设质量奖审定委员会评定的质量管理（QC）成果

截至 2020 年底，浙建集团共获得国家工程建设质量奖审定委员会评定的质量管理（QC）成果 40 项，其中"全国工程建设优秀质量管理小组" 33 项（详见表 11-4）、"全国工程建设质量管理小组活动优秀企业" 7 项。

（1）全国工程建设优秀质量管理小组

表 11-4 全国工程建设优秀质量管理小组汇总

序号	QC 小组名称	课题名称	获奖单位	年份
1	华为杭州生产基地 QC 小组	提高大面积防静电水磨石施工质量	浙江三建	2004 年
2	富春江环保热电工程 QC 小组	提高冷却塔筒壁砼施工质量	浙江三建	2005 年
3	普利斯通 QC 小组	降低大面积钢纤维耐磨地坪施工不合格率	浙江三建	2006 年
4	宁波坤和中心 QC 小组	落实关爱民工措施	浙江二建	2007 年
5	普利斯通 QC 小组	提高 HR 新型可调重型门架搭设合格率	浙江三建	
6	杭州广播电视中心（一期）工程 QC 小组	确保大面积型钢砼柱施工质量	浙江建工	2008 年
7	第八工程管理分公司新加坡软件园工程 QC 小组	施工现场材料防雨、防尘覆盖装置应用创新	浙江一建	

序号	QC 小组名称	课题名称	获奖单位	年份
8	三分公司集美国际大厦工程 QC 小组	钢筋桁架模板施工质量控制	浙江一建	2009 年
9	宁波绕城高速公路东段第 13 合同段项目部第二 QC 小组	提高套筒机械连接的质量	浙江大成	
10	庄桥粮油批发市场项目部 QC 小组	提高大跨度钢结构吊装质量	浙江建工	2010 年
11	新建甬台温铁路工程 QC 小组	大幅面纤瓷板施工质量控制	浙江一建	
12	六分公司宁波和丰创意广场工程项目部 QC 小组		浙江二建	
13	南湖革命纪念馆新馆工程 QC 小组	结构施工阶段建筑垃圾控制	浙江三建	
14	宁波绕城高速公路东段第 7A 合同段第一 QC 小组	降低灌注桩冲击成孔扩孔系数	浙江大成	
15	三分公司大宗生产资料交易中心项目部 QC 小组		浙江二建	2011 年
16	杭州地铁 1 号线盾构推进 QC 小组	提高地铁隧道管片拼装完好率	浙江大成	
17	松花江大桥及引道工程三标项目部 QC 小组	提高箱梁混凝土一次浇筑的质量		
18	富豪尚都酒店项目部 QC 小组	提高超长跨度型钢混凝土梁组合结构施工质量	浙江建工	
19	通威大厦项目部 QC 小组	超高层大截面框架柱模板安装施工质量控制		2012 年
20	镇海文化艺术中心工程项目部 QC 小组		浙江二建	
21	杭州华联·钱塘会馆工程 QC 小组	混凝土支撑梁拆除方法创新	浙江三建	
22	杭州地铁1号线七堡车辆基地Ⅲ标 QC 小组	提高钢筋混凝土后浇带施工质量	浙江大成	
23	富豪尚都项目部 QC 小组	—	浙江建工	
24	富豪酒店项目部 QC 小组	—		
25	天味食品项目部 QC 小组	—		2013 年
26	北仑分公司宁职院图书馆项目部 QC 小组	保证外墙陶板施工质量	浙江二建	
27	空港国际城（一期）项目部 QC 小组	提高混凝土浇筑的细部质量	浙江三建	
28	鸡精、味精（分装）生产线两条建设项目 QC 小组	—	浙江建工	
29	杭州钱江新城工商银行大楼 QC 小组	提高钢桁架楼承板混凝土浇筑质量	浙江一建	2014 年
30	极速蜗牛 QC 小组	提高承插式钢管支模架搭设质量	浙江三建	
31	黄龙溪谷二期一标段项目 QC 小组	卫生间降板吊模施工质量	浙江建工	
32	杭州国际大厦（城市广场）改造项目工程 QC 小组	深基坑大小塔吊同基础转换施工技术应用研发	浙江一建	2015 年
33	厦航杭州基地 A 地块项目工程 QC 小组	降低蒸压砂加气砌块损耗率	浙江三建	

（2）全国工程建设质量管理小组活动优秀企业

2001 年、2005 年、2008 年、2011 年、2015 年、2018 年，浙江三建先后 6 次获得"全国工程建设质量管理小组活动优秀企业"称号。

2011 年，浙江大成获得"全国工程建设质量管理小组活动优秀企业"。

11.1.3 中国建筑业协会（含分支机构）评定的质量管理（QC）成果

2020 年，浙建集团共获得中国建筑业协会（含分支机构）评定的"全国工程建设质量管理小组活动优秀成果"12 项，其中：Ⅰ类成果 1 项、Ⅱ类成果 8 项、Ⅲ类成果 3 项。

截至 2020 年底，浙建集团共获得中国建筑业协会（含分支机构）评定的各类质量管理（QC）成果 76 项，其中"全国工程建设优秀质量管理小组"12 项、"全国工程建设质量管理小组活动优秀成果"25 项（Ⅰ类成果 1 项、Ⅱ类成果 17 项、Ⅲ类成果 7 项）、"全国工程建设质量管理小组活动交流会成果"5 项（发布成果 1 项、交流成果 4 项）、"全国工程建设优秀 QC 小组"34 项（一等奖 2 项、二等奖 20 项、三等奖 12 项）。

（1）全国工程建设优秀质量管理小组

截至 2020 年底，浙建集团共获得中国建筑业协会（含分支机构）评定的"全国工程建设优秀质量管理小组"12 项（详见表 11-5）。

表 11-5　全国工程建设优秀质量管理小组汇总

序号	QC 小组名称	课题名称	获奖单位	年份
1	浙报采编大楼项目部 QC 小组	提高型钢混凝土柱施工质量	浙江建工	2008 年
2	一分公司西子郁金香岸工程 QC 小组	EPS 外墙保温施工质量控制	浙江一建	
3	一分公司西子郁金香岸工程 QC 小组	铝合金门窗净洞口安装施工质量控制		
4	普利司通 QC 小组	提高分户验收中室内空间尺寸合格率	浙江三建	
5	慈溪市公共服务卫生中心工程 QC 小组	蒸压加气混凝土砌块墙体中钢管构造技术的研究与应用	浙江建工	2009 年
6	温州南站站房及站场相关工程 QC 小组	大净空大面积三维折射面吊顶施工探讨	浙江建工	2010 年
7	中南公司 QC 小组	—		
8	杭州市高科技企业孵化器工程 QC 小组	现场加工棚预制拼装式轻钢结构应用研究	浙江一建	

序号	QC 小组名称	课题名称	获奖单位	年份
9	兰溪协鑫环保热电有限公司热网二期项目部 QC 小组	提高管道焊缝外观质量合格率	浙江安装	2010 年
10	银川车站改造工程项目部 QC 小组	提高拱壳结构清水混凝土观感质量	浙江建工	2011 年
11	青川智慧岛教育园区青川体育馆工程 QC 小组	隔震支座施工方案的优选和实施		
12	钢结构分公司宁波嘉裕酒店工程钢结构制作 QC 小组	—	浙江二建	2014 年

（2）优秀成果

2020 年，浙建集团共获得中国建筑业协会（含分支机构）评定的"全国工程建设质量管理小组活动优秀成果"12 项，其中Ⅰ类成果 1 项（详见表 11-6）、Ⅱ类成果 8 项（详见表 11-7）、Ⅲ类成果 3 项（详见表 11-8）。

截至 2020 年底，浙建集团共获得中国建筑业协会（含分支机构）评定的"全国工程建设质量管理小组活动优秀成果"25 项，其中Ⅰ类成果 1 项（详见表 11-6）、Ⅱ类成果 17 项（详见表 11-7）、Ⅲ类成果 7 项（详见表 11-8）。

①Ⅰ类成果

表 11-6　全国工程建设质量管理小组活动优秀成果（Ⅰ类）汇总

序号	QC 小组名称	课题名称	获奖单位	年份
1	未来科技城第四小学项目部 QC 小组	地下室剪力墙背包式后浇带支模体系创新	浙江三建	2020 年

②Ⅱ类成果

表 11-7　全国工程建设质量管理小组活动优秀成果（Ⅱ类）汇总

序号	QC 小组名称	课题名称	获奖单位	年份
1	遵义乐园商业街工程 QC 小组	提高墙体粉刷质量一次验收合格率	浙江建工	2017 年
2	F1、F2 项目部 QC 小组	控制深基坑施工对邻近地铁隧道的位移量	浙江一建	
3	SG6-5 标段之江海洋公园站 QC 小组	—	浙江大成	
4	杭政储出〔2011〕53 号地块 QC 小组	提高二次翻边防渗漏效果	浙江建工	2019 年
5	中国海南海花岛 1#岛 F 区温泉城项目 QC 小组	利用 BIM 技术提高穹顶屋面施工精确度		
6	金华科技城科创孵化区块二期 QC 小组	提高圆弧形梁模板安装质量	浙江一建	
7	宁波科学中学新建项目部 QC 小组	提高陶粒混凝土砌块墙体施工质量	浙江二建	

序号	QC 小组名称	课题名称	获奖单位	年份
8	滨江绿带整治工程五期钢结构 QC 小组	提高大型斜柱四面牛腿穿孔一次合格率	浙江二建	2019 年
9	金华市人民医院迁建项目(南标段)工程 QC 小组	提高装配式外挂墙板安装合格率	浙江三建	
10	景宁县山哈大剧院 QC 小组	提高竖向预应力构件施工一次合格率	集团总部	2020 年
11	浙江民政康复中心异地扩建工程 QC 小组	提高楼梯板砼接缝外感质量合格率	浙江建工	
12	仁和菜鸟项目 QC 小组	减小气动潜孔冲击锤工艺成桩的桩位偏差		
13	新益村 K2 地块二期项目部 QC 小组	大体积混凝土冷却水管施工技术创新		
14	中国美院良渚校区项目 QC 小组	提高异形挑檐木纹清水混凝土表观质量	浙江一建	
15	绿水青山 QC 小组	快速安装伸缩式临边防护围栏研制	浙江二建	
16	舟山隧道涂装 QC 小组	提高多功能蓄能式发光涂料无气喷涂施工质量合格率	浙江大成	
17	安地 QC 小组	提高铝合金窗一次安装合格率	浙江武林	

③Ⅲ类成果

表 11-8 全国工程建设质量管理小组活动优秀成果(Ⅲ类)汇总

序号	QC 小组名称	课题名称	获奖单位	年份
1	青海省党校 2 号宿舍楼项目 QC 小组	提高现浇混凝土楼梯施工质量	浙江建工	2017 年
2	南京卷烟厂项目部 QC 小组	—		
3	浙江省建设投资集团股份有限公司景宁山哈大剧院 QC 小组	提高外立面混凝土线条施工质量合格率	集团总部	2019 年
4	文成樟台项目-筑路人 QC 小组	降低隧道变形缝漏水返修率	浙江大成	
5	使用金属阻尼器提高抗震性能 QC 小组	使用金属阻尼器提高抗震性能	浙江建工	2020 年
6	金华科技城科创孵化区块二期 QC 小组	提高吊顶内综合管线安装合格率	浙江一建	
7	垃圾焚烧发电焊接 QC 小组	提高不锈钢焊口焊接合格率	浙江二建	

(3)交流会成果

截至 2020 年底,浙建集团共获得中国建筑业协会(含分支机构)评定的"全国工程建设质量管理小组活动交流会成果"5 项,其中发布成果 1 项(详见表 11-9)、交流成果 4 项(详见表 11-10)。

①发布成果

表 11-9　全国工程建设质量管理小组活动交流会发布成果汇总

序号	QC 小组名称	课题名称	获奖单位	年份
1	义乌综合管廊 QC 小组	—	浙江建工	2018 年

②交流成果

表 11-10　全国工程建设质量管理小组活动交流会交流成果汇总

序号	QC 小组名称	课题名称	获奖单位	年份
1	彭家寨地质小区建设工程一期项目二标段工程建设项目部 QC 小组	提高地下室外墙翻边施工质量	浙江建工	2018 年
2	海洋文化艺术中心（二期）工程项目部 QC 小组	提高六边形清水混凝土柱观感质量	浙江一建	
3	华能渭南热电烟囱电动升模施工平台挠度变形控制 QC 小组	烟囱电动升模施工平台挠度变形控制	浙江二建	
4	杭州地铁 SG5-16 标段 QC 小组	控制地铁车站地下连续墙充盈系数	浙江大成	

（4）全国工程建设优秀 QC 小组

截至 2020 年底，浙建集团共获得中国建筑业协会（含分支机构）评定的"全国工程建设优秀 QC 小组"34 项，其中一等奖 2 项（详见表 11-11）、二等奖 20 项（详见表 11-12）、三等奖 12 项（详见表 11-13）。

①一等奖

表 11-11　全国工程建设优秀 QC 小组（一等奖）汇总

序号	QC 小组名称	课题名称	获奖单位	年份
1	慈溪市梵石·壹方大厦工程项目部 QC 小组	外架施工人员上下通道创新应用	浙江一建	2012 年
2	绿谷·杭州浙商创新发展中心项目部 QC 小组	免登高吊杆安装装置的研制	浙江三建	2017 年

②二等奖

表 11-12　全国工程建设优秀 QC 小组（二等奖）汇总

序号	QC 小组名称	课题名称	获奖单位	年份
1	慈溪市梵石·壹方大厦工程项目部 QC 小组	组合式钢筋加工平台的应用	浙江一建	2011 年
2	杭州市科技馆工程项目部 QC 小组	提高弧面倒锥形铝板幕墙施工质量	浙江建工	2012 年
3	富豪尚都酒店项目部 QC 小组	提高超长跨度型钢混凝土梁组合结构施工质量	浙江建工	
4	乐清市体育中心工程项目部 QC 小组	提高大型钢结构厚板焊接质量	浙江建工	2013 年

序号	QC 小组名称	课题名称	获奖单位	年份
5	中南公司 QC 小组	提高现浇高大混凝土柱观感质量	浙江建工	2013 年
6	西郡英华工程项目部 QC 小组	—		
7	华侨凤凰国际城一期工程 QC 小组			
8	杭州红十字会医院老病房大楼加层改造及连廊扩建工程 QC 小组	桩位处遇旧基础桩影响处理	浙江三建	
9	杭州地铁 4 号线景芳项目 QC 小组	提高地铁车站基坑钢支撑施工质量	浙江大成	
10	四川川味复合调味料生产基地建设项目 QC 小组		浙江建工	2014 年
11	淮浙煤电凤台电厂二期扩建工程项目部 QC 小组	钢筋混凝土烟囱升模的技术创新		
12	八工管阿里巴巴"淘宝城"二期 C1#、T6#、T7#楼 QC 小组	提高曲面斜挑板清水混凝土成型质量	浙江一建	
13	四川分公司 QC 小组	提高应届大学生工作适应率	浙江三建	
14	浙江建设科技研发中心工程 QC 小组	泡沫砼-大孔率页岩砖外墙自保温体系泡沫砼灌注质量控制	浙江建工	2015 年
15	红星美凯龙家居生活广场 QC 小组	—		
16	六分公司宁海招商大厦项目部 QC 小组	—	浙江二建	
17	黄龙溪谷二期一标段项目 QC 小组	—		
18	浙江音乐学院工程项目 QC 小组	提高曲面木纹清水混凝土表面质量合格率	浙江建工	2016 年
19	中南公司 QC 小组	提高大跨度悬挑型钢砼结构下扰量合格率		
20	义乌中福项目 QC 小组	提高型钢梁柱节点钢筋穿插部分施工合格率	浙江建工	2017 年

③三等奖

表 11-13　全国工程建设优秀 QC 小组（三等奖）汇总

序号	QC 小组名称	课题名称	获奖单位	年份
1	通威大厦项目部 QC 小组	—	浙江建工	2013 年
2	贵阳西南国际商贸城工程项目部 QC 小组	停车屋面变形缝安装质量管理	浙江建工	2015 年
3	四川分公司 QC 小组	提高地下降水资源利用率	浙江三建	
4	兰州红楼时代广场项目部 QC 小组	—	浙江建工	2016 年

续表

序号	QC 小组名称	课题名称	获奖单位	年份
5	青海师范大学新校区项目部 QC 小组	—	浙江建工	2016 年
6	遵义乐园商业街工程 QC 小组	现浇结构楼面标高及平整度控制		
7	浙江一建科研综合大楼项目部 QC 小组	提高钢骨混凝土柱——钢筋混凝土梁节点钢筋施工质量合格率	浙江一建	
8	一分公司富阳博物馆三馆合一项目部 QC 小组	—	浙江二建	
9	博鳌恒大国际医学中心项目 QC 小组	提高墙柱混凝土观感质量	浙江建工	2017 年
10	基地宿舍楼工程 QC 小组	高预制率装配式建筑施工研究与应用		
11	浙江自然博物园核心馆区建设工程项目部 QC 小组	—	浙江二建	
12	蓝光·圣菲悦城一期二标段项目部 QC 小组	提高砌体施工中入户配电箱预埋合格率	浙江三建	

11.1.4 中国施工企业管理协会评定的质量管理（QC）成果

2020 年，浙建集团获得中国施工企业管理协会评定的"全国工程建设优秀质量管理小组" 2 项，其中二等奖 1 项（详见表 11-15）、三等奖 1 项（详见表 11-16）。

截至 2020 年底，浙建集团共获得中国施工企业管理协会评定的"全国工程建设优秀质量管理小组" 9 项，其中一等奖 4 项（详见表 11-14）、二等奖 1 项（详见表 11-15）、三等奖 4 项（详见表 11-16）。

（1）一等奖

表 11-14 全国工程建设优秀质量管理小组（一等奖）汇总表

序号	QC 小组名称	课题名称	获奖单位	年份
1	盛德国际广场项目 QC 小组	降低施工现场扬尘污染	浙江三建	2016 年
2	嘉善县跨区域多村联建强村两创中心建设工程项目 QC 小组	提高双 T 板施工合格率	浙江三建	2018 年
3	全民健身中心项目 QC 小组	提高竖向预应力构件施工一次合格率	浙江三建	2019 年
4	浙江省证券期货交易中心项目 QC 小组	提高整体提升钢结构连廊高空对接初验合格率		

（2）二等奖

表 11-15　全国工程建设优秀质量管理小组（二等奖）汇总

序号	QC 小组名称	课题名称	获奖单位	年份
1	浦江县城中村（棚户区）改造一期工程项目部 QC 小组	免登高管道油漆刷的研制	浙江三建	2020 年

（3）三等奖

表 11-16　全国工程建设优秀质量管理小组（三等奖）汇总

序号	QC 小组名称	课题名称	获奖单位	年份
1	浙江三立时代广场	转换层超重钢桁架高空吊装施工	浙江三建	2009 年
2	时光贵州工程项目部 QC 小组	提高屋面结构飞檐混凝土施工质量合格率	浙江建工	2017 年
3	"孺子牛" QC 小组	预制楼梯吊具的研制	浙江一建	2019 年
4	绿水青山 QC 小组	快速安装伸缩式临边防护围栏研制	浙江二建	2020 年

11.1.5　中国电力建设企业协会评定的质量管理（QC）成果

2020 年，浙江二建共获得中国电力建设企业协会评定的"（中国）电力建设优秀质量管理 QC 成果"4 项（详见表 11-17）。

截至 2020 年底，集团共获得中国电力建设企业协会评定的"（中国）电力建设优秀质量管理 QC 成果"33 项（详见表 11-17），均为浙江二建获得。

表 11-17　（中国）电力建设优秀质量管理 QC 成果汇总

序号	QC 小组名称	课题名称	年份
1	五分公司"钢煤斗（大型钢结构）整体制作施工质量控制" QC 成果	钢煤斗（大型钢结构）整体制作施工质量控制	2013 年
2	五分公司华能安源电厂上大压小新建工程改进框架支模螺栓施工质量 QC 小组	提高煤仓间煤斗梁的施工质量	2015 年
3	五分公司华能安源电厂上大压小新建工程钢煤斗制作安装质量控制 QC 小组	钢煤斗制作安装质量控制	
4	五分公司华能安源电厂上大压小新建工程）提高煤仓间煤斗梁的施工质量 QC 小组	提高煤仓间煤斗梁的施工质量	

续表

序号	QC 小组名称	课题名称	年份
5	五分公司浙能六横电厂工程提高超高薄壁砼防火墙外观质量 QC 小组	提高超高薄壁砼防火墙外观质量	2015 年
6	五分公司浙能六横电厂工程提高现浇结构外观质量 QC 小组	提高现浇结构外观质量	
7	五分公司华能宁夏大坝电厂 QC 小组	提高圆形灰库预埋件安装质量	
8	浙能绍兴滨海热电厂二期扩建工程钢结构项目部 QC 小组	提高灰库筒体清水混凝土外观质量	2017 年
9	浙能绍兴滨海热电厂二期扩建工程项目部 QC 小组	大型钢结构框架高螺栓质量控制	
10	华润曹妃甸电厂二期工程项目部钢结构 QC 小组	提高钢结构制作检验一次合格率	
11	钢内筒钛-钢复合板焊接 QC 小组	钢内筒钛-钢复合板焊接质量控制	
12	降低机械粉刷内墙抹灰裂缝率 QC 小组	降低机械粉刷内墙抹灰裂缝率	2018 年
13	华润曹妃甸电厂二期工程项目部 QC 小组	提高钢煤斗制作检验一次严格率	
14	榆能榆神热电联产新建工程浙江二建 QC 小组	提高外墙面砖施工质量	
15	烟台八角电厂"上大压小新建工程项目部 QC 小组"	降低双曲线海水冷却塔池壁裂缝发生的概率	
16	降低预应力管桩施工的挤土效应 QC 小组	降低预应力管桩施工的挤土效应	
17	垃圾焚烧电厂钢筋保护层质量控制 QC 小组	垃圾焚烧电厂钢筋保护层质量控制	
18	提高玻璃幕墙外观施工质量 QC 小组	提高玻璃幕墙外观施工质量	
19	提高卸料大厅金刚砂地坪成型质量 QC 小组	提高卸料大厅金刚砂地坪成型质量	
20	生活垃圾焚烧发电项目施工质量控制质量管理小组	提高电厂钢筋工程制作利用率	2019 年
21	垃圾焚烧发电厂项目部质量管理小组	提高大跨度网架构件制作检验一次合格率	
22	垃圾焚烧发电厂项目部质量管理小组	提高铝合金窗的防渗漏性能	
23	生活垃圾焚烧发电项目部质量管理小组	电厂高架栈桥弧形梁质量控制	
24	垃圾焚烧发电项目项目部质量管理小组	提高锅炉基础大体积砼一次合格率	

续表

序号	QC 小组名称	课题名称	年份
25	生活垃圾焚烧发电项目施工质量控制质量管理小组	提高电厂二次砼结构质量合格率	
26	垃圾焚烧发电厂钢筋机械连接质量管理小组	提高钢筋直螺纹机械连接一次验收合格率	2019 年
27	垃圾焚烧发电厂项目部质量管理小组	减少垃圾池混凝土底板缝隙	
28	锡林郭勒热电浙江二建间冷塔外观曲线施工小组	保证间冷塔筒壁曲线效果	
29	赤峰经济开发区自备电质量管理小组	空冷空心柱定型钢模板清水混凝土施工	
30	华能渭南热电工程灰库筒壁水平拼缝质量缺陷控制质量管理小组	华能渭南热电工程灰库筒壁水平拼缝质量缺陷控制	
31	垃圾焚烧发电焊接质量管理小组	提高小口径不锈钢管道焊接一次合格率	2020 年
32	垃圾焚烧发电厂细石砼屋面质量管理小组	提高细石砼屋面施工一次验收合格率	
33	绿水青山质量管理小组	快速安装伸缩式临边防护围栏研制	

11.1.6 中国市政工程协会评定的质量管理（QC）成果

截至 2020 年底，浙建集团共获得中国市政工程协会评定的质量管理（QC）成果 4 项，其中优秀质量管理小组 3 项（详见表 11-18）、先进质量管理小组 1 项（详见表 11-19）。

（1）优秀质量管理小组

表 11-18 全国市政工程建设（优秀）质量管理小组汇总

序号	QC 小组名称	课题名称	奖项等级	获奖单位	年份
1	浙江建工交通基础公司 QC 小组	降低隧道变形缝漏水返修率	二等奖	浙江建工	2019 年
2	浙江建工交通基础公司综合管廊 QC 小组	综合管廊模板台车技术创新	优秀奖		
3	"步步争先" QC 小组	提高装配式型钢内支撑一次安装合格率	三等奖	浙江三建	

（2）先进质量管理小组

表 11-19 全国市政工程建设（先进）质量管理小组汇总

序号	QC 小组名称	课题名称	获奖单位	年份
1	基础市政分公司 QC 小组	GPS 型钻孔灌注桩机传动轴安全防护罩研制	浙江三建	2018 年

11.1.7　中国水利工程协会评定的质量管理（QC）成果

2020 年，浙建集团获得中国水利工程协会评定的"水利工程优秀质量管理小组成果（Ⅱ类）"1 项（详见表 11-20）。

表 11-20　水利工程优秀质量管理小组成果（Ⅱ类）汇总

序号	QC 小组名称	课题名称	获奖单位	年份
1	建工水利工程管理部 QC 小组	提高河道驳坎墙身砌筑施工一次合格率	浙江建工	2020 年

11.2　浙江省质量技术监督局评定的质量管理（QC）成果

截至 2020 年底，浙建集团共获得浙江省质量技术监督局评定的"浙江省优秀QC 成果"6 项，其中一等奖 2 项（详见表 11-21）、二等奖 2 项（详见表 11-22）、三等奖 2 项（详见表 11-23）。

（1）一等奖

表 11-21　"浙江省优秀QC 成果"（一等奖）汇总

序号	QC 小组名称	课题名称	获奖单位	年份
1	浙江省劳动保障宣传教育中心综合楼拆建工程 QC 小组	利用 BIM 技术全面提高工程整体质量	浙江建工	2013 年
2	钢结构分公司圆管柱拼装精度 QC 小组	提高空间异性圆管柱制作精度	浙江二建	2016 年

（2）二等奖

表 11-22　"浙江省优秀QC 成果"（二等奖）汇总

序号	QC 小组名称	课题名称	获奖单位	年份
1	金武沥青路面 QC 小组	提高热拌沥青表面层外观质量	浙江大成	2014 年
2	宁波余慈高速公路 2 合同第一 QC 小组	提高花瓶墩主筋对接外露长度一次性合格率	浙江大成	2016 年

（3）三等奖

表 11-23　"浙江省优秀QC 成果"（三等奖）汇总

序号	QC 小组名称	课题名称	获奖单位	年份
1	浙商银行项目部 QC 小组	超深地下室单面外墙支模质量控制	浙江建工	2014 年
2	彭埠单元 12 地块工程二标段项目部 QC 小组	地下室外墙翻边支模架的研制与应用		

11.3 省级协会评定的质量管理（QC）成果

截至 2020 年底，浙建集团共获得省级协会评定的质量管理（QC）成果 470 项，其中：浙江省质量协会评定的质量管理（QC）成果 44 项、浙江省工程建设质量管理协会评定的质量管理（QC）成果 297 项、浙江省市政行业协会评定的"浙江省市政行业优秀 QC 成果"14 项、浙江省建筑装饰行业协会评定的"浙江省市政行业优秀 QC 成果"20 项、浙江省建筑业技术创新协会评定的"浙江省工程建设优秀质量管理小组活动成果"3 项、其他省（区、市）级协会评定的质量管理（QC）成果 92 项。

11.3.1 浙江省质量协会评定的质量管理（QC）成果

2020 年，浙建集团获得浙江省质量协会评定的"浙江省优秀 QC 成果"2 项，其中一等奖 1 项（详见表 11-24）、三等奖 1 项（详见表 11-26）。

截至 2020 年底，浙建集团共获得浙江省质量协会评定的"浙江省优秀 QC 成果"44 项，其中一等奖 25 项（详见表 11-24）、二等奖 12 项（详见表 11-25）、三等奖 3 项（详见表 11-26）、浙江省优秀质量管理小组 4 项（详见表 11-27）。

（1）一等奖

表 11-24　浙江省优秀 QC 成果（一等奖）汇总

序号	QC 小组名称	课题名称	获奖单位	年份
1	解百商城 QC 小组	完善地下室半逆做法施工工艺，确保工程质量	浙江三建	2000 年
2	瑞安安阳电信大楼 QC 小组	提高外墙涂料装饰质量	浙江三建	2001 年
3	沈红旗 QC 小组	提高外墙金属漆观感质量	浙江三建	2003 年
4	三分公司华立仪表及系统制造基地一期工程项目部 QC 小组	大型观光连廊钢桁架吊装施工新技术	浙江一建	2007 年
5	西湖文化广场 QC 小组	高空外斜柱支模系统的研制	浙江三建	
6	绿城舟山大酒店项目部 QC 小组	确保裙房入口大理石观感质量	浙江建工	2008 年
7	和谐创新 QC 小组	创新项目管理办法	浙江三建	2009 年
8	金龙商贸综合楼项目部 QC 小组	地下连续墙垂直度施工质量控制	浙江三建	2010 年

续表

序号	QC 小组名称	课题名称	获奖单位	年份
9	浙江大学方易城市花园项目部 A 座 QC 小组	地下室变形缝防水质量控制	浙江三建	2010 年
10	芜湖碧桂园翠堤春晓 510#—547#楼工程 QC 小组	双道耐碱网格布防治墙面裂缝	浙江三建	2011 年
11	中国计量学院现代科技学院综合楼科研实习楼项目 QC 小组	预留孔移位卫生间整体安装质量成优控制		
12	嘉兴威凯检测综合楼 QC 小组	蒸压加气混凝土砌块墙面施工质量控制	浙江三建	2012 年
13	鸿茂·八墅 A—H 会所、核心会所项目部 QC 小组	白色清水混凝土施工质量控制		
14	杭州地铁 1 号线龙翔站点上盖物业城市综合体一期工程 QC 小组	探索复杂环境下的地下障碍物处理新法	浙江三建	2013 年
15	浙江一建杭州中大圣马广场项目部 QC 小组	岩石层坑中坑开挖方式优化	浙江一建	2014 年
16	浙大附属义乌医院工程项目部 QC 小组	建筑外遮阳系统叶片角度控制	浙江三建	
17	浙江音乐学院校区（筹）建设工程项目部 QC 小组	提高曲面木纹清水混凝土表面质量合格率	浙江建工	2015 年
18	杭政储出〔2005〕53 号地块 A 标项目部 QC 小组	提高大面积干挂陶土板幕墙施工合格率	浙江三建	
19	迪卡侬宁波江北项目 QC 小组	提高金刚砂耐磨地面施工合格率	浙江三建	2016 年
20	奉化绿城玫瑰园三期Ⅱ标段 QC 小组	提高砼实测实量合格率		
21	红外热像仪及非制冷红外焦平面阵列探测器建设项目工程 QC 小组	提高地连墙预埋钢筋准确率	浙江三建	2017 年
22	杭政储出〔2013〕73 号地块项目 QC 小组	提高矩形钢管柱混凝土的密实度		
23	杭政储出〔2013〕35 号地块商业商务用房项目 QC 小组	超厚基础底板钢筋支撑体系创新		
24	矽力杰半导体产业化基地项目 QC 小组	提高机电线盒预埋安装一次合格率	浙江三建	2019 年
25	全民健身中心项目 QC 小组	提高穿孔铝板幕墙一次安装合格率	浙江三建	2020 年

（2）二等奖

表 11-25　浙江省优秀 QC 成果（二等奖）汇总

序号	QC 小组名称	课题名称	获奖单位	年份
1	一分公司宁波博物馆项目部 QC 小组	—	浙江二建	2008 年
2	太仓市人民法院综合楼项目部 QC 小组	—	浙江建工	2009 年
3	中国湿地博物馆项目 QC 小组	提高 GBF 薄壁方箱空心楼板的施工质量		
4	宁波国大雷迪森工程项目部 QC 小组	—	浙江二建	
5	镇海教职中心东侧地块工程 QC 小组	—	浙江建工	2010 年
6	浙江建工刘文吉 QC 小组	—	浙江建工	2011 年
7	中科院宁波材料所二期 II 标段工程 QC 小组	科研楼超高支模质量控制	浙江建工	2012 年
8	余政出〔2010〕97 号地块项目（1#、2#、5#楼、集中式地下室）（省质协杯）	提高预制薄壁空心箱体现浇空心楼板施工质量	浙江一建	2014 年
9	浙江一建民族艺术博物馆项目部 QC 小组（省质协杯）	提高悬瓦幕墙整体美观度		
10	杭州国际大厦（城市广场）改造项目工程 QC 小组	提高钢管柱外包钢筋混凝土环梁节点施工质量	浙江一建	2015 年
11	中国丝绸博物馆改扩建工程项目部 QC 小组	有效避免清水混凝土表面温差裂纹提高面层质量和观赏效果	浙江建工	2017 年
12	长兴中医院项目 QC 小组	降低水泥砂浆的空鼓率	浙江三建	2018 年

（3）三等奖

表 11-26　浙江省优秀 QC 成果（三等奖）汇总

序号	QC 小组名称	课题名称	获奖单位	年份
1	婴童总部大楼及金融服务、孵化（上市）基地项目部 QC 小组	通过控制砌体顶缝高度提高砌体工程施工质量	浙江建工	2017 年
2	宁波梅山边检站营区用房工程项目部 QC 小组	提高楼梯混凝土结构一次成型合格率		
3	衢州绿色产业集聚区慧谷工业设计创新园项目 QC 小组	提高梁柱节点不同强度等级同步浇筑混凝土裂缝合格率	浙江三建	2020 年

（4）浙江省优秀质量管理小组

表 11-27　浙江省优秀质量管理小组汇总

序号	QC 小组名称	课题名称	获奖单位	年份
1	浙四建一分公司施炯 QC 小组		浙江建工	1995 年
2	杭州紫桂花园二期 I 标段 QC 小组	消除湿铺法外墙花岗岩泛碱质量通病	浙江三建	2003 年
3	杭政储出〔2011〕68 号商业金融用房工程项目部	电梯无脚手架安装	浙江建工	2016 年
4	杭政储出〔2004〕2 号地块工程项目部	管井内土建与安装施工协调的方法研究		

11.3.2　浙江省工程建设质量管理协会评定的质量管理（QC）成果

2020 年，浙建集团获得浙江省工程建设质量管理协会评定的"浙江省工程建设优秀质量管理小组" 26 项（详见表 11-28）。

截至 2020 年底，浙建集团共获得浙江省工程建设质量管理协会评定的"浙江省工程建设优秀质量管理小组" 296 项（详见表 11-28）。

表 11-28　浙江省工程建设优秀质量管理小组汇总

序号	QC 小组名称	课题名称	获奖单位
	1995 年：1 项		
1	施炯 QC 小组	—	浙江建工
	2000 年：2 项		
2	解百商城 QC 小组	完善地下室半逆做法施工工艺，确保工程质量	浙江三建
3	瑞安安阳电信大楼 QC 小组	克服墙面裂缝、渗水的质量通病，改进施工工艺，提高工程质量	
	2001 年：3 项		
4	瑞安安阳电信大楼 QC 小组	提高外墙涂料装饰质量	浙江三建
5	台州中心医院病房楼 QC 小组		
6	武警指挥中心项目部 QC 小组	地砖表面平整度控制	
	2003 年：1 项		
7	南都银座公寓项目部 QC 小组	确保转换大梁有粘结予应力工程质量	浙江三建
	2004 年：1 项		
8	华为杭州生产基地 QC 小组	提高大面积防静电水磨石施工质量	浙江三建
	2005 年：3 项		
9	三分公司桐乡财税大楼 QC 小组	提高外脚手架安全管理水平	浙江二建
10	电建公司玉环电厂循环水压力钢管制作 QC 小组	大直径压力钢管制作质量控制	
11	富春江环保热电工程 QC 小组	提高冷却塔筒壁砼施工质量	浙江三建

续表

序号	QC 小组名称	课题名称	获奖单位
		2006 年：7 项	
12	钢结构有限公司 QC 小组	箱型钢柱焊接质量控制	浙江二建
13	钢结构有限公司涂装 QC 小组	加强工序质量控制，提高宁波台化钢结构工程构件涂装质量	
14	一分公司鄞州第二医院项目部 QC 小组	运用 QC 方法确保砂加气砼砌块墙体的施工质量	
15	四分公司杭州客运中心站项目部 QC 小组	加强总包对分包管理，确保优质工程	
16	五分公司华能玉环电厂工程项目部 QC 小组	百万机组主厂房钢结构安装质量控制	
17	杭州郡亭公寓 QC 小组	提高三重管高压旋喷桩的止水效果	浙江三建
18	普利斯通 QC 小组	降低大面积钢纤维耐磨地坪施工不合格率	
		2007 年：6 项	
19	杭分公司浙江师范大学科技实验楼项目 QC 小组	运用 QC 方法解决面砖墙面渗漏问题	浙江二建
20	杭分公司浙江林业业务综合楼项目部 QC 小组	确保蒸压加气砼砌块砌筑质量	
21	二公司安全科 QC 小组	办好民工学校，提高民工安全知识	
22	西湖文化广场 QC 小组	高空外斜柱支模系统的研制	浙江三建
23	普利斯通 QC 小组	提高 HR 新型可调重型门架搭设合格率	
24	杭州第二长途通信枢纽改造工程项目部 QC 小组	提高大管径沟槽式卡箍连接立管质量	浙江安装
		2008 年：14 项	
25	浙报采编大楼项目部 QC 小组	提高型钢混凝土柱施工质量	浙江建工
26	城建分公司杭州环北丝绸城项目部 QC 小组	皮带输送机在逆作法土方施工应用创新	浙江一建
27	城建分公司环北丝绸城服装工程	逆作法一柱一桩垂直校正工艺创新	
28	一分公司西子郁金香岸工程 QC 小组	铝合金门窗净洞口安装施工质量控制	
29	一分公司东部新城 D-10 号地块项目部 QC 小组	深基坑土方开挖科学、系统、信息化施工	浙江二建
30	五分公司乐清电厂 QC 小组	确保弹簧隔振器的安装质量	
31	四分公司杭州客运中心站项目部 QC 小组	—	
32	四分公司湖州市财政（地税）局办税服务中心项目部 QC 小组	提高 GZ 板施工质量	
33	西湖文化广场 D 区高层商务楼 QC 小组	提高沉降观测精度	浙江三建

续表

序号	QC 小组名称	课题名称	获奖单位
34	杭州冷冻食品交易市场 QC 小组	减少深厚淤泥土层开挖过程中的管桩偏位	浙江三建
35	湘湖人家二期 QC 小组	确保胶粉聚苯颗粒涂料饰面外保温裂缝等级达优	
36	普利司通 QC 小组	提高分户验收中室内空间尺寸合格率	
37	西湖文化广场安装项目部 QC 小组	大空间管线的布置与安装	浙江安装
38	天津盈德 2 万立方米/H 空分装置冷箱防腐工程 QC 小组	提高钢结构冷箱的油漆防腐质量	
2009 年：14 项			
39	慈溪市公共服务卫生中心工程 QC 小组	蒸压加气混凝土砌块墙体中钢管构造技术的研究与应用	浙江建工
40	镇海龙赛医院新城院区一期工程 QC 小组	提高塑胶地板施工质量	
41	中国湿地博物馆项目 QC 小组	提高 GBF 薄壁方箱空心楼板的施工质量	
42	浙江二建乙烯装置项目部 QC 小组	直螺纹钢筋机械连接技术在结构工程中的应用	浙江二建
43	华能海门电厂 QC 小组	大直径预应力混凝土管安装质量控制	
44	杭州国际会议中心 QC 小组	提高椭圆形蜂窝铝板金属屋面外观质量	浙江三建
45	浙江三立时代广场 QC 小组	转换层超重钢桁架高空吊装施工	
46	长城大厦 QC 小组	提高屋顶大跨度悬挑脚手架搭设施工质量	
47	和谐创新 QC 小组	创新项目管理办法	
48	衢州压力容器厂 QC 小组	降低不锈钢焊接接头扒渣率	浙江安装
49	上海卢湾区钢结构 QC 小组	钢结构大梁高强度螺栓连接的质量控制	
50	镇海炼化动力中心 II 标段 QC 小组	11kV 配电装置 GIS 间隔安装质量控制	
51	宁波绕城高速公路东段第 13 合同段项目部第二 QC 小组	减少套筒机械连接不合格率	浙江大成
52	宁波绕城高速公路东段第 13 合同段项目部第一 QC 小组	减少复杂地质旋挖钻机成孔的塌孔率	
2010 年：17 项			
53	浙江省公安厅信息技术中心工程项目部 QC 小组	优化高层建筑施工外脚手架连墙件设计施工	浙江建工
54	华联钱江时代广场项目部 QC 小组	提高水泥基渗透结晶型防水涂料施工质量	
55	温州南站站房及站场相关工程项目部 QC 小组	大净空大面积三维折射面吊顶施工探讨	

续表

序号	QC 小组名称	课题名称	获奖单位
56	庄桥粮油批发市场项目部 QC 小组	提高大跨度钢结构吊装质量	浙江建工
57	杭州市高科技企业孵化器工程 QC 小组	现场加工棚预制拼装式轻钢结构应用研究	
58	新建甬台温铁路工程 QC 小组	大幅面纤瓷板施工质量控制	浙江一建
59	台州科技职业学院建设工程图书信息中心项目部 QC 小组	异形铝塑板安装的施工质量控制	
60	二分公司诸暨同方国际大饭店工程项目部 QC 小组	提高 GRC 门窗套线施工质量	
61	北仑分公司梅山岛商务中心工程项目部 QC 小组	双曲面单元式幕墙安装工艺及质量控制	浙江二建
62	宁波海顿公馆深基坑施工 QC 小组	复杂条件下的深基坑施工方法	
63	南湖革命纪念馆新馆工程 QC 小组	结构施工阶段建筑垃圾控制	
64	三门县地税局办公楼项目部 QC 小组	砂加气混凝土砌块墙面批嵌施工质量控制	
65	浙大医学院附属妇产科医院科教综合楼工程 QC 小组	提高地下连续墙壁柱施工质量	浙江三建
66	下沙上沙村农转居多层公寓工程 QC 小组	改进外架搭设方法	
67	兰溪协鑫环保热电有限公司热网二期项目部 QC 小组	提高管道焊缝外观质量合格率	浙江安装
68	哈尔滨市松花江大桥及引道工程 QC 小组	提高"直螺纹"机械连接的质量	
69	宁波绕城高速公路东段第 7A 合同段第一 QC 小组	降低灌注桩冲击成孔扩孔系数	浙江大成
	2011 年：17 项		
70	新建杭州东站扩建工程东站站房工程 QC 小组	提高轨道层纵横梁格构混凝土施工质量	
71	奉化银泰广场工程 QC 小组	大、深基坑支护预应力锚索施工的质量控制	
72	浙江省技术监督检测试验室工程 QC 小组	提高框架梁柱节点钢筋安装质量	浙江建工
73	浙江加州国际纳米技术研究院大楼工程 QC 小组	提高 U 型玻璃施工质量	
74	银川车站改造工程项目部 QC 小组	提高拱壳结构清水混凝土观感质量	
75	慈溪市梵石·壹方大厦工程项目部 QC 小组	钢筋加工架的改造	浙江一建

序号	QC 小组名称	课题名称	获奖单位
76	沪杭客专站房二标段嘉兴南站项目部 QC 小组	埃特板外墙装饰施工的质量控制	
77	北仑分公司大榭综合服务大楼工程项目部 QC 小组	提高外墙外保温装饰一体化板施工质量	
78	杭分公司浙江中烟办公检验生活配套中心工程 QC 小组	提高斜柱混凝土的施工质量	浙江二建
79	五分公司嘉兴电厂三期工程项目部 QC 小组	竖向顶托在汽机基座等大型现浇混凝土构件承重架中的使用	
80	杭政储出〔2008〕6 号地块项目 QC 小组	提高 SMW 工法桩的施工质量	
81	芜湖碧桂园翠堤春晓 510#—547# 楼工程 QC 小组	双道耐碱网格布防治墙面裂缝	浙江三建
82	中烟联合工房 QC 小组	提高大面积细石混凝土地坪施工质量	
83	宁波万华 2×39000Nm³/h 空分扩建项目 QC 小组	保证施工进度提高管道支架安装一次合格率	浙江安装
84	杭州地铁 1 号线七堡车辆基地Ⅲ标 QC 小组	大体积混凝土梁板裂缝控制	
85	绍诸高速 SZTJ01 合同段外观质量控制 QC 小组	上虞枢纽现浇箱梁砼外观色差控制	浙江大成
86	杭州地铁 1 号线盾构推进 QC 小组	提高地铁隧道管片拼装完好率	
2012 年：17 项			
87	镇海新城 D1、D3 地块商务楼工程 QC 小组	强化现场管理确保安全管理目标实现	
88	杭州市科技馆工程 QC 小组	提高弧面倒锥形铝板幕墙施工质量	
89	花园岗村拆迁安置房工程 QC 小组	优化爬架支座部位结构质量	浙江建工
90	华东勘测设计研究院地下室工程项目 QC 小组	提高大跨度预应力梁的质量控制	
91	卧龙电气设备生产基地产业大楼工程 QC 小组	提高圆柱混凝土施工质量	
92	慈溪市梵石·壹方大厦工程项目部 QC 小组	外架施工人员上下通道创新应用	浙江一建
93	杭州国际大厦改造项目工程 QC 小组	全套管护壁拔桩施工质量控制	
94	宁波文化广场项目部 QC 小组	型钢混凝土结构中型钢梁柱钢筋施工质量控制	浙江二建

序号	QC 小组名称	课题名称	获奖单位
95	宁波嘉裕酒店项目部 QC 小组	提高地下室底板钢结构梁预埋施工质量	浙江二建
96	宁波北仑保税区商务大楼项目部 QC 小组	提高玻璃幕墙预埋件施工质量	
97	华能海门电厂工程项目部 QC 小组	#1、#2 圆形封闭煤仓挡煤墙清水砼墙外观质量	
98	桐庐荣正•杭州财富广场工程 QC 小组	超高层电梯井施工操作平台搭设改进	浙江三建
99	新湖仙林翠谷三期 A 标段 G 区邻里中心 QC 小组	提高框架梁的施工精度	
100	杭州华联•钱塘会馆工程 QC 小组	混凝土支撑梁拆除方法创新	
101	浙江恒逸己内酰胺项目部 QC 小组	提高管道焊接一次拍片合格率	浙江安装
102	福州火车南站东西延伸工程 QC 小组	优化复杂地质条件下地铁基坑开挖方式	浙江大成
103	杭州地铁 1 号线七堡车辆基地III标 QC 小组	提高钢筋混凝土后浇带施工质量	
	2013 年：15 项		
104	杭州东部国际商务中心二期幕墙工程项目部 QC 小组	提高开放式石材幕墙工程施工质量	浙江建工
105	浙江省劳动保障宣传教育中心综合楼拆建工程 QC 小组	利用 BIM 技术全面提高工程整体质量	
106	乐清市体育中心项目部 QC 小组	提高大型钢结构厚板焊接质量	
107	龙泉市人民医院迁建工程项目经理部 QC 小组	解决复杂条件下灌注桩持力层判定问题	
108	新加坡杭州科技园软件工厂 1B 期工程项目部 QC 小组	混凝土加气块切割机消尘装置的研制	浙江一建
109	一分公司杭州钱江新城工商银行大楼 QC 小组	提高地下室底板后浇带留设质量	
110	杭分公司杭州第二中学（东河校区）食堂体艺综合楼工程 QC 小组	提高外墙无机保温砂浆保温层施工质量	浙江二建
111	一分公司大红鹰学院杭州湾校区 16#图书行政楼工程 QC 小组	控制滚轧直螺纹钢筋丝头质量	
112	五分公司江苏南通电厂上大压小工程项目部 QC 小组	缩小超大体积砼温差	
113	六分公司余姚金融中心项目 QC 小组	提高预应力梁波纹管安装合格率	

序号	QC 小组名称	课题名称	获奖单位
114	杭州红十字会医院老病房大楼加层改造及连廊扩建工程 QC 小组	桩位处遇旧基础桩影响处理	浙江三建
115	鸿茂·八墅休闲度假村二期项目部 QC 小组	彩色清水混凝土的质量控制	
116	玉兰花园二期二标 QC 小组	型钢柱现场对接安装质量成优控制	
117	龙庆路面水稳 QC 小组	减少水泥稳定碎石基层收缩裂缝	浙江大成
118	杭州地铁 4 号线景芳项目 QC 小组	提高地铁车站基坑钢支撑施工质量	
2014 年：20 项			
119	淮浙煤电凤台电厂二期扩建工程项目部 QC 小组	钢筋混凝土烟囱升模的技术创新	浙江建工
120	杭政储出〔2007〕55 号地块办公、商业金融用房项目部 QC 小组	提高异型超重铸钢件与厚板的焊接质量	
121	中国（舟山）大宗商品交易中心工程项目部 QC 小组	提高钢结构采光顶安装质量	
122	彭埠单元 12 地块工程二标段项目部 QC 小组	地下室外墙翻边支模架的研制与应用	
123	一分公司杭州钱江新城工商银行大楼 QC 小组	提高钢桁架楼承板混凝土浇筑质量	浙江一建
124	阿里巴巴"淘宝城"二期 C1#楼、T6#、T7#楼 QC 小组	提高曲面斜挑板清水混凝土成型质量	
125	阿里巴巴"淘宝城"二期 C1#楼、T6#、T7#楼 QC 小组	圆形纸模施工质量控制	
126	六分公司建设银行项目部 QC 小组	提高超高超大独立圆柱施工质量	浙江二建
127	一分公司宁波市康宁医院 QC 小组	加强上部钢筋保护层厚度控制，提高工程质量	
128	三分公司镇海炼化重油加工结构调整改造项目 QC 小组	提高大截面超高清水砼框架柱外观质量	
129	五分公司舟山保税港区口岸联检综合大楼项目部 QC 小组	提高玻璃幕墙施工质量	
130	杭分公司杭州江东城市综合体一期工程 QC 小组	提高后浇带混凝土施工质量	
131	杭分公司杭州中大圣马广场商业办公用房一标段 QC 小组	超长混凝土墙体裂缝控制新法	
132	五分公司华能长兴电厂上大压小工程项目部 QC 小组	降低主厂房"后工业化"飘板结构质量缺陷率	
133	杭政储出〔2008〕26 号地块工程 QC 小组	住宅飘窗渗漏水防治创新	浙江三建

序号	QC 小组名称	课题名称	获奖单位
134	杭州市公安局反恐指挥中心工程 QC 小组	钢结构吊装进度控制	浙江三建
135	杭州市妇女医院项目部 QC 小组	提高气动管道物流系统安装一次合格率	
136	兰墅公寓三期安置房项目 QC 小组	探索新型锚杆施工工艺	
137	南京地铁四号线工程 TA11 标项目 QC 小组	提高地铁车站主体结构施工缝施工质量	浙江大成
138	金武沥青路面 QC 小组	提高热拌沥青表面层外观质量	
2015 年：19 项			
139	杭州市检察院工程 QC 小组	冰裂纹花岗石切割及铺贴施工质量控制	浙江建工
140	东风杭汽地块公共租赁房工程施工总承包 I 标段项目部 QC 小组	后砌填充墙梁底塞缝技术创新及应用	
141	杭州万科璞悦湾浙江建工项目部 QC 小组	铝合金模板及支撑体系创新	
142	浙江省建设科技研发中心工程 QC 小组	泡沫砼-大孔率页岩砖外墙自保温体系泡沫砼灌注质量控制	
143	杭州国际大厦（城市广场）改造项目工程 QC 小组	深基坑大小塔吊同基础转换施工技术应用研发	浙江一建
144	乐清市文化中心项目部 QC 小组	新型吕梁--碗扣式重型钢管支撑体系的研发	
145	浙江大学人才专项房项目 I、II 标段项目部 QC 小组	工地围墙搭设施工新方法	
146	钢结构有限公司杭州中大圣马项目部 QC 小组	大跨度钢结构连廊安装方法创新	浙江二建
147	五分公司浙能台州第二发电厂工程项目部 QC 小组	大型电厂模板采用探索	
148	一分公司慈溪市客运中心站工程 QC 小组	大直径圆柱模板安装工艺新法	
149	一分公司富阳博物馆三馆合一项目部 QC 小组	强化过程控制，提升钻孔灌注桩优良品率	
150	一分公司宁波市鄞州区第二医院二期综合楼工程 QC 小组	提高高压旋喷桩施工进度	

序号	QC 小组名称	课题名称	获奖单位
151	厦航杭州基地 A 地块项目工程 QC 小组	降低蒸压砂加气砌块损耗率	浙江三建
152	杭州师范大学仓前校区一期工程中心区西块工程 QC 小组	降低主体施工阶段施工中的扬尘高度	
153	梅墟新城北区安置房二期工程三标段 QC 小组	推动现场务工人员实名制管理	
154	浙江省残疾人康复指导中心迁建工程 QC 小组	提高弧形梁施工一次合格率	
155	杭州市东部 LNG 应急气源站工程 QC 小组	提高 LNG 低温储罐混凝土罐壁施工质量	浙江安装
156	河北省石家庄至冀晋界公路 LJ-1 合同段项目部 QC 小组	提高高性能混凝土外观质量	浙江大成
157	浙江科技研发中心项目 QC 小组	提高三轴水泥搅拌桩的质量	
2016 年：19 项			
158	浙江音乐学院工程项目 QC 小组	提高曲面木纹清水混凝土表面质量合格率	浙江建工
159	浙江大学国际联合学院一期工程项目部 QC 小组	提高清水砖墙的施工质量	
160	杭政储出〔2004〕2 号地块工程项目部 QC 小组	管井内土建与安装施工协调的方法研究	
161	浙江省信息化策划创新基地工程项目部 QC 小组	直升机停机坪圆弧梁施工质量控制	
162	中新大厦项目部 QC 小组	模板工程施工质量的控制	
163	浙江一建科研综合大楼项目部 QC 小组	提高钢骨混凝土柱——钢筋混凝土梁节点梁钢筋施工质量合格率	浙江一建
164	国贸商业金融总部项目 QC 小组	信息化扬尘控制技术	
165	一分公司富阳博物馆三馆合一项目部 QC 小组	—	
166	一分公司宁波银行数据中心工程项目部 QC 小组	控制嵌岩桩入岩深度，确保工程施工质量	浙江二建
167	五分公司华能南京玉带热电厂工程项目部 QC 小组	提高主厂房墙板围护表面平整度	
168	钢结构分公司平板对接焊接工艺创新 QC 小组	平板对接焊接工艺	
169	运河水陆交通集散服务中心工程 QC 小组	有粘结后张法预应力梁施工质量控制	浙江三建
170	千岛湖玉兰花园（一期）工程 QC 小组	提高窗四周细部质量合格率	

序号	QC 小组名称	课题名称	获奖单位
171	盛德国际广场项目 QC 小组	降低施工现场扬尘污染	浙江三建
172	景芳三堡单元 JG1202-48 地块农转非居民拆迁安置项目 QC 小组	提高深井地下水利用率	
173	浙江工业大学屏峰校区 1-A 区块建设项目（标段二）QC 小组	提高反力墙加载孔定位精度	
174	安装公司海康威视项目部 QC 小组	提高预埋电气导管的质量合格率	
175	宁波余慈高速公路 2 合同第二 QC 小组	桥梁花瓶墩的混凝土外观质量控制	浙江大成
176	宁波余慈高速公路 2 合同第一 QC 小组	提高花瓶墩主筋对接外露长度一次性合格率	
2017 年：30 项			
177	浙江师范大学行知学院迁建工程项目部 QC 小组	—	浙江建工
178	北山路 84 号国宾接待中心项目 QC 小组	—	
179	义乌中福项目 QC 小组	—	
180	西湖区文体中心(浙商文化中心)工程 QC 小组	—	
181	杭州未来科技城核心区块地下空间综合开发项目 QC 小组	—	
182	杭政储出〔2012〕24 号商业商务用房 QC 小组	—	
183	衢州市中心医院门急诊住院楼砌筑质量控制小组	提高砌体工程施工质量验收合格率	
184	浙江大学海宁国际校区二期工程 QC 小组	基于 BIM 三维建模降低综合管线碰撞率	
185	浙江省职工服务中心项目 QC 小组	提高型钢混凝土柱混凝土施工质量	
186	浙建钢结构生产基地宿舍楼工程 QC 小组	高预制率装配式建筑施工研究与应用	
187	丝绸博物馆幕墙工程项目部 QC 小组	提高玻璃肋半隐框玻璃幕墙施工质量	
188	杭政储出〔2012〕74 号地块和杭政储出〔2014〕4 号地块商业商务用房项目部 QC 小组	—	浙江一建
189	互联网安防产业基地 I 标段 QC 小组	—	

续表

序号	QC 小组名称	课题名称	获奖单位
190	浙江大学医学院附属第一医院余杭院区工程项目部 QC 小组	—	浙江一建
191	浙江自然博物园项目部 QC 小组	—	浙江二建
192	制造公司 QC 小组	—	
193	惠阳区榄子垅生活垃圾焚烧发电项目工程 QC 小组	—	
194	浙能绍兴滨海热电厂二期扩建工程项目部 QC 小组	—	
195	三官堂大桥及接线工程 I 标段 QC 小组	—	
196	马鞍山市生活垃圾焚烧发电工程项目部 QC 小组	—	
197	浙能绍兴滨海热电厂二期扩建工程钢结构 QC 小组	—	
198	第二 QC 小组	—	
199	绿谷·杭州浙商创新发展中心项目部 QC 小组	—	浙江三建
200	杭政储出〔2013〕29 号地块 QC 小组	—	
201	中维南星 QC 小组	—	
202	杭政储出〔2013〕35 号地块项目 QC 小组	—	
203	杭长沥青路面 QC 小组	—	浙江大成
204	SG6-5 标段之江海洋公园站 QC 小组	—	
205	乌镇互联网国际会议中心幕墙工程项目部 QC 小组	竖向钢拉索安装质量控制	浙江武林
2018 年：33 项			
206	浙江衢化医院项目屋面防水施工 QC 小组	提高防水工程施工合格率	浙江建工
207	交通基础公司综合管廊 QC 小组	提升基坑围护结构"干作业旋挖钻孔灌注桩"垂直度	
208	长兴历史文化街区工程 21#项目预塑 QC 小组	带肋塑料模板+叠合板在工业化项目中的应用	
209	长兴太湖博览园及基础设施配套工程项目 QC 小组	提高高大跨度墙体的整体性及施工进度	
210	卓尚服饰（杭州）有限公司工业厂房工程 QC 小组	一次成型地坪施工质量控制	
211	杭州市职工文化中心施工质量控制 QC 小组	提高屋面广场砖铺贴合格率	

序号	QC 小组名称	课题名称	获奖单位
212	丽水市城西公租房及安置房项目QC 小组	确保预制装配式建筑现浇梁和叠合板结合部位施工质量	
213	湘湖三期安置房项目 QC 小组	提高钢筋工程半成品加工合格率	浙江建工
214	浙江省建工集团有限责任公司西湖区文体中心钢结构项目部 QC 小组	提高钢结构焊接球网架安装的初验合格率	
215	浙江建工幕墙装饰有限公司＋西湖文体中心 QC 小组	提高幕墙钢立柱施工质量	
216	国贸商业金融总部项目 QC 小组	采用 BIM 技术提高钢筋复杂节点验收合格率	
217	海洋文化艺术中心（二期）工程项目部 QC 小组	提高六边形清水混凝土柱观感质量	
218	"美丽新昌"小城镇环境综合整治工程镜岭项目部 QC 小组	降低市政道路"白改黑"路面产生反射裂缝的数量	浙江一建
219	浦江县旧城城北区块 A 地块综合开发项目西区工程 QC 小组	地下室顶板后浇带镀锌钢管加固支撑体系的研制与应用	
220	望海学校工程 QC 小组	提高水磨石的地面观感质量	
221	浙江印刷集团工业厂房 QC 小组	全回转清障拔桩施工进度控制	
222	华能渭南热电烟囱电动升模施工平台挠度变形控制 QC 小组	烟囱电动升模施工平台挠度变形控制	
223	中共宁波市党校迁建工程精装修工程Ⅱ标段项目部 QC 小组	提高木饰面板安装质量	
224	协和医院综合住院楼项目部 QC 小组	减少轻质隔墙板材裂缝	浙江二建
225	安吉县递铺街道第三小学迁建工程项目部 QC 小组	提高地下室 14 天龄期抗浮锚杆一次验收合格率	
226	高安市垃圾焚烧发电项目部 QC 小组	简化设备基础螺栓孔成孔方法	
227	杭州九峰垃圾焚烧发电项目 QC 小组	提升灌注桩一类桩优良品率	
228	望江单元项目 QC 小组	提高钢筋砼楼梯踏步结构成型质量合格率	
229	翡翠城卓越 QC 小组	提高卫生间降板截面尺寸一次合格率	
230	武义县博物馆、规划展示馆项目BT 工程 QC 小组	钢结构吊装进度控制	浙江三建
231	杭政储出〔2013〕35 号地块项目QC 小组	提高圆弧柱现浇结构合格率	
232	杭政储出〔2013〕29 号地块商业商务用房工程项目 QC 小组	提高整体提升钢结构连廊高空对接初验合格率	
233	嘉善县跨区域多村联建强村两创中心建设工程项目 QC 小组	提高双 T 板施工合格率	

序号	QC 小组名称	课题名称	获奖单位
234	奉化绿城玫瑰园三期 II 标段 QC 小组	提高墙体抹灰层合格率	浙江三建
235	拉萨市柳东大桥工程项目 QC 小组	提高现浇预应力钢筋混凝土圆形拱塔混凝土外观质量	浙江大成
236	京藏 01 标项目部 QC 小组	提高后张法预应力空心板施工质量	
237	龙游一桥项目 QC 小组	提高大跨度连续梁线型质量	
238	杭州地铁 SG5-16 标段 QC 小组	控制地铁车站地下连续墙充盈系数	
2019 年：32 项			
239	景宁山哈大剧院 QC 小组	提高外立面混凝土线条施工质量	集团总部
240	"1211" 工程 QC 小组	采用双轮铣提高水泥墙止水帷幕施工质量	浙江建工
241	杭政储出〔2011〕53 号地块 QC 小组	创新二次翻边防渗漏施工方法	
242	环城北路 318 号办公楼维修改造工程 QC 小组	提高装配式集成吊顶施工合格率	
243	之江实验市高级人才公寓建设工程 QC 小组	提高地下室底板混凝土在后浇带处漏浆控制率	
244	温州医学院附属第二医院瑶溪分院新建工程项目部 QC 小组	提高医疗直线加速器机房超厚混凝土施工质量	
245	乐清人民医院一医疗急救大楼工程 QC 小组	提高地下室砼剪刀墙观感检验合格率	
246	浙江大学医学院附属第一医院余杭院区工程项目部 QC 小组	提高清水砖观感质量合格率	浙江一建
247	金华科技城科创孵化区块二期 QC 小组	提高圆弧形梁模板安装质量	
248	社会停车楼项目 QC 小组	提高 GRC 胎膜单次成型合格率	
249	浦江县城中村（棚户区）改造一期项目宅地块 QC 小组	BIM 技术在机电工程中的应用	
250	"孺子牛" QC 小组	预制楼梯吊具的研制	
251	淳安垃圾焚烧发电项目 QC 小组	提高锅炉预埋地脚螺栓一次合格率	浙江二建
252	宁波科学中学 QC 小组	提高陶粒混凝土砌块墙体施工质量	
253	甘肃电投常乐电厂调峰火电项目 1、2 号机组工程项目部 QC 小组	间冷塔 X 型柱气泡控制	
254	赤峰经济开发区自备电 QC 小组	空冷空心柱定型钢模板清水混凝土施工	
255	义乌市垃圾焚烧发电厂提升改造项目 QC 小组	提高垃圾池底板卷材施工合格率	
256	宁波市滨江绿带整治工程五期 I 标段项目部 QC 小组	提高异型多曲饰面清水混凝土明、蝉缝观感质量	
257	高新区滨江绿带整治工程五期 QC 小组	提高大型斜柱四面牛腿穿孔一次合格率	

续表

序号	QC 小组名称	课题名称	获奖单位
258	年产 450 台（套）工业透平机械建设项目 QC 小组	创新设备基础预留螺栓孔洞支模体系	浙江三建
259	壶镇中学迁建工程"极速蜗牛"QC 小组	新型楼梯防护栏杆转角立柱简易装置研制	
260	翠苑项目部 QC 小组	提高给排水垂直套管预埋质量一次合格率	
261	全民健身中心项目 QC 小组	提高竖向预应力构件施工一次合格率	
262	年产 450 台（套）工业透平机械建设项目 QC 小组	提高厂房基础杯口尺寸精度	
263	遂昌县客运中心工程 EPC 项目 QC 小组	提高抗浮锚杆钢筋安装一次验收合格率	
264	保亭安置房项目 QC 小组	提高大截面砼柱成型质量	
265	金华市人民医院医养大健康综合体金华市人民医院迁建项目（南标段）工程 QC 小组	提高装配式外挂墙板安装合格率	
266	奉化健康旅游小镇 4 号地块一标段项目部 QC 小组	提高地下室放水卷材一次施工合格率	
267	浙江工贸职业技术学院扩建工程资讯楼幕墙工程双曲铝板 QC 小组	提高双曲铝板面板初验合格率	
268	筑路人 QC 小组	提高新建隧道开挖合格率	浙江大成
269	筑路人 QC 小组	降低新建隧道对既有爆破振动速率	
270	龙游一桥项目 QC 小组	提高大跨径连续箱梁桥面铺装施工质量	
2020 年：26 项			
271	景宁县山哈大剧院 QC 小组	提高竖向预应力构件施工一次合格率	集团总部
272	浙江民政康复中心异地扩建工程 QC 小组	提高楼梯板砼接缝观感质量合格率	浙江建工
273	仁和菜鸟项目 QC 小组	减小气动潜孔冲击锤工艺成桩的桩位偏差	
274	之江实验室 QC 小组	防微振筏板与结构柱缝隙处防水构造研究	
275	中海广场 QC 小组	提高楼板钢筋保护层合格率的研究与探索	
276	常山县城市危旧住宅治理棚改项目 QC 小组	提高旋挖灌注桩的合格率	
277	杭政储出〔2017〕12 号地块旅馆兼容公共交通场站用房项目部 QC 小组	提高大截面、大跨度叠合梁现场安装施工质量	
278	北京航空航天大学宁波创新研究院（研究生院和国际交流中心）一期（实验用房）QC 小组	提高清水混凝土外观一次合格率	

续表

序号	QC 小组名称	课题名称	获奖单位
279	敢创新"QC 小组	清水墙质量控制尺的研制	浙江一建
280	陶然居项目 QC 小组	提高电气管线及接线盒在 PC 板中预埋质量	
281	中国美院良渚校区项目 QC 小组	提高木纹清水混凝土挑檐表观质量	
282	金华科技城科创孵化区块二期 QC 小组	提高管线综合布置准确率	
283	垃圾焚烧发电厂防护围栏 QC 小组	临边洞口可调式防护围栏研制	浙江二建
284	垃圾焚烧发电焊接 QC 小组	提高不锈钢焊口焊接合格率	
285	文成县人民医院新建工程项目部 QC 小组	改进方形柱加固技术	
286	浙能镇海电厂燃煤机组搬迁改造项目部 QC 小组	提高钢筋直螺纹机械连接质量	
287	中科院宁波材料学院项目 QC 小组	提高拉森钢板桩施工一次合格率	
288	缙云县壶镇镇体艺中心 QC 小组	提高螺栓球网架一次验收合格率	浙江三建
289	杭州市仁和粮食储备库建设工程（标段一）项目 QC 小组	提高浅圆仓滑模清水混凝土施工一次验收合格率	
290	未来科技城第四小学项目部 QC 小组	地下室剪力墙背包式后浇带支模体系创新	
291	衢州绿色产业集聚区慧谷工业设计创新园项目 QC 小组	提高梁柱节点不同强度等级同步浇筑混凝土裂缝合格率	
292	浦江县城中村（棚户区）改造一期工程项目部 QC 小组	免登高管道油漆刷的研制	
293	"步步争先"QC 小组	提高超高盘扣式支模架一次施工合格率	
294	浙建安地 QC 小组	提高铝合金门窗一次安装合格率	浙江武林
295	舟山隧道涂装 QC 小组	提高多功能蓄能式发光涂料无气喷涂施工质量合格率	浙江大成
296	诚筑 QC 小组	提高大型双壁钢围堰下沉精度	

11.3.3　浙江省市政行业协会评定的质量管理（QC）成果

2020 年，浙建集团获得浙江省市政行业协会评定的"浙江省市政行业优秀 QC 成果"一等奖 1 项（详见表 11-29）。

截至 2020 年底，浙建集团共获得浙江省市政行业协会评定的"浙江省市政行业优秀 QC 成果"14 项，其中一等奖 5 项（详见表 11-29）、二等奖 6 项（详见表 11-30）、三等奖 3 项（详见表 11-31）。

（1）一等奖

表 11-29　浙江省市政行业优秀 QC 成果（一等奖）汇总

序号	QC 小组名称	课题名称	获奖单位	年份
1	基础市政分公司 QC 小组	GPS 型钻孔灌注桩机传动轴安全防护罩研制	浙江三建	2018 年
2	交通基础公司 QC 小组	降低隧道变形缝漏水返修率	浙江建工	2019 年
3	交通基础公司综合管廊 QC 小组	综合管廊模板台车技术创新		
4	"步步争先" QC 小组	提高装配式型钢内支撑一次安装合格率	浙江三建	
5	基础市政公司 QC 小组	降低钻孔灌注桩桩顶超灌高度	浙江三建	2020 年

（2）二等奖

表 11-30　浙江省市政行业优秀 QC 成果（二等奖）汇总

序号	QC 小组名称	课题名称	获奖单位	年份
1	杭州市德胜快速路 6-1 标工程 QC 小组	提高先张法预应力混凝土梁板制作质量	浙江大成	2009 年
2	杭州市东部 LNG 应急气源站工程 QC 小组	提高 LNG 低温储罐管壁施工质量	浙江安装	2014 年
3	秋涛路 1 标 QC 小组	提高城市高架现浇防撞护栏外观质量	浙江大成	2015 年
4	拉萨市柳东大桥工程项目 QC 小组	提高现浇预应力钢筋混凝土圆形拱塔混凝土外观质量	浙江大成	2018 年
5	杭州地铁 SG5-16 标段 QC 小组	控制地铁车站地下连续墙充盈系数		
6	京藏 01 标项目部路面 QC 小组	提高高速公路改扩建 AC-13C 细粒式改性沥青表面层平整度	浙江大成	2019 年

（3）三等奖

表 11-31　浙江省市政行业优秀 QC 成果（三等奖）汇总

序号	QC 小组名称	课题名称	获奖单位	年份
1	杭州市留石快速路一期（跨上塘河）工程 QC 小组	确保钢箱梁安装临时支架的质量与安全	浙江大成	2009 年
2	天台苍山污水处理厂一期工程项目部 QC 小组	提高现浇混凝土外观施工质量	浙江安装	2017 年
3	台州市内环路 8 号立交工程 QC 小组	淡化海砂应用于桥梁工程的质量控制	浙江大成	2018 年

11.3.4 浙江省建筑装饰行业协会评定的质量管理（QC）成果

2020 年，浙建集团共获得浙江省建筑装饰行业协会评定的"浙江省建筑装饰行业优秀 QC 成果"4 项，其中一等奖 3 项（详见表 11-32）、二等奖 1 项（详见表 11-33）。

截至 2020 年底，浙建集团共获得浙江省建筑装饰行业协会评定的"浙江省建筑装饰行业优秀 QC 成果"20 项，其中一等奖 8 项（详见表 11-32）、二等奖 8 项（详见表 11-33）、优秀奖 4 项（详见表 11-34）。

（1）一等奖

表 11-32 浙江省建筑装饰行业优秀 QC 成果（一等奖）汇总

序号	QC 小组名称	课题名称	获奖单位	年份
1	富春江励骏酒店项目部 QC 小组	小颗粒石材马赛克在弧形墙面铺贴中平整度的质量控制	浙江武林	2015 年
2	浙江西湖高等研究院 1—4 号楼装修工程项目部 QC 小组	提高外粘碳纤维复合材料施工质量	浙江建工	2018 年
3	杭州市中医院丁桥分院室内精装修二标段 QC 小组	提高室内装修钢制隔墙挂板施工质量	浙江三建	
4	长兴太湖博览园及基础设施配套工程幕墙项目部 QC 小组	长兴太湖博览园及基础设施配套工程幕墙—超厚大理石安装质量控制	浙江武林	
5	浙江工贸职业技术学院扩建工程资讯楼幕墙工程 QC 小组	提高双曲铝板面板初验合格率	浙江三建	2019 年
6	之江实验室一期工程-园区工程（西区）临时用房办公区装饰装修工程 QC 小组	提高集成化墙板安装的施工质量	浙江建工	2020 年
7	温州医学院附属第二医院瑶溪分院幕墙工程 QC 小组	提高蘑菇雨棚圆钢龙骨施工质量		
8	大孚健康庄园项目部 QC 小组	提高外墙保温一次施工合格率	浙江三建	

（2）二等奖

表 11-33　浙江省建筑装饰行业优秀 QC 成果（二等奖）汇总

序号	QC 小组名称	课题名称	获奖单位	年份
1	杭甬客运专线站房Ⅰ标柯桥站项目部 QC 小组	大跨度悬空玻璃及石材幕墙施工质量控制	浙江一建	2013 年
2	浙江久立特材科技中心幕墙工程 QC 小组	三维立体结构钢骨架玻璃幕墙施工质量控制	浙江武林	2014 年
3	民族艺术博物馆项目部 QC 小组	悬瓦幕墙中瓦片悬挂方式研究	浙江一建	2015 年
4	杭州钱江新城工商银行大楼 QC 小组	提高 RT 轻质泡沫混凝土成型质量	浙江一建	2016 年
5	阿里巴巴"淘宝城"二期工程 QC 小组	提高透光软膜整体美观度		
6	天台国大旅游综合体幕墙工程 QC 小组	提高双曲内退倒锥铝板施工质量	浙江建工	2019 年
7	句容恒大童世界童话大街外包装工程 QC 小组	提高双曲屋面钢龙骨施工质量		
8	长兴县人民医院室内装饰工程精打细算 QC 小组	提高高压装饰层积板施工一次验收合格率	浙江三建	2020 年

（3）优秀奖

表 11-34　浙江省建筑装饰行业优秀 QC 成果（三等奖）汇总

序号	QC 小组名称	课题名称	获奖单位	年份
1	浦江仙华文景园项目部 QC 小组	异形铝板装饰柱钢骨架安装控制	浙江武林	2015 年
2	浙江音乐学院幕墙项目部 QC 小组	异形铝板线条安装质量控制	浙江武林	2016 年
3	龙游县博物馆项目部 QC 小组	拉索石材安装控制	浙江武林	2019 年
4	西湖文体项目部 QC 小组	超高立面穿孔铝板平整度的质量控制		

11.3.5　浙江省建筑业技术创新协会评定的质量管理（QC）成果

2020 年，浙建集团共获得浙江省建筑业技术创新协会评定的"浙江省工程建设优秀质量管理小组活动成果"3 项，其中一等奖 1 项（详见表 11-35）、二等奖 1 项（详见表 11-36）、三等奖 1 项（详见表 11-37）。

（1）一等奖

表 11-35　浙江省工程建设优秀质量管理小组活动成果（一等奖）汇总

序号	QC 小组名称	课题名称	获奖单位	年份
1	筑路人 QC 小组	提高高液限土路基施工一次验收合格率	浙江大成	2020 年

（2）二等奖

表 11-36　浙江省工程建设优秀质量管理小组活动成果（二等奖）汇总

序号	QC 小组名称	课题名称	获奖单位	年份
1	天全项目 QC 小组	提高超百米双薄壁高墩爬模施工竖直度	浙江大成	2020 年

（3）三等奖

表 11-37　浙江省工程建设优秀质量管理小组活动成果（三等奖）汇总

序号	QC 小组名称	课题名称	获奖单位	年份
1	地铁 SG3-1QC 小组	提高地连墙分节吊装钢筋笼接驳器成活率	浙江大成	2020 年

11.3.6　其他省（区、市）级协会评定的质量管理（QC）成果

2020 年，浙建集团获得其他省（区、市）级协会评定的质量管理（QC）成果 12 项，其中上海市 3 项（详见表 11-38）、江苏省 1 项（详见表 11-39）、湖北省 4 项（详见表 11-42）、四川省 1 项（详见表 11-43）、青海省 3 项（详见表 11-47）。

截至 2020 年底，浙建集团获得其他省（区、市）级协会评定的质量管理（QC）成果 92 项，其中上海市 9 项（详见表 11-38）、江苏省 3 项（详见表 11-39）、安徽省 1 项（详见表 11-40）、福建省 2 项（详见表 11-41）、湖北省 35 项（详见表 11-42）、四川省 34 项（详见表 11-43）、陕西省 3 项（详见表 11-44）、河南省 1 项（详见表 11-45）、黑龙江省 1 项（详见表 11-46）、青海省 3 项（详见表 11-47）。

（1）上海市质量管理（QC）成果

表 11-38　上海市质量管理（QC）成果汇总

序号	QC 小组名称	课题名称	获奖单位	年份
1	恒宇三街坊项目部 QC 小组	提高胶粉颗粒保温浆料外保温效果	浙江三建	2005 年
2	博捷名苑 QC 小组	降低大面积钢纤维耐磨地坪施工不合格率	浙江三建	2006 年
3	泛海国际公寓一期工程 QC 小组	提高蒸压加气砼砌体砌筑质量	浙江建工	2016 年
4	南京卷烟厂烟叶仓储复建工程项目部 QC 小组	提高 GBF 蜂巢芯密肋楼盖的施工质量	浙江建工	2017 年
5	上海海洋大学海洋科技大楼工程 QC 小组	提高绿色施工节能管理工作质量	浙江建工	2019 年
6	新建生产用房工程 QC 小组	提高预制柱套筒连接钢筋施工质量		
7	爱仕达项目 QC 小组	提高混凝土金刚砂耐磨地坪施工质量合格率	浙江建工	2020 年
8	江苏省地质环境勘查院南京安德门基地改造重建项目 QC 小组	提高 ALC 预制板施工质量合格率		
9	嘉兴学院梁林校区扩建工程二期（教学区）QC 小组	降低室外钢筋混凝土楼梯成型质量不合格率		

（2）江苏省质量管理（QC）成果

表 11-39　江苏省质量管理（QC）成果汇总

序号	QC 小组名称	课题名称	获奖单位	年份
1	兴华花园项目部雷霆 QC 小组	减小剪力墙截面尺寸的偏差	浙江三建	2014 年
2	兴华花园项目部 QC 小组	提高预留孔移位卫生间整体安装质量成优率	浙江三建	2015 年
3	淮安市第五人民医院 QC 小组	坑中坑模板抗浮施工质量控制	浙江三建	2020 年

（3）安徽省质量管理（QC）成果

表 11-40　安徽省质量管理（QC）成果汇总

序号	QC 小组名称	课题名称	获奖单位	年份
1	幸福里东郡项目 QC 小组	提高墙柱混凝土构件一次验收合格率	浙江建工	2018 年

（4）福建省质量管理（QC）成果

表 11-41　福建省质量管理（QC）成果汇总

序号	QC 小组名称	课题名称	获奖单位	年份
1	晋江鞋纺城 QC 小组	提高外墙真石漆施工质量	浙江建工	2016 年
2	夏商大厦 QC 小组	研发受限条件下的混凝土垂直运输方法	浙江建工	2019 年

（5）湖北省质量管理（QC）成果

表 11-42　湖北省质量管理（QC）成果汇总

序号	QC 小组名称	课题名称	获奖单位	年份
1	中南公司 QC 小组	提高现浇高大混凝土柱观感质量	浙江建工	2013 年
2	中南公司 QC 小组	提高地下室后浇带施工质量	浙江建工	
3	武汉光谷国际网球中心一期15000 座网球馆工程 QC 小组	提高网球馆"Y"型梁柱超限模板支撑体系安全性	浙江一建	2015 年
4	武汉光谷国际网球中心一期15000 座网球馆工程 QC 小组	运用 QC 方法提高开启屋盖运行舒适性		
5	中南公司 QC 小组	提高大跨度悬挑型钢砼结构下扰量合格率	浙江建工	2016 年
6	中南公司 QC 小组	地下室外墙翻边支模架的研制与应用		
7	中南公司 QC 小组	提高现浇结构模板安装合格率		
8	中南公司 QC 小组	施工现场喷淋降尘施工方法创新		
9	黄冈师范项目部 QC 小组	提高大截面混凝土框架柱施工质量一次验收合格率		
10	铁投·江南御景项目部 QC 小组	提高地下室 GRC 密肋板施工合格率		
11	金太阳项目部 QC 小组	提高室内全轻混凝土地坪施工质量		
12	周大福产业园项目部 QC 小组	大截面矩形柱模定型化模板支撑研制		
13	精密重力测量科学中心大楼项目部 QC 小组	提高型钢混凝土梁柱施工质量	浙江二建	
14	精密重力测量科学中心大楼项目部 QC 小组	大跨度高大支模板支撑体系质量安全控制		

序号	QC 小组名称	课题名称	获奖单位	年份
15	中南公司 QC 小组	提高悬挑结构铝板吊顶一次安装合格率	浙江建工	2018 年
16	仙桃保税物流中心项目 QC 小组	提高金刚砂耐磨地坪的一次验收合格率		
17	黄冈师范学院体育运动中心 QC 小组	降低施工现场的扬尘浓度		
18	胜利村改造项目 QC 小组	提高铝模体系墙柱洞口平整度一次成型合格率		
19	四新之光项目部 QC 小组	提高砌体施工一次验收合格率		
20	金太阳项目部 QC 小组	提高屋面防水施工一次验收合格率		
21	新起点 QC 小组	降低外墙真石漆色差	浙江二建	
22	协和医院综合住院楼项目部 QC 小组	减少轻质隔墙板材裂缝		
23	名都花园项目 QC 小组	降低剪力墙木模板底部漏浆出现率		
24	新工匠 QC 小组	提高砌体植筋一次合格率		
25	尚璟瑞府项目 QC 小组	提高卫生间闭水试验一次验收合格率	浙江建工	2019 年
26	十里新城三期 QC 小组	提高外墙抹灰一次施工合格率		
27	城投四新之光项目部 QC 小组	降低屋面面砖的施工损耗率		
28	中南公司 QC 小组	提高项目安全员现场巡查达标率		
29	郑州大雍庄主体一标段 QC 小组	提高 CL 复合剪力墙混凝土观感质量		
30	三峡现代物流信息中心大楼项目部 QC 小组	提高大截面框架柱垂直度	浙江二建	
31	武汉市名都花园南区三期项目 QC 小组	采用塑料模板以提高混凝土成型质量		
32	新益村 K2 地块二期项目部 QC 小组	大体积混凝土冷却水管施工技术创新	浙江建工	2020 年
33	汤湖观筑一期 QC 小组	提高混凝土现浇板顶板水平度极差合格率		
34	匠心之路 QC 小组	降低现浇混凝土楼板裂缝发生率		
35	新益村项目部航远 QC 小组	提高大体积混凝土冷却水管安装一次验收合格率		

（6）四川省质量管理（QC）成果

表 11-43   四川省质量管理（QC）成果汇总

序号	QC 小组名称	课题名称	获奖单位	年份
1	青川智慧岛教育园区青川体育馆工程 QC 小组	隔震支座施工方案的优选和实施	浙江建工	2011 年
2	西郡英华工程项目部 QC 小组	—	浙江建工	2013 年
3	富豪尚都项目部 QC 小组	—		
4	富豪酒店项目部 QC 小组	—		
5	华侨凤凰国际城一期工程 QC 小组	—		
6	天味食品项目部 QC 小组	—		
7	通威大厦项目部 QC 小组	—		
8	蓝光・COCO 金沙杨德海项目部 QC 小组	提高混凝土浇筑的细部质量	浙江三建	
9	蓝光・空港国际城（一期）工程 QC 小组	高墙柱混凝土施工质量控制		
10	蓝光・COCO 金沙杨德海项目部 QC 小组	改进墙柱模板安装质量		
11	贵阳西南国际商贸城 QC 小组	—	浙江建工	2014 年
12	鸡精、味精（分装）生产线两条建设项目 QC 小组	—		
13	四川川味复合调味料生产基地建设项目 QC 小组	—		
14	通威大厦项目部 QC 小组	—		
15	分公司 QC 小组	提高应届大学生工作适应率	浙江三建	
16	蓝光・空港国际城项勇军项目部 QC 小组	提高填充墙砌筑质量		
17	圣桦城祝金良项目部 QC 小组	提高卫生间降板施工质量		
18	金阳不夜都 QC 小组	提高大厅混凝土浇筑质量	浙江建工	2015 年
19	四川分公司 QC 小组	提高地下降水资源利用率	浙江三建	
20	四川分公司 QC 小组	提高底板后浇带质量合格率		
21	精度 QC 小组	提高结构施工中预留预埋精度	浙江三建	2016 年
22	冠城学府 QC 小组	提高喷涂真石漆的施工质量	浙江建工	2017 年
23	华都云景台花园 QC 小组	提高清水混凝土外观质量		
24	龙湖金枫路 QC 小组	提高混凝土成型质量合格率		

序号	QC 小组名称	课题名称	获奖单位	年份
25	优品道珑苑 QC 小组	加强防水工程施工质量控制	浙江建工	2017 年
26	中港五号地块 QC 小组	控制 EPS 装饰柱及线条施工一次合格率		
27	中港五号地块 QC 小组	提高悬挑卸料平台安全技术问题		
28	富豪尚都 QC 小组	提高屋面观感质量		
29	中港央湖名邸 4#地二标段 QC 小组	提高楼梯成型质量控制		
30	精度 QC 小组	提高砌体施工中入户配电箱预埋合格率	浙江三建	
31	华都云景台花园项目 QC 小组	降低超高层核心筒高强混凝土裂缝率	浙江建工	2018 年
32	中港广场工程项目部 Q C 小组	降低卸料平台的安全性能检查不合格率		
33	四季领航广场 QC 小组	降低大体积筏板混凝土裂缝率	浙江建工	2019 年
34	岳麓名城 QC 小组	提高长螺旋钻孔灌注桩桩身质量合格率	浙江建工	2020 年

（7）陕西省质量管理（QC）成果

表 11-44　陕西省质量管理（QC）成果汇总

序号	QC 小组名称	课题名称	获奖单位	年份
1	西安高新一中一小项目 QC 小组	提高隔震垫安装一次性合格率	浙江建工	2017 年
2	浙江建工香榭御澄（一期）Ⅰ标段项目 QC 小组	提高圆弧梁施工质量	浙江建工	2018 年
3	中房美域熙湖一期 QC 小组	提高住宅工程混凝土剪力墙成型质量	浙江建工	2019 年

（8）河南省质量管理（QC）成果

表 11-45　河南省质量管理（QC）成果汇总

序号	QC 小组名称	课题名称	获奖单位	年份
1	丁哲峰飞翔 QC 小组	大体积混凝土智能化测温监控技术创新与应用	浙江三建	2018 年

（9）黑龙江省质量管理（QC）成果

表 11-46　黑龙江省质量管理（QC）成果汇总

序号	QC 小组名称	课题名称	获奖单位	年份
1	松花江大桥及引道工程三标项目部 QC 小组	提高箱梁混凝土一次浇筑的质量	浙江大成	2011 年

（10）青海省质量管理（QC）成果

表 11-47　青海省质量管理（QC）成果汇总

序号	QC 小组名称	课题名称	获奖单位	年份
1	中海河山郡 QC 小组	提高主体结构混凝土实测实量合格率		
2	中共青海省委党校青海省行政学院教学综合楼建设项目 QC 小组	提高屋面外挑檐口铝单板安装一次性合格率	浙江建工	2020 年
3	青海师范大学实验实训基地建设项目 QC 小组	提高湿陷性黄土地区素土挤密桩一次性合格率		

12 标志性工程

12.1 超高层项目

截至 2020 年底，浙建集团共有在建超高层项目 30 个，其中高度 100—200m 项目 29 个（详见表 12-1）、200m 以上项目 1 个。

截至 2020 年底，浙建集团竣工超高层项目 38 个，其中高度 100—200m 项目 33 个（详见表 12-2）、200m 以上项目 5 个。

12.1.1 高度 100—200m 项目

（1）在建项目

截至 2020 年底，浙建集团在建（高度 100—200m）超高层项目 29 个（详见表 12-1）。

表 12-1 在建（高度 100—200m）超高层项目汇总

序号	项目名称	承建单位	建筑高度（m）
1	浙江印刷集团有限公司工业厂房工程	浙江一建	100.00
2	余政储出〔2018〕32 号地块项目设计采购施工 EPC 总承包项目	浙江三建	
3	温州市鹿城区牛山片区 G-07 地块项目	浙江三建	102.10
4	湖南怀化岳麓青城	浙江建工	104.40
5	杭政储出〔2014〕18 号地块商业商务用房	浙江建工	105.00
6	龙港新城 XC-1-29 地块	浙江三建	105.75
7	龙港新城 XC-1-74 地块	浙江三建	106.35
8	瑞安市西门河头团块危旧房改造工程	浙江三建	106.60
9	新昌县建业大厦建设工程	浙江建工	108.00
10	杭政储出〔2017〕37 号地块商业商务用房(杭州银行总部大楼)	浙江建工	118.00
11	德化海丝广场项目	浙江建工	119.60
12	海南海口恒大美丽沙项目 1401 地块(8#—10#楼、部分商业、开闭所及垃圾转运站)主体及配套建设工程	浙江建工	125.00

序号	项目名称	承建单位	建筑高度（m）
13	"领航中心"项目总承包工程	浙江建工	130.00
14	兴达·宏图雅居 T5#楼	浙江建工	130.00
15	2022 年第 19 届亚运会媒体村地块标段一（M2、M4、M6、M7 组团）	浙江建工	131.60
16	住宅及配套项目（名都花园南区三期地块一、三）	浙江二建	137.10
17	九州通健康城	浙江建工	142.00
18	新建居住、商业服务业设施项目（新益村城中村改造 K2 地块）二期	浙江建工	145.00
19	中海广场项目三期土建总承包工程	浙江建工	146.60
20	三墩单元 XH0306-M1-71 地块浙江美浓新制造业美浓创新中心项目	浙江三建	148.40
21	威海市金海滩 1 号项目	浙江建工	149.80
22	四新之光（03J16 地块）商务、居住项目（一期）工程施工	浙江建工	150.90
23	忆江南大厦工程	浙江建工	153.10
24	新建住宅、公共设施项目（中城上城五号地施工三期）7 号楼	浙江建工	155.00
25	杭政储出〔2013〕35 号地块商业商务用房项目	浙江三建	160.00
26	夏商大厦	浙江建工	187.50
27	余政工出〔2019〕28 号（浙江大学校友企业总部经济园二期 1 地块）	浙江建工	194.55
28	中港广场项目建安总承包工程	浙江建工	199.70
29	杭政储出〔2014〕20 号地块商业商务用房	浙江建工	199.80

（2）竣工项目

截至 2020 年底，集团竣工（高度 100—200m）超高层项目 33 个（详见表 12-2）。

表 12-2　竣工（高度 100—200m）超高层项目汇总

序号	项目名称	承建单位	竣工年份	建筑高度（m）
1	成都崔家店 52 号地块总包工程	浙江建工	2018 年	100.50
2	宁波国际金融服务中心北区工程（III 标段）	浙江建工	2012 年	101.00
3	杭州东部国际商务中心二期工程	浙江建工	2012 年	102.00
4	中央商务区 2 号地块（一期区块）工程	浙江建工	2018 年	103.40
5	浙大中控信息技术有限公司系统集成大楼	浙江建工	2015 年	105.00

续表

序号	项目名称	承建单位	竣工年份	建筑高度（m）
6	海南海口恒大外滩首期（1#—10#楼、销售中心基础、海上销售露台及样板房）主体及配套建设工程（一标段、二标段）	浙江建工	2018年	105.00
7	骆驼老镇改造A-3地块（盛世华庭）工程	浙江二建	2017年	
8	滨江四号II-13组团	浙江一建	2007年	106.00
9	桐庐富春峰景世纪花园A标段	浙江一建	2016年	108.00
10	国大雷迪森二期	浙江二建	2013年	110.00
11	恒大海花岛3#岛二期（3-04-1地块）主体及配套建设工程	浙江建工	2019年	115.00
12	杭州市环城北路318号办公楼维修改造工程	浙江建工	2020年	117.00
13	海上传奇花园10#、11#、14#、15#、16#楼、B区地下车库工程	浙江建工	2017年	117.90
14	武汉绿地国际金融城A03项目B区	浙江一建	2014年	118.00
15	北大资源·缤纷广场二期四标段总承包工程及配套工程	浙江建工	2017年	119.70
16	浙江影视后期制作中心一期项目影视文化综合服务大楼	浙江一建	2016年	125.00
17	海马万利后襄河项目工程	浙江建工	2016年	130.00
18	日照华润中心14#-C、D、E项目施工总承包工程	浙江建工	2016年	131.00
19	复地·新港城	浙江建工	2018年	132.10
20	新建居住、商业服务业设施项目（永利城城中村改造K2-A地块）（11#、12#楼）	浙江建工	2020年	145.00
21	杭政储出〔2008〕18号地块办公商业金融用房（D-09-1）A楼（工商银行大楼）	浙江一建	2017年	146.50
22	镇海新城核心区D1、D3地块商务楼工程	浙江建工	2013年	149.60
23	武汉东原胜利K2一期一标段总包工程	浙江建工	2019年	150.00
24	网盛互联网金融软件产业化基地总承包工程	浙江建工	2020年	150.00
25	瑞晶国际商务中心（集美大厦）	浙江一建	2011年	157.00
26	荣正·杭州财富广场	浙江三建	2013年	166.00
27	宁海招商大厦	浙江二建	2016年	167.00
28	杭政储出〔2011〕37号地块商业办公用房兼容公交用地项目(浙江国贸商业金融总部)	浙江一建	2019年	167.80
29	通威广场	浙江建工	2014年	169.00
30	西湖文化广场	浙江三建	2009年	170.00

序号	项目名称	承建单位	竣工年份	建筑高度（m）
31	武汉世茂锦绣长江项目C2地块一期二标段土建总承包工程	浙江建工	2017年	180.00
32	济南华润万象城项目南地块SOHO办公楼工程	浙江建工	2018年	187.50
33	义乌中福广场(A组团)	浙江建工	2019年	199.60

12.1.2 高度200m以上项目

（1）在建项目

截至2020年底，浙建集团在建（高度200m以上）超高层项目1个。

青岛华润中心（地块三）华润大厦项目

承建单位：浙江建工

建筑高度：247.5m

建筑面积：16.7万㎡

工程造价：2.24亿元

图12-1 青岛华润中心（地块三）华润大厦项目

（2）竣工项目

截至2020年底，浙建集团竣工（高度200m以上）超高层项目5个。

①中华城商业社区A1栋工程

承建单位：浙江建工

建筑高度：207m

建筑面积：12.4万㎡

工程造价：1.51亿元

竣工年份：2017年

图12-2 中华城商业社区A1栋工程

图 12-3　汉江国际

②汉江国际

承建单位：浙江建工

建筑高度：207.7m

建筑面积：6.74万㎡

工程造价：2.40亿元

竣工年份：2014年

③海宁开元名都大酒店

承建单位：浙江二建

建筑高度：236m

檐口高度：206m

建筑面积：14.33 万 ㎡

工程造价：2.6 亿元

竣工年份：2018 年

图 12-4　海宁开元名都大酒店

图 12-5 济南华润万象城项目
南地块写字楼工程

④济南华润万象城项目南地块写字楼工程

承建单位：浙江建工

建筑高度：295m

建筑面积：25.01 万 m²

工程造价：8.32 亿元

竣工年份：2018 年

⑤兰州红楼时代广场

承建单位：浙江建工

建筑高度：313m

檐口高度：266m

建筑面积：13.72 万 m²

工程造价：7.29 亿元

竣工年份：2019 年

图 12-6 兰州红楼时代广场

12.2 深基坑项目

截至 2020 年底，浙建集团共有在建深基坑项目 29 个，其中地下 3 层项目 20 个、地下 4 层项目 8 个、地下 5 层项目 1 个。

截至 2020 年底，浙建集团竣工深基坑项目 35 个，其中地下 3 层项目 28 个、地下 4 层项目 4 个、地下 5 层项目 3 个。

12.2.1 地下 3 层项目

（1）在建项目

截至 2020 年底，浙建集团在建（地下 3 层）深基坑项目 20 个（详见表 12-3）。

表 12-3　在建地下 3 层项目汇总

序号	项目名称	承建单位
1	义乌市中福广场项目（A 组团）	浙江建工
2	浙能集团综合能源生产调度研发中心项目	
3	杭政储出〔2018〕58 号地块商业商务用房项目工程总承包（EPC）	
4	杭政储出〔2018〕29 号地块商业商务用房兼社会停车场	
5	新建居住、商业服务业设施项目（新益村城中村改造 K2 地块）二期	
6	杭政储出〔2007〕74#地块商业金融办公用房（万通中心）	
7	杭州拱宸股份经济合作社商业综合用房（3）	
8	浙江大学校友企业总部经济园二期 178-2# 地块	
9	始版桥未来社区 SC0402-R21R22-06 地块农转非居民拆迁安置房（含城市居民）项目工程总承包（EPC）	
10	杭州拱宸股份经济合作社商业综合用房（3）	
11	浙江印刷集团有限公司工业厂房工程	浙江一建
12	杭州市笕桥镇草庄社区经济联合社商业综合用房	
13	宏电大厦	
14	台州世界贸易中心工程	
15	吉鸿股份经济合作社商业综合用房（20）工程	
16	杭政储出〔2018〕30 号地块商业兼容商务用房	
17	三墩单元 XH0306-M1-39 地块新制造业项目	
18	沈塘湾村经济合作社商业综合用房（建华商业大厦）土建施工项目	
19	杭政储出〔2017〕48 号地块商业商务用房项目	浙江三建
20	杭政储出〔2018〕17、19 号地块商业商务用房	

（2）竣工项目

截至 2020 年底，浙建集团竣工（地下 3 层）深基坑项目 28 个（详见表 12-4）。

表 12-4　竣工地下 3 层项目汇总

序号	项目名称	承建单位	竣工年份
1	杭州中国丝绸城	浙江一建	2008 年
2	东部新城中心商务区 B-8 地块商务楼项目	浙江建工	2009 年
3	杭州市商业银行（杭州银行）营业及办公用房	浙江三建	
4	杭州国际会议中心	浙江三建	2010 年
5	浙江大学医学院附属妇产科医院科教综合楼	浙江三建	2011 年
6	庆春路 38 号地块商贸综合性大楼	浙江三建	2012 年
7	杭政储出〔2010〕11 号地块商业金融项目（地铁 1 号线龙翔站点上盖物业城市综合体一期）		
8	杭政储出〔2004〕41 号 D-07 地块（华联钱塘会馆）	浙江三建	2013 年
9	上海路北片区一期四组住宅楼工程	浙江一建	2014 年
10	监控智能产业化基地工程	浙江三建	
11	贡山壹号 38#、47#房及地下车库		
12	青海省藏区红十字急救门诊综合楼	浙江建工	2015 年
13	外交部北京建外外交媒体中心	浙江一建	
14	钱江新城核心区钱江路以西 F-07 配套服务用房	浙江三建	
15	杭政储出〔2009〕107 号地块商业金融用房工程		
16	杭政储出〔2005〕53 号地块 A 标		
17	浙江建设科技研发中心	浙江建工	2016 年
18	杭政储出〔2011〕68 号商业金融用房工程	浙江建工	2017 年
19	杭州市火车东站邮件转运站工程		
20	杭政储出〔2013〕72 号地块商业商务用房（稠州银行）	浙江一建	
21	浙江一建科研综合大楼		
22	杭政储出〔2011〕73 号下城区灯塔单元 C6—D12 地块科研大楼	浙江三建	2018 年
23	杭政储出〔2015〕5 号地块其他商务用房项目	浙江建工	2019 年
24	杭州市祥符镇孔家埭村经济合作社商业综合用房	浙江三建	
25	杭政储出〔2013〕29 号地块商业商务用房及南侧绿化带地下公共停车库工程		

序号	项目名称	承建单位	竣工年份
26	拱宸桥单元 FG09-R21-39 地块农转非居民拆迁安置房工程	浙江三建	2020 年
27	杭州市全民健身中心工程		
28	翠苑单元西溪商务城地区 FG04-R21/C2-02 地块农转非居民拆迁安置房 PPP 项目		

12.2.2 地下 4 层项目

（1）在建项目

截至 2020 年底，浙建集团在建（地下 4 层）深基坑项目 8 个（详见表 12-5）。

表 12-5　在建地下 4 层项目汇总

序号	项目名称	承建单位
1	中港 CCPARK5#工程	浙江建工
2	杭政储出〔2017〕25 号地块商业综合用房工程（近江国际）	
3	杭政储出〔2017〕37 号地块商业商务用房(杭州银行总部大楼)	
4	夏商大厦	
5	杭政储出〔2018〕25 号地块项目及周边配套项目	浙江一建
6	杭政储出〔2011〕61 号地块商业金融业用房	浙江三建
7	杭政储出〔2013〕35 号地块商业商务用房项目	
8	杭州市笕桥镇弄口社区经济联合社商业综合用房项目（地下 3-4）	

（2）竣工项目

截至 2020 年底，浙建集团竣工（地下 4 层）深基坑项目 4 个（详见表 12-6）。

表 12-6　竣工地下 4 层项目汇总

序号	项目名称	承建单位	竣工年份
1	杭州佰富勤商贸广场北区	浙江三建	2013 年
2	杭州中大圣马广场	浙江一建 浙江二建	2014 年
3	杭政储出〔2004〕2 号地块（杭州泛海钓鱼台酒店）	浙江建工	2016 年
4	北大资源·缤纷广场二期四标段	浙江建工	2017 年

12.2.3 地下5层项目

（1）在建项目

截至2020年底，浙建集团在建（地下5层）深基坑项目1个。

都市之窗

承建单位：浙江建工

建筑面积：15.08万㎡

工程造价：1.7亿元

图12-7 都市之窗

（2）竣工项目

截至2020年底，浙建集团竣工（地下5层）深基坑项目3个。

①杭州国大城市广场

承建单位：浙江一建

建筑面积：14.9万㎡

工程造价：4.60亿元

竣工年份：2016年

图12-8 杭州国大城市广场

②钱江新城 D09-03 地块浙商银行大楼

承建单位：浙江建工

建筑面积：9.2 万 ㎡

工程造价：2.46 亿元

竣工年份：2017 年

图 12-9　钱江新城 D09-03 地块浙商银行大楼

③杭政储出〔2011〕37 号地块商业办公用房兼容公交用地项目（浙江国贸商业金融总部大楼）

承建单位：浙江一建

建筑面积：11.3 万 ㎡

工程造价：2.75 亿元

竣工年份：2019 年

图 12-10　浙江国贸商业金融总部大楼